JN416290

儒佛仙 大道의 첫관문

마음수행

《 각 關門의 構成 》

修眞大道

참 대도 수행의 처음과 마지막은 마음수행이다.
마음수행의 핵심 사항을 일목요연하게 정리하여
전체의 흐름을 파악할 수 있도록 하였다.

讀通關文

본 책 즉 마음수행[통관문]의 원문을 소개한 부분이다.
원문을 소개한 것은 儒佛仙의 大道를 願力하는 분들이
향후 접하게 되는 韓國, 中國, 日本의 古書에 보다 친근하게 접하여
높은 수행이 가능하도록 배려한 것이다.

勸眞心學道者

문자 그대로 道를 접하고 배우고 수행하는 분들을 위한
스승들의 말씀을 해석한 부분이다.
특히 儒佛仙 스승들의 말씀은 반드시 마음에 새겨두어야 할 것이다.

저자 서문

修真大道，竊陰陽，奪造化，了性命，脫生死，為超凡入聖，成仙作祖之大事，

非塵世一切草霜水泡，忽有忽無，虛而不實之小事可比。

奈何天下道人管窺蠡測，以大事為小事，以小事為大事，重其假而輕其真。

道不遠人，人之為道而遠人。所以古人謂學道者如牛毛，成道比如麟角。

吾曰：「今人學道者如牛毛，聞道者如麟角。何言之？古人聞道者多，而成道者少；今人學道者多，而聞道者少；

今人學道之數，倍於古人學道之數；今人聞道之數，少於古人成道之數。以致今人學道者如牛毛，而聞道者如麟角矣！

原其故：皆因學人一身偏病，滿腔邪氣，所以感不動師友，以致空過歲月，枉勞跋涉耳！

余自得 龕穀仙留之旨，不敢自私，大公為懷。

因將所得於師者，盡發洩於「闡真」「會要」「直指」

「會心」「原旨」「指南」「悟道」「破疑」等書之內，以結知音，吾願足矣！

然猶恐學者捨近求遠，不知先盡自己之事，而即妄想他人之事。因著通關文一書，為學者助一炬之明。

先學個棄病好人。自卑登高，由近達遠，庶乎明師得遇，良友得逢，大道可聞。

書內節目雖小，關事甚大。言辭雖鄙，益人甚多。

雖曰通關，而性命修持之功，亦由此進步，見者甚勿以小節鄙言而棄之。

若夫上智高明之士，原自大路開通。一遇明師，不難得真。通關之功，無所用之也！

修眞大道(수진대도)는 음양을 엿보고 조화를 빼앗고 성명을 요달하고 생사를 벗어나 超凡入聖(초범입성: 범인에서 성인의 경지로 들어감)하여 신선을 이루고 조사가 되는 큰 일 인 것이다.

진세의 일체 풀 이슬 같은 물방울처럼 홀연히 있다가 홀연히 없어져 허무하여 실재하지 않은 小事(소사: 작은일)와는 비교할 것이 아니다.

어찌하여 천하의 도인들은 대롱으로 보는 얕은 식견으로 大事(대사)를 小事(소사)로 삼고 소사를 대사로 삼으며 그 거짓을 중하게 여기고 그 참된 것은 가볍게 여기는가?

도는 사람에게서 멀리 있지 않은데 사람이 행해야

할 도를 사람이 멀리하는 것이다.

그러므로 옛 사람이 말하기를 "도를 배우는 사람은 소털처럼 많지만 도를 이루는 사람은 기린 뿔 같다"고 하였는데, 나는 말하기를 "지금에 學道(학도: 도를 배우는 사람)하는 사람은 많으나 聞道(문도: 도를 들음)하는 사람은 적다"고 하겠다.

지금에 학도하는 사람의 수는 古人(고인: 옛날 사람)의 학도하는 수에 비해 많고, 今人(금인: 지금 사람)에 문도하는 사람의 수는 고인에 成道(성도)하는 수보다 적다. 이에 今人에 學道하는 사람은 소털처럼 많지만 聞道하는 사람은 기린 뿔과 같다.

그러한 까닭은 모두 學人(학인: 배우는 사람)이 일신의 치우친 병 때문으로 가슴에 邪氣(사기)가 가득하여 師友(사우)의 마음을 움직이지 못하기 때문이다. 그런 까닭에 헛되이 세월만 보내고 힘들게 돌아다닐 뿐이다.

내가 龕谷과 仙留(감곡과 선유: 청대 도인 유일명의 스승)의 가르침을 얻어 자신 혼자만의 것으로 하지 않고 널리 전하려는 마음을 품었다.

이러한 때문에 내가 스승에게서 얻은 것을 모두 闡眞(천진: 주역천진, 공역천진) 會要(회요: 도덕경회요) 直指(직지: 참동직지, 오진직지) 會心(회심: 회심집) 原旨(원지: 서유원지) 指南(지남: 지남침) 悟道(오도: 오도록) 破疑(파의: 상언파의)등의 책안에 발설하여 知音(지음)을 맺고자 한 것이니 나의 뜻이 족하다.

그러나 걱정인 것은 학자가 가까운 것은 버리고 멀리 있는 것을 구하여 먼저 자기의 일을 다 해야 함을 알지 못하고 타인의 일을 망상하므로 이 때문에 마음수행[通關文] 한 권을 학자들을 위해 하나의 불빛을 밝히는데 도움을 주고자 함이다.

먼저 병이 없는 好人(호인)이 되고 낮은 데서부터 높은 데로 오르고 가까운데서 부터 멀리 이르러야 明師(명사: 눈 밝은 스승)를 만나게 되고 훌륭한 벗을 만나 大道를 가히 들을 수 있는 것이다.

책안에 節目(절목)이 비록 적으나 關事(관사: 관련된 일)는 매우 많고 언사가 비록 비루하나 사람에게 도움이 아주 많다.

비록 "통관"이라 하였으나 性命을 修持(수지)하는 功(공)이 또한 이로부터 진보할 수 있으니, 보는 사람은 심히 小節(소절)과 비루한 말이라고 버리지 말았으면 한다.

만약 진실로 上智(상지)와 高明(고명)한 사람이라면 大路(대로)가 크게 열려 한번에 明師를 만나 得眞(득진)하는 것이 어렵지 않으므로 통관의 공부가 소용이 없을 것이다.

嘉慶 十七年 歲次壬申冬至日

悟元子 劉一明 著

門人 張陽全 較閱

역자 서문

선도에서 煉己(연기: 마음을 수련하고 단련하는 것)에 관한 텍스트를 꼽으라면 <唱導眞言(창도진언)>과 이 <通關文 : 儒佛仙 大道의 첫관문 마음수행으로 제목함>을 들 수 있다.

선도 수련을 수십 년 해도 공부에 큰 진전이 없는 것은 결국 마음공부가 되어있지 않은 때문이라고 본다.

그래서 선도에서 대성(大成)을 하신 분들은 모두 이 연기공부가 되어있어 스승도 만나고 공부에 큰 魔障(마장)이 없이 대도를 성취하신 것이라 본다.

이 <마음수행 : 통관문>은 유일명 조사의 저술인데 유일명 조사의 저술 모음인 도서 12종 안에 실려 있으며 丹道를 수행하는 사람이 늘상 만나게 되는 50가지의 수행 장애를 타파하도록 권유하는 글들이라고 하겠다.

유일명 조사(서기 734년-1821년)는 산서성 사람으로 호는 <오원자>나 <소박산인>이라고 하였다. 도교 전진도 용문파 제 11대 宗師(종사)인데 그는 內丹과 易學 그리고 醫理(의리)에 정통한 淸代 당시에 저명한 의학가이며 내단가이었다.

유 조사는 마음수행[통관문] 서문 중에서 설명하기를 그가 통관문을 쓴 것은 학자들이 가까운 것을 버리고 먼데서 구하고, 먼저 자신의 일을 다 해야 하는 것을 모르고 다른 사람의 일을 망상하는 것을 걱정하여 이 <마음수행> 한 권을 지은 것이라고 하였으며, 이 한 권의 책은 학자들에게 하나의 큰 등불이 될 것이라고 하였다.

이 관문을 실천하는 것이 비록 낮은 곳에서 높은 곳으로 오르고 가까운데서 먼 곳에 이르는 것이지만 이로 인해 明師를 만나게 되고 좋은 도반을 만나게 되고 또한 大道를 들을 수 있는 기본이 된다고 하였다.

현재 우리나라에서 仙道를 닦는 사람들에게 있어 가장 중요한 것은 煉己(연기)공부라 하겠다. 주로 命 공부에 치우쳐 性 공부를 등한시 하므로 공부에 진전이 없는 것을 보았으며 性 공부를 한다고 하나 실제로 그 방법에 대하여는 잘 모르고 있는 것 같다.

마음 닦는 방법이 많이 있으나 항상 마음을 지켜서 일상생활에서 마음의 움직임을 살피는 것으로 일체의 곳에서 正念으로 마음을 살피는 것이다.

요즈음 유행하는 "사마타"와 "위빠사나" 수행법을 일상생활 중에서 실천하는 것이 중요하다고 본다.

그리하여 자신의 마음이 <마음수행> 즉 통관문에 어디에서 걸려있는지를 살펴 교정해 나가게 된다면 공부에 진전이 있을 것이라 본다. 이전에 이 마음수행[통관문]을 대략 번역하여 주위 분들에게 보여 드렸는데 공부에 오랜 뜻이 있는 분들은 이 책을 아주 좋아하셨던 것을 보았다.

끝으로 <오진편>에 보면 "대약(大藥)을 닦는 데는 쉽고 어려움이 있으니, 나로 말미암기도 하고 하늘로 말미암기도 함을 알아야 한다. 만약 積行(적행)하고 陰德(음덕)을 닦지 않는다면 걸핏하면 뭇 마귀의 방해가 있다"고 하였듯이, 이 도를 닦는 사람이라면 반드시 이 儒佛仙 大道 50관문을 통과하여 대도를 성취하였으면 한다.

낙산 자락에서

법공 유 정식

목 차

1. 색욕관(色慾關)

修真大道

수도하는 사람은 색욕을 멀리하는 것이 가장 중요하다.

음란한 성[婬性]이 본래 성을 맑게 해주는 원인[淨性因]이니 婬을 제거하면 바로 淨性身이라.

(육조단경의 자성진불게에서)

讀通關文

呂祖云：「二八佳人體似酥，腰中仗劍斬愚夫。雖然不見人頭落，暗裏教君骨髓枯。」

邱祖云：「從正修持須謹慎，掃除色欲自歸真。」

又云：「割斷絲蘿乾金海，打開玉鎖出樊籠。」

此皆祖師大慈大悲，教人去色欲而趨生路也。

夫色欲一事，為人生要命第一大關口，最惡最毒，何以知其為要命關口？

凡人一見美色，魂飛魄散，淫心即動。淫心一動，欲火即起，氣散神移。形雖未交，而元精暗中已泄。性已昧，命已搖，

而況在色場中，日夜貪歡，以苦為樂，以害為快。有日油涸燈滅，髓竭人亡。雖欲不死，豈能之乎？

故修道者，戒色欲為第一著。

但色欲最不易除，亦所難防。

人自無始劫以來，從色道中而生，從色道中而死。生生死死，大半是色魔作殃　色魔有動之於天者，有出之於人者。動之於天者，是曆劫根塵，發於不知不覺之中，起於無思無慮之時。出之於人者，見色而情生，遇境而神馳。

古今多少英雄豪傑，諸般大險大難境遇，能以過去得。獨於色魔一關，皆被擋住。四大無力，不能掙扎跳出。若非金剛鐵漢，丈夫烈士，擺不開，丟不下。

修道者，須知的色魔是討命閻王，務必狠力剿除。即美如西施，姣若楊妃，猶如臭肉皮囊。視之，不動不搖，不迷不昧。

遇如不遇，見如不見。時時防備，刻刻返照，不使有毫髮欲念，潛生於方寸之中，亦如農夫務田鋤草，漸生漸鋤。宿根鋤盡，不容異日複生。

果若鋤盡色根，自然靈苗發生，何以知其鋤盡？果若真

實色根鋤盡,

雖遇美色, 不知其為美。雖見女子, 不知其是女子。

若見美色女子, 猶知是美色女子, 亦能當場強制, 不動欲念。

尚有宿根未拔乾淨, 日久難免潛生。

世間頑空守靜之輩, 人前誇口, 自謂已絕欲念, 每每夢中泄精, 無法克制。

自己吃了昧心食, 欺己欺人。殊不知我不生欲, 卻有生欲者在內。窩藏欲念,

豈是容易而絕?特以有根塵未盡也。

然雖不易盡, 必要狠力勇猛, 下一番死工夫。不能除而勉強除, 不能去而勉強去。功深日久, 終有除去之時。

若色根拔盡, 則色　身堅固, 而法身易修, 其餘關口, 皆易為力。

若色根不能拔盡, 這一關口過不去, 則一切關口俱不能過去也。

吾勸真心學道者, 速將色欲關口打通, 畏色如畏虎, 防欲如防蠍。

外而對景忘情, 內而欲念不生。防危慮險, 保養精神, 學道有望。

不但出家者當如是, 即在家者。雖緒人倫延續後代, 亦宜寡色欲。能寡色欲, 精旺氣足, 後天充實, 足以祛病延年, 且能廣種子嗣。

昔黃帝文王多子, 皆是寡欲之效。

不論出家在家，俱當以戒色欲為首著。否則，色欲之心未去盡，妄想明道，難矣！

勸真心學道者

여조[呂純陽祖]께서 말하기를 "16세 가인(佳人)의 몸, 酥(소: 부드럽고 윤이 남)같은데, 허리에 칼을 차서 愚夫(우부 : 어리석은 남편)를 베네. 비록 사람의 머리가 떨어지는 것을 못 본다 해도 암암리에 그대의 骨髓(골수)를 메마르게 한다네"라고 하였다.

邱祖[구장춘 조사]는 말씀하기를 "올바른 修持(수지: 수행을 지님)를 따른다 해도 마땅히 조심하고 삼가야 할 것이며, 色慾(색욕)을 제거하면 자연히 眞(진)으로 돌아갈 것이다"고 하였다.

또 말하기를 "얽혀 있는 오랏줄을 잘라 끊어 버려 金海(금해)를 말리고 玉鎖(옥쇄)를 부수고 열어 울타리를 벗어나라"고 하였다.

이것은 모두 조사께서 대자대비로 사람들에게 색욕을 버리고 生路(생로: 생명의 길)로 나아가게 하심이다.

무릇 색욕이란 이 한 문제는 인생에 있어서 생명에 필요한 제일의 大關口(대관구: 큰 관문)로 제일 악독한 것이 된다. 어째서 그것이 생명에 필요한 관구가 되는가?

보통 사람이 한번 美色(미색)을 보면 魂飛魄散(혼비백산)하여 淫心(음심)이 곧 발동하는데 음심이 한번 움직이면 慾火(욕화)가 일어나 氣散神移(기산신이)하여 몸이 비록 접촉하지 않아도 元精(원정)[1]이 자신도 모르는 가운데 이미 새어버리니, 性도 이미 昧(매)하게 되고 命도 이미 흔들리게 되는 것이다.

하물며 色場(색장: 술집이나 여자가 있는 사창가 등)에 있으면서 낮과 밤으로 즐거움을 탐닉하며 苦(고)로 樂(락)을 삼고, 해로운 것으로 즐거움을 삼으니 기름이 말라 등불이 꺼지는 날이 있게 되어 골수가 다하면 사람이 죽는 것이다. 비록 죽고 싶지 않아도 어떻게 할 수가 없는 것이다.

그러므로 수도하는 사람은 색욕을 지키는 것이 제일 첫 번째가 된다.

그러나 색욕이 가장 제거하기가 어려운 것이고 또한 방비하기가 어려운 것이다.

사람이 무시 겁 이래로 色道(색도)를 따라 태어났고 색도를 따라 죽는 것으로 생생사사 대부분 色魔(색마)로 재앙을 짓는 것이다.

색마는 하늘로부터 움직임이 있거나 사람으로부터

---

1) 원정: 元氣의 에센스. 고문 참동계에 말하기를 "원기를 두텁게 싸여 精英한 것을 원정이라 한다.

나옴이 있는데, 하늘로부터 움직이는 것은 이것이 歷劫根塵(역겁 근진)으로 부지불각 중에 나타나거나 無思無慮(무사무려)한 때에 일어나는 것이고, 사람으로부터 나오는 것은 色(색)을 보면 情(정)이 生하고 境[경계]을 만나면 神(신)이 달아나는 것이다.

고금에 많고 적은 영웅호걸이 아주 위험한 경계를 만나도 능히 견디어 내나, 오직 이 색마 一關(일관: 한 관문)만은 다 막아내지 못하고 四大[2]가 무력할 뿐 掙扎(쟁찰: 뽑아 찌름)하여 벗어 날 수가 없는 것이다. 만약 금강철한이나 장부열사가 아니면 열려 해도 열지 못하고 떨치려 해도 버릴 수가 없는 것이다.

수도하는 사람은 반드시 色魔(색마) 이것은 閻王(염왕: 염라대왕)이 생명을 치는 것임을 알아 반드시 힘을 다해 날래게 제거하여야 한다.

곧 미모가 西施(서시)같고 요염하기가 楊妓(양기: 양귀비)같아도 오히려 냄새나는 고기 덩어리 같아 그것을 보아도 동요하지 않아야 하고 迷昧(미매)하지 않아야 한다.

만난다 해도 만나지 않은 것 같이 하고 보아도 보지 않은 것 같아야 한다. 시시로 방비하고 각각에 返照[3]

---

2) 사대: 불가술어, 風, 火, 地, 水를 말하며 생명을 결성하는 기본원소이다.

3) 반조: 회광반조로 단경이나 불경에서 쓰는 용어로, 아주 중요한 공부법으로 역자의 견해로는 오진편 성종에 있는 "선정지미가" 에 있는 구절로 아래와 같다. (今人靜坐取證 不知全在見性 性於見裏若明 見向性中自定 定成慧用無窮 是名諸佛神通) 지금 사람이 정좌하여 증명하는데 전부 견성에 있음을 알지 못하네. 성이 보는 속에서 밝아지면 봄이 성안으로 향해 절로 안정된

하여 터럭만큼의 欲念(욕념)이 方寸(방촌: 마음)가운데에 은밀히 생기지 않게 하여야 한다. 또한 농부가 밭에서 김을 매는 것과 같이 생기는 대로 김을 매어 宿根(숙근: 전생에서부터 가지고 온 塵根[진근]을 말함)을 다 제거하여 다른 날에 다시 생기지 않게 하여야 한다.

과연 김을 매어 色根(색근)이 다 뽑히게 되면 자연히 靈苗(영묘: 신령스런 싹으로 선천적인 靈性, 지혜, 선근.)가 발생하게 된다.

어떻게 김을 매어 다 뽑힌 것을 알 수 있는가?

설사 美色(미색)을 만나도 그것이 아름다운지 알지를 못하고, 비록 여자를 보아도 그것이 여자인지를 알지 못하는 경지인 것이다.

만약 미색의 여자를 만나도 오히려 미색의 여자라는 것만 알뿐이다. 설령 경계에 강제로 끌려들어도 欲念(욕념)이 움직이지 않는 것이다.

아직 숙근이 뽑혀 乾淨(건정)하지 않게 되면 날이 오래되어 다시 은밀히 생겨나는 것을 면할 수가 없다.

세간의 頑空(완공)으로 守靜(수정: 고요함만 지킴)하는 무리들이 사람들 앞에서 과장된 말로 스스로 말하기를 나는 이미 欲念을 끊었다고 하나 매일 꿈속에서

다. 정이 이루어져 지혜 작용이 무궁하면 이것을 제불 신통이라 하네, 라는 구절과 육조단경 말미에 있는 "자성진불게" 중에 若向性中能自見 卽是成佛菩提因(만약 성중에서 능히 스스로 본다면 곧 이것이 성불할 수 있는 보리인이다.)라는 이 두 구절이 서로 비슷하므로 잘 연구한다면 상승의 심법을 얻을 수 있다고 본다.

精(정)을 누설하니 다시 제어할 방법도 없다.

스스로 이미 마음이 어리석어서 자기와 남을 속여서 마침내 나는 욕념이 생기지 않는다고 하나 오히려 욕념이 생기는 것은 자기의 안에 있는 것이다.

감추어진 욕념을 어찌 쉽게 끊겠는가? 특히 根塵(근진)의 모든 뿌리를 뽑기가 어려운 것이다.

그러나 비록 어렵 다해도 반드시 狠力(한력)한 용맹으로 한번 죽는 공부가 필요하다. 제거 안 되는 것도 힘써서 제거하여 깊은 공으로 날이 오래면 끝내 제거될 때가 있는 것이다.

만약 色根(색근: 색의 뿌리)4)이 다 뽑히면 즉 色身(색신: 몸)이 견고해져서 法身(법신)을 닦기가 쉬워지게 된다. 그 나머지 관문도 다시 쉽게 닦여 힘이 되는 것이다.

만약 색근이 다 뽑히지 않아, 이 한 관문을 통과하지 못한다면 일체의 관문도 모두 통과할 수가 없는 것이다.

나는 진심으로 도를 배우는 사람들에게 바라노니 속히 색욕 관문을 타통하여 色(색)을 두려워하기를 호랑이 보는 것 같이 하고 慾(욕)을 방비하기를 전갈 방비하듯이 하라.

---

4) 색근: 능엄경의 淫心, 淫根, 淫機를 모두 끊고 끊었다는 마음도 없어야 한다고 했는데 이 중에서 淫機는 바로 오르가즘에 해당하는 것으로 개운당 능엄경에서는 이 음기를 끊으려면 스승의 법을 받아야 한다고 주석되어 있다. 자세한 내용은 혜명경에 나와 있다.

밖으로는 對境忘情(대경망정)하고 안으로는 欲念(욕념)이 생기지 않게 하고 위험을 방비하고 정신을 보양한다면 학도에 소망이 있는 것이다.

다만 출가자만 이렇게 할 뿐 아니라 재가자도 비록 인륜으로 후대를 잇는 경우에도 色慾을 삼가는 것이 좋으니 능히 색욕을 삼가면 精旺氣足(정왕기족)하여 후천이 충실하여 족히 却病延年(각병연년: 병을 물리치고 오래 삶)하고 또한 널리 子嗣(자사: 후손)를 심을 수 있는 것이다.

일찍이 황제나 문왕도 아들이 많았는데 모두 이것은 寡慾(과욕)의 효과인 것이다.

출가나 재가를 말할 것도 없이 모두 色慾을 지키는 것이 첫 번째가 되어야 하는 것이다. 그렇지 않고 色慾의 心을 다 제거하지 않고서 망상으로 도를 밝히기는 어려운 것이다.

2. 은애관(恩愛關)

修真大道

은애가 바로 苦(고)임을 깨닫게 되면 곧 경계를 만나도 유희할 수 있다.

은애는 해로움으로부터 생기고, 해로움은 은애로부터 생긴다.

(황제 음부경)

讀通關文

「悟真」云：「人生雖有百年期, 壽夭窮通莫預知。昨日街頭猶走馬, 今朝棺內已眠屍；妻財抛下非君有, 罪孽將行難自欺。大藥不求爭得遇, 遇之不煉是愚癡。」

又云：「為道須要猛烈, 無情心剛似鐵。直饒男女妻妾，更與他人何別？

此皆教人看淡世事恩愛，急修性命也。

人生在世，萬般皆假，惟有性命是真。舉世之人認假為真，將性命二字置之度外.

恩愛牽絆，為衣為食，百憂感其心，萬事勞其形。晝夜奔忙，千謀百計，損人利己，貪圖無厭。水火刀兵之處也去，虎狼煙瘴之處也去。生死不顧，存亡不管。

碌碌一生，無有休歇，為子孫作長久計。及至精神耗散，氣血衰敗，大病臨身，臥床不起。雖有孝子賢孫，替不得患難；姣妻愛妾，代不的苦楚。

生平恩愛，到此一無所恃。三寸氣斷，一靈不返。彼是誰而我是誰？言念及此，生平恩愛，有何實濟。既無實濟，則知恩愛為人生之大苦.

須要早早看破。欲要看破，須先將此恩愛利害，暗中嘗探一番。嘗深來，嘗探去，嘗探出甜中有苦，恩中有害。

是實實知的恩愛是假事，曉的恩愛是多事，自然不在泥灘上著脚，火坑中安身。別有個主見在內，而不為恩愛所牽扯矣。

果能嘗出恩愛中苦味，欲出世，則大解大脫，得以修持性命，而無拘無束.

即住世，亦明明郎朗，物來順應，可無傷無損

蓋悟的恩愛是苦，即能逢場作戲，自由自專，不受恩愛之害矣

然父子兄弟夫婦既聚會在一本戲中，為父者亦必做出為

父的道理，為子者亦必做出為子的道理，為兄者亦必做出為兄的道理，為弟者亦必做出為弟的道理，為夫者亦必做出為夫的道理，為婦者亦必做出為婦的道理。當知各盡道理，自己本分中應當如是。

但不過心中明白是逢場作戲。大家合夥，將這一本戲順順序序作個完結，彼此便了事也

如是應去，既不傷天倫，又不昧本性，便是在家出家，在塵出塵，有多少便宜快活處。

昔龐居士、傅大士、葛仙翁、許真君、張天師、三茅真君，皆是在家出家。而能大成其道者，此住家者當如是。

若是出家者，除事親養生送死而外，其餘恩愛，必須一刀兩斷，脫卸繩索，絕不可有一毫沾染牽掛。

稍有一毫沾染牽掛，便壞大事。不但不能修道，而且不能明道。

特以心中有恩愛二字攪擾，既有恩愛攪擾，便是看不開恩愛；看不開恩愛，便被恩愛關口擋住，如何奔得前程！

吾勸真心學道者，速將恩愛關口打通，無牽無扯，脫脫灑灑，一心學道，自有進益。否則，恩愛捨不得，常掛心胸，妄想明道，難矣！

勸真心學道者

오진에서 말하되 “인생이 비록 백년의 세월이 있다 하나 夭壽窮通(수요궁통)[5]을 미리 알기는 어렵네. 어제는 길거리를 말 타고 달리더니 오늘 아침에는 이미 관 속에 잠든 시체이네. 처와 재물도 던져버려 이미 그대의 것이 아니요. 죄업을 스스로 속이기 어렵구나. 大藥(대약)[6]을 구하지 않으니 어떻게 만나겠으며 만난다 해도 단련하지 않으면 어리석은 것이라”고 하였고

또 말하되 “도를 추구하려면 반드시 맹렬해야 하고 무정한 마음이 剛(강)하기가 쇠 같아야 하고 곧 바로 남녀나 처첩이라도 다시 타인과 더불어 어찌 구별하랴?”고 하였는데,

이것은 다 사람들에게 세상사의 은혜를 담박하게 보고 급히 性命(성명)을 닦으라고 가르치신 것이다.

인생이 세상에 있으면 모든 것이 다 거짓인데 오직 性命(성명) 이것만이 참된 것이다. 세상 사람들을 보면 거짓을 참이라 알아 성명이란 두 글자를 도외시하는 것이다.

은혜에 묶이고 옷과 먹는 것을 위하여 온갖 근심이

5) 壽夭窮通: 오래 살고 일찍 죽고 궁색하고 잘 나가는 것을 말함
6) 대약: 소약과 대약의 구별이 있으며 대약은 300주천에서 생겨나면 다시 과관하여 중궁에 도태를 맺어야 한다. (자세한 내용은 선불가진수어록의 번역을 참고)

그 마음을 괴롭히고 만사에 그 몸을 피로케 하고 주야로 바삐 달리고 온갖 계교를 짜내고 사람들을 손해 보게 하여 자기를 이롭게 하고 탐욕을 도모하는 것을 싫어하지 않으니 水火刀兵(수화도병)의 장소로 가고 호랑이나 승냥이나 풍토병이 있는 곳에 처하여 생사를 돌보지 않고 존망에 관여하지 않는다.

바쁜 일생을 休歇(휴헐: 그만두어 쉬다)할 수 가 없이 자손이 오랫동안 잘 자라기만을 바라니 급기야 정신이 耗散(모산: 흩어져 소모됨)되고 혈기가 쇠패하여 큰 병이 몸에 임하게 되어 침상에서 일어나지 못하게 되면 비록 효자나 賢孫(현손)이 있어도 대신 아파 줄 수가 없고, 처첩도 또한 괴로움을 대신 해줄 수가 없는 것이다.

평생의 은혜가 여기에 이르면 기대할 것이 없는데 3寸의 氣가 끊어져 一靈(일령)이 돌아오지 않으면 저는 누구이며 나는 누구인가 생각이 여기에 미치게 되면 평생의 은혜가 무슨 실제가 있겠는가? 이미 실제가 없다면 은애가 인생에 있어 大苦(대고: 큰 고통)임을 알아야 한다.

반드시 서둘러서 간파하는 것이 필요하다. 간파하고자 한다면 먼저 이 은혜와 이해를 남모르게 한번 탐구하여야 하는데 오고 가는 것을 탐구하여 甘(감)중에 苦(고)가 나오고 恩[은: 은혜]중에 害[해: 해로움]가 있음을 탐구하여야 한다.

확실히 恩愛(은애)가 바로 거짓일임을 알고 은애가 바로 多事(다사: 일이 많음)임을 깨닫게 되면 자연히 진흙 위에 발을 놓거나 불구덩이 속에 몸을 두지 않게 된다. 따로 주견이 안에 있어 은애에 끄달리지 않게 된다.

과연 은애 중에 苦味(고미: 괴로운 맛)가 나옴을 맛보아서 出世(출세)하게 되면 대 해탈을 얻게 되고, 성명을 수지하여 구속이 없음을 얻게 된다.

住世(주세: 세상에 머묾)하게 되면 명명랑랑하여 物(물)이 오면 順應(순응)하여 손상이 없게 된다.

은애가 바로 苦(고)임을 깨닫게 되면 곧 경계를 만나도 유희할 수가 있어 自由自專(자유자전)하여 은애의 해로움을 받지 않게 된다.[7)]

그러나 父子(부자) 형제 부부가 이미 한 집안에 모여 사는 가운데 父는 반드시 부의 도리에 힘쓰고 子는 자의 도리에 힘쓰고 兄은 형의 도리에 힘쓰고 弟는 제의 도리에 힘쓰고 夫는 부의 도리에 힘쓰고 부는 婦의 도리에 힘써서 마땅히 제각기 도리를 다하여 자기의 본분가운데서 이와 같이 응하여야 한다.

---

7) 음부경의 은혜는 해로움에서 온다고 하였는데, 일반인이 살면서 누구나 겪지만 자세히 관찰하지 않아 잘 모르는 것 같다. 살면서 나쁜 일이라고 생각하였는데 지나고 난 뒤에 생각하면 좋은 일이 라는 것을 깨닫고 좋은 일이라고 생각했는데 지나가 나면 나쁜 결과가 생길 때 이 말의 의미를 알게 되는데 여러 번 이러한 일을 겪게 되면 자연히 좋은 일이 생기면 조심스러워하고 나쁜 일이 생기면 오히려 무슨 좋은 일이 있을까 생각한다면 나중에는 자연히 좋은 일이나 나쁜 일이 일어나도 모두 받아들여 마음에 동요가 없게 된다.

다만 心中에 경계를 만나면 잘 처세하고 명백히 하여 大家(대가)를 合聚(합취)하는데 불과한 것으로 이와 같은 하나의 근본을 順順序序(순순서서)한 처세로 완결짓는다면 피차가 곧 일을 마치는 것이다.

이와 같이 응해 간다면 이미 천륜를 상하지 않게 된다.

또 본성이 昧(매)하지 않으면 곧 재가나 출가하거나 在塵(재진)이나 出塵(출진)이라도 다소간의 快活處(쾌활처)가 있는 것이다.

일찍이 방거사, 부대사, 갈선옹, 허진군, 장천사, 삼아진군은 모두 在家(재가)하거나 出家(출가)하여 능히 그 도를 크게 이룬 것이다. 住家(재가: 집에 살면서 수행하는 것)한 사람도 마땅히 이와 같이 하여야 한다.

만약 출가자 같으면 부모를 받들다가 장사를 잘 지낸 다음에는 그밖에 은애를 반드시 一刀兩斷(일도양단)하여 묶인 인연을 벗어버려 절대로 한 터럭의 물 들림도 없어야 한다.

조금이라도 인연에 물들어 끄달린다면 곧 大事를 어그러트리게 되어 단지 수도만 못할 뿐 아니라 또한 도를 밝힐 수가 없는 것이다.

특히 心中에 은애라는 두 글자에 攪擾(교요: 흔들림)함이 있어 이미 은애에 흔들린다면 이것은 은애를 간파하여 벗어나지 못한 것이고 간파하여 은애를 벗어나지 못한다면 곧 은애라는 관문에 묶인 것이니 어떻게 앞으로 나아감을 얻겠는가?

나는 진심으로 학도하는 사람에게 속히 은애 관문을 타통하여 끄달림이 없어 脫脫酒酒(탈탈주주)하고 일심으로 학도하게 되면 자연히 進益(진익)이 있게 될 것이다. 아니면 은애를 버릴 수가 없어 항상 心胸(심흉)에 걸려 있게 되니 망상으로 도를 밝히기는 어려운 것이다.

3. 영귀관(榮貴關)

修真大道

거짓 영귀(榮貴: 명예나 지위)로 참된 영귀로 삼아 영귀하고자 하는 한 생각을 가슴속에 품는다면 靈竅(영규: 가슴의 7竅)가 닫히게 된다.

讀通關文

「道德經」曰：「雖有 拱璧 以先 駟馬，不如坐進此道。」

至聖 曰：「富與貴，是人之所欲也，不以其道得之，不處也。」

悟真 曰：「不求大道出迷途，縱負賢才豈丈夫。百歲光陰石火爍，一生身世水泡浮；只貪利祿求榮顯，不顧形容暗瘁枯。試問堆金如 岱岳，無常買不來無？」

邱祖 曰：「心安不說三公位，性定強如十裏城。」

此皆教人以道義為重，而不可貪戀榮貴也。

夫榮貴，有天 爵之榮貴，有人爵之榮貴。

天爵者，道德仁義是也；

人爵者，功名祿位是也。求人爵者，讀書攻苦，十年寒窗，日夜用功，廢寢忘食，不知費盡多少心思，耗了多少精神，方得功名到手。雖得功名，而大小又不可必。

或有發秀而不能發科者，或有發科而不能會進者，或有會進而不能登仕者，或有登仕而得失存亡又不可保者。

如此艱難，耗散精神，消化氣血，以真換假，圖此虛名，榮在何處？貴在何處？

更有功名未得而傷痨早發，痰喘氣促，行動艱難，性命莫保，豈不可傷可歎？

其所謂榮貴者，不過所坐者轎，所乘者馬，所衣者紗羅綢緞，所食者羔羊海味，徒以汝身體，充口腹，耀人耳目。究之身心大傷，受福無幾。

大限即到，臨時榮貴莫恃，與無榮貴者同一泯滅，何貴乎榮貴？

修天爵者，飽仁義而味道德，斂浮華而就樸實，蓄精神而養正氣，尊德性而道問學；不肯以真換假，不肯以苦為樂

自尊自貴，自足自滿；寵辱不到，咎譽難加；造化不能拘，陰陽不能移，吉凶不能近.

完成本來乾元面目，天地喜悅，鬼神尊服，方且披天衣，食天祿，享天壽。其榮貴永久長存，較之塵世霜露之榮貴，何啻雲泥之異？

吾勸真心學道者，速將塵世虛假榮貴關口打通，好作出世真正榮貴事業，打通塵世榮貴關口。

不是教避榮貴，是要於榮貴境遇處，做出不貪榮貴的實落工夫。

或處榮貴而恃榮貴，或居榮貴而貪榮貴，或出榮貴而不忘榮貴，或見榮貴而知是榮貴，或遇榮貴而　諂媚榮貴，皆是不曾打通關口。

若實實悟的榮貴能亂人之性，榮貴能迷人之心，榮貴能驕人之氣，榮貴能敗人之德，榮貴能縱人之惡，榮貴能傷人之身，榮貴能送人之命；榮貴是大苦，榮貴是火炕，榮貴是泥塗。方是打通關口，可以出入乎榮貴之中，而不為榮貴所傷矣。

昔人亦有在榮貴場中成道者，如　鮑靚、淮南子、東方朔、許旌陽、梅真人、葛仙翁、抱樸子、羅狀元、俱是大隱居朝，成就大事。

蓋緣早已看的開，識的透，故在大火裏栽蓮，泥水中拋船。借世法而修道法.

顯晦逆順，人莫能測，非貪榮貴也。不但出世者要看破榮貴，即入世者能看破榮貴，自然別有個主見。

得志則忠君愛民，盡心竭力，做出一番經綸大事，絕不與虛位素飧者相同；

不得志則獨善其身，修道立德，品行高超，亦不與庸愚混世者相等。

昔伊尹相湯，非圖榮貴。蓋欲以斯道覺斯民也；

孔子周遊列國，孟子游食諸侯，豈是求榮貴？蓋欲行其道以救世也。

至於 周、程、張、朱，皆是不貪榮貴，可仕則仕，可止則止。自古大聖大賢，皆是以道為重，不在榮貴上著意也

世間糊塗學人，看不破榮貴，或居榮貴又捨不得榮貴，或自不榮貴而羡慕榮貴，或結交勢利之家而謀利，或往來公侯之門以為榮。

既貪榮貴，又想修道。迷迷昏昏，邪思亂想，捉東撈西。無怪乎碌碌一世，到老無成

吾勸真心學道者，速將世路榮貴關口打通，處榮貴者忘其榮貴，無榮貴者莫羡榮貴。以明道為貴，以成道為榮

庶乎志念歸真，前程有望。否則，以假榮貴為真榮貴，榮貴一念結於胸懷。茅塞靈竅，妄想明道，難矣！

勸真心學道者

도덕경에서 말하기를 “비록 큰 옥을 네 필의 말로 달려 바친다 해도 앉아서 이 도를 건네줌만 못하다.”고 하였고.

至聖께서 말하기를 “富(부)와 貴(귀)는 사람들이 바라지만 도를 얻으려고 행동하지는 않는다.”고 하였다.

오진에 말하기를 “대도를 구하려 않고 迷道(미도: 어리석은 길)로만 나아가니 설령 賢才(현재)라 할지라도 어찌 장부라 하랴? 백년의 세월이 부싯돌 번쩍임 같고 일생의 신세가 물위에 뜬 물거품이라. 다만 利祿(이록)만 탐하고 榮顯(영현)만을 구하니 모습이 자신도 모르게 파리하고 쇠약해짐을 돌아보지 못하는구나! 시험 삼아 묻나니 쌓인 金이 산 같을지라도 죽음을 사려하나 죽음에서 돌아 올 수는 없도다.”고 하였다.

구조가 말하기를 “마음이 편안하면 三公(삼공)의 지위를 말하지 않고 性定(성정)하면 강하기가 10리나 되는 城(성)과 같다.”고 하였다.

이것은 모두 사람들에게 道義(도의)가 중하고 榮(영)과 貴(귀)를 貪戀(탐연)하면 안 되는 것을 가르친 것이다.

무릇 榮과 貴는 天爵(천작)의 영귀가 있고 人爵(인작)의 영귀가 있다.

천작이란 道德仁義(도덕인의)가 바로 그것이다. 인작이란 功名祿位(공명록위)가 그것이다.

인작을 구하려는 사람은 독서의 공부를 피나게 하고 10년을 차가운 창문 앞에서 낮이나 밤이나 공부하여 잠자는 것이나 밥 먹는 것조차도 잃어버리고 얼마간의 心思(심사)를 소모하는 것도 잃어버리고 다소의 정신을 소모하여야 바야흐로 공명을 손에 넣을 수 있다. 비록 공명을 얻는다 해도 대소가 반드시 같지는 않다.

혹 수재에 뽑혀도 科(과)에 뽑히지 못하거나 科(과)에 뽑혀 會(회)에 나간다 해도 진급을 하지 못하거나 혹 진급을 하더라도 得失(득실)과 存亡(존망)을 보장할 수가 없는 것이다.

이와 같이 간난으로 정신을 소모하고 氣血(기혈)을 소모하여 眞(진)을 假(가)로 바꾸어 헛된 명예를 도모하니 영화가 어디에 있을 것이며 貴(귀)가 어느 곳에 있겠는가?

다시 공명을 얻지 못한다면 피로로 상한 것이 발작하여 가래나 천식의 氣가 급하여 행동하기가 어려워지고 성명도 보전하기가 어려운 것이니 어찌 상함을 탄식하지 않겠는가?

이른바 榮貴(영귀)란 불과 그 앉은 곳이 수레요 그 타고 있는 것이 말이요 옷은 비단으로 짠 것이요 먹는 것은 羊(양)을 삶은 산해진미로 다만 신체에 싸 바르는 것일 뿐으로 口腹(구복: 입과 배)을 가득 채우고 사람의 耳目을 빛나게 하나 살펴보면 身心이 크게 상할 뿐으로 복 받는 것도 없다.

大限(대한: 죽음)이 이르면 臨時의 영귀도 유지할 수도 없고 영귀가 없는 사람과 같이 함께 무덤에 들어갈 뿐이니 어찌 영귀가 귀하겠는가?

천작을 닦는 사람은 仁義로 배를 불리고 도덕으로

맛을 삼고 뜬 영화를 도외시하고 樸實(박실)에 힘쓰고 정신을 쌓고 正氣를 기르고 德性을 존귀하게 여기고 도학을 묻는 것이다. 眞을 假로 바꾸는 것을 싫어하고 苦로 樂을 삼는 것을 좋아하지 않는다.

自尊(자존) 自貴(자귀) 自足(자족) 自滿(자만)하여 寵(총)과 辱(욕)이 이르지 않고 허물과 명예도 더하기 어려우니 조화에 구애되지 않고 음양으로도 옮길 수 없고 길흉도 가까이 하지 못한다.

본래의 건원면목을 완성하니 천지도 기뻐하고 귀신도 존경하며 복종하니 바야흐로 天衣(천의)를 입고 天祿(천록)을 먹고 千壽(천수)를 누리고 그 榮貴(영귀)가 영구히 장존하는 것이다. 그것을 진세의 霜露(상로)와 비교하면 어찌 雲泥(운니)의 다름과 같겠는가?

내가 진심으로 학도하는 사람에게 바라는 것은 속히 진세의 虛假(허가)인 영귀 관문을 타통하여 출세하여 진정한 영귀 사업을 지어 진세의 榮貴 관문을 타통하면 좋겠다.

이것은 영귀를 피하라고 가르치는 것이 아니라 영귀의 경계를 만나는 경우에 영귀를 탐하지 않는 실제공부에 힘쓰는 것이 필요한 것이다.

혹 영귀에 처했다 해서 영귀를 뽐내거나 혹 영귀에 머문다 해서 영귀를 탐내거나 혹 영귀를 벗어나서 영귀를 잊지 못하거나 혹 영귀를 보고 이것이 영귀라고 알거나 혹 영귀를 만나서 아리따운 여자의 영귀에 빠지는 것은 모두 관문을 타통(打通)하지 못한 것이다.

만약 진실로 영귀가 사람의 性을 어지럽히고 영귀가 사람의 마음을 미혹케 하고 영귀가 사람의 氣를 교만케 하고 영귀가 사람의 덕을 패하게 하고 영귀가 사람으로 악을 따르게 하고 영귀가 사람의 몸을 상하게 하고 영귀가 사람의 목숨을 보내고 영귀가 바로 大苦이고 영귀가 바로 불구덩이고 영귀가 바로 泥塗(니도)임을 깨달아 바야흐로 관문을 타통하면 가히 영귀한 가운데를 출입하여도 영귀에 상함을 입지 않는 것이다.

옛 사람 중에도 또한 영귀의 신분에 있으면서 도를 이룬 사람은 포천, 회남자, 동방삭, 허선양, 매진인, 갈선옹, 포박자, 나상원등으로 모두 大隱(대은)하여 居朝(거조)에서 대사를 성취한 것이다.

일찍이 이것을 간파하는 인연으로 알아 꿰뚫은 까닭에 大火(대화) 속에서도 연꽃을 심고[8] 泥水(니수)중에서도 배를 버릴 수가 있는 것이다. 이것은 世法(세법)을 빌려서 道法(도법)[9]을 닦는 것이다.

顯晦逆順(현회순역)[10]을 사람이 헤아릴 수 없으니 영귀를 탐하는 것이 아니다. 다만 출세자만 영귀만을 간파할 뿐 아니라 입세자도 능히 영귀를 간파하면 자연히 다른 주견이 있게 된다.

---

8) 오진편 제 13번 시에 "현묘한 가운데 거꾸로 뒤집는 것을 알지 못하니, 어떻게 불 속에서 연꽃을 심는 것이 좋은 줄 알겠는가? 라고 하였다.

9) 육조단경에 세간법이 곧 불법이라고 하였다.

10) 현회역순: 나타나거나 숨거나 상황에 거스르거나 따르는 것을 말함.

뜻을 얻으면 즉 忠君愛民(충군애민)하고 진심갈력하여 한 번 대사를 경륜하는 것이니 절대로 虛位素飡(허위소식)[11]하는 사람과는 서로 같지 않은 것이다.

뜻을 얻지 못하면 즉 獨善其身(독선기신)하고 修道立德(수도입덕)하고 품행이 高超(고초)하여 庸愚混世(용우혼세)하는 사람과는 서로 같이 하지 않는 것이다.

일찍이 윤희와 상탕은 영귀를 꾀하지 않고 이 도를 백성들에게 깨닫게 하려고 하였다.

공자께서는 열국을 주유하였고 맹자는 제후들과 遊食(유식)한 것이 어찌 영귀를 구하고자 한 것이겠는가? 다 그 도를 행하여 구세하고자 한 것이다.

周程(주정)과 張朱(장주)에 이르러서도 다 영귀를 탐하지 않고 관직이 주어지면 벼슬을 하고 끝나게 되면 아무 미련 없이 그만둔 것이다. 자고로 대성과 대현은 모두 도를 귀중하게 여겨서 영귀를 누리려고 뜻을 두지 않았다.

세간에 호도한 학인은 영귀의 허망함을 간파하지 못하고 혹 영귀에 머물러 또한 영귀에 집착하거나 혹은 자기 힘으로 영귀하지 못하므로 수단과 방법을 가리지 않고 영귀를 바라든가 혹은 권세 있는 가문에 結交(결교)하여 이익을 도모하던가. 혹 公侯(공후)의 집을 드나들면서 영화를 누리려 한다.

---

11) 사회의 신분이 고위에 있지만 단지 향락만 알고 바른 일을 하지 않는 사람을 말함.

이미 영귀를 탐하면서 또 수도를 생각하니 미미혼혼하고 邪思(사사)와 亂想(난상)으로 東西(동서)로 바쁘게 쏘다니니 괴이한 일이 아닌가? 일생을 바쁘니 늙어서도 이룬 것이 없는 것이다.

내가 진심으로 학도하는 이에게 바라는 것은 속히 世路의 영귀 관문을 타통할 것이고 영귀에 몸담고 있는 사람은 그 영귀를 잊고 영귀가 없는 사람은 영귀를 바라지 말고 明道를 귀하게 여기고 成道로 榮을 삼을 것이다.

바라건대 뜻이 歸眞(귀진)에 둔다면 앞길에 유망함이 있을 것이다. 그렇지 않고 거짓 영귀로 참된 영귀로 삼아서 영귀하고자 하는 한 생각을 가슴속에 품는다면 靈竅(영규)가 닫히게 되니 망상으로 道를 밝히기는 실로 어려운 것이다.

4. 재리관(財利關)

修真大道

재물이 온 내력을 살펴서 가히 취할 만하면 취하고 버려야 하면 버려야 한다. 일반인은 기운을 써서 돈을 벌지만 수행인은 돈을 써서 에너지를 모은다.

讀通關文

至聖云：「君子喻於義，小人喻於利。」
老祖曰：「不貴難得之貨。」
又云：「不見可欲，使心不亂。」
呂祖曰：「堆金積玉滿山川，神仙冷笑應不采。」
此皆教人不可貪圖財利，有壞大事也。
但財有世財法財之別：世財者，金銀珠玉是也；法財者，功德精誠是也；

圖世財者，重金銀而輕功德。千謀百計，明取暗竊，

損人益己，輕出重入。恨不得天下之財，為我一人所有.

世間之利，為我一人獨得。無財不覓，無利不搜，捨身拼命而不顧，瞞心昧己而不管。

有了十貫想百貫，有了百貫相想千貫，有了千貫想萬貫。貪心不足，至死不肯回頭。

殊不知大限一到，縱然富如　石崇，財似萬山，買不轉閻王老子，避不過生死輪迴。只落的罪孽隨身，滿載而歸，分文銀錢不能帶去，到得此時，悔之何及！

更有一等迷瞪漢，只知積財。吃也捨不得，穿也捨不得，又不肯恤孤憐寡，又不知扶危救困。獨為看財奴，慳貪鬼.

斷氣在於眼前。而猶吩咐子孫如何生財，如何聚財，何人少我債，何處有我錢。嗚呼！三寸氣斷，萬有皆空。此身亦不屬我，何況於財，豈不愚哉！

積法財者，重功德而輕金銀。俯視一切，萬緣不起。積功累行，苦己益人，廣行方便。以性命為珠寶，以仁義為金玉，以惜氣養神為貨利，以存誠保真為富有，以清淨無為為家業。

至於塵世金銀財寶，猶如石土視之。蓋以所求者，先天之真寶。而塵世一切假寶，何足戀之？

學道者若有些兒貪財謀利之心，便礙大道。

雖修行人，此身未離塵世，不能全廢世財，亦當見利思

義，隨其自然，不得分外貪求。即遇自然之財還當審其來歷，

可取方取，可棄則棄。所謂以義為利。外雖取而心未嘗取，何礙於取？

昔孔子周遊列國，孟子游食諸侯，未嘗不受諸侯之　贐饋，皆出自然，非強求也。

即我長春祖師，始而粒米文錢不敢妄貪，勞其筋骨，餓其體膚。受人之所不能受，忍人之所不能忍。

及至苦盡甜來，否極生泰。為宋金元諸帝王之隆寵，有賜未嘗不受。然受之而禱雨救旱，禳災扶國。與夫修造宮觀，大興教門，皆用財得當。

然亦是先積法財，而後借世財立功也。世間糊塗學人，不知急求法財，而只以世財為重，哄騙十方，為衣為食，挪賬累債；又一功不行，一德不積，來生與人填還。求其為人，尚不可必，何敢望仙？

更有一等造孽頭，指東化西，拐騙善信，不做一件好事；賭博鬧酒，每每因幾文錢，輕則口角爭吵，重則打架橫行.

又有一等假道學，口道德而心　盜蹠。裝模作樣，儼然神仙。一見錢財，便露馬腳；爭論多寡，不顧廉恥。吾嘗謂性命不如二百錢，誠然也。

吾勸真心學道者，速將財利關口打通，不可見利忘義，心生貪圖。

須知的堆金積玉，買不得生死。財多累多，利多害多。

與其背道而亡，莫若守道而死，還有好處。否則，利心重而道心輕，正不勝邪。妄想明道，難矣！

勸真心學道者

至聖 云 "군자는 義(의)에 비유하고 소인은 이익"에 비유한다.

老祖 왈 "얻기 어려운 財貨(재화)를 귀하게 여기지 않는다."고 하였다.

또 운 "욕심나는 것을 보지 않게 하여 마음으로 어지럽게 하지 않게 하여야 한다."고 하였다.

여조 왈 "무더기 金과 무더기 玉이 산천에 가득하더라도 신선은 냉소할 뿐 응하여 오지 않는다."고 하였다.

이것은 모두 사람들에게 財利를 탐하면 대사를 그르친다고 가르치신 것이다.

단 재물에는 世財(세재)와 法財(법재)의 구별이 있다. 세재란 金銀珠玉(금은주옥)을 말한다. 법재란 공덕과 정성을 말한다.

세재를 도모하는 자는 금은을 귀히 여기고 공덕을 가벼이 여기고 온갖 계교와 계략으로 밝은 데서는 취하고 어두운데 서는 엿본다.

損人利己(손인리기)하고 지출은 가볍게 하고 수입은 많이 한다. 천하의 재물을 자기 혼자만의 소유가 안 되는 것이 한이 된다.

세상의 이익은 나 혼자만 차지해야 하므로 찾지 않는 재물이 없고 찾지 않은 이익이 없다. 身命을 버리는 것을 돌아보지 않고 마음 가득히 어리석어 관리하지 않는다.

十貫(십관)을 벌어들이면 백관을 벌려고 하고 백관을 벌어들이면 천관을 벌려고 하고 천관을 벌어들이면 만관을 벌려는 탐심이 끝이 없어 죽음이 임박해도 깨닫지 못한다.

마침내 죽음이 이르면 설령 富가 석숭이나 재물이 萬山같아도 그것으로 염라대왕의 마음을 바꾸어 生死輪廻(생사윤회)를 피할 수는 없다. 다만 죄만 몸에 가득 실어 돌아갈 뿐이다. 은전을 나누어 준다 해도 죽음을 늦출 수도 없으니 이때에 이르러 후회한 들 어찌하랴.

다시 일등의 어리석은 사내가 있으니 단지 재물 쌓는 것만 알고 먹는데도 쓰지 않고 옷이 헤져도 쓰지 않고 외로운 이웃을 돌아보는 것도 좋아하지 않고 또 위험과 괴로움을 도와주고 구해야 함을 모르고 오직 재물만 바라보는 노예이며 재물만 탐하는 귀신인 것이다.

죽음이 눈앞에 있어도 오직 자손에게 어떻게 하면

재물이 생기고 어떻게 하면 재물을 모을 수 있으며 어떤 사람이 나에게 빚이 얼마며 어느 곳에 나의 돈이 있는지를 분부할 뿐이니 오호라! 세치의 숨이 끊어져 萬有가 다 공이 되면 이 몸은 또한 나에게 속하지 않게 되는데 하물며 재물이겠는가? 어찌 어리석은 일이 아니겠는가?

法財를 쌓는 사람은 공덕을 귀히 여기고 금은을 가벼이 한다. 일체를 내려다보고 만연을 일으키지 않고 적공루행하고 苦己益人(고기익인)하고 두루 방편을 행하고 性命으로서 珠寶를 삼고 仁義로 금옥을 삼고 氣를 아끼고 神을 기르는 것으로 財利(재리)를 삼고 存誠保眞(존성보진)으로 富有를 삼고 淸淨無爲(청정무위)로 가업을 삼는다.

진세의 금은재보에 이르러서는 오히려 石土(석토)와 같이 본다.

구하는 것은 선천의 眞寶(진보)로 진세의 일체 假寶(거짓 보배)가 어찌 사랑하랴.

학도자가 만약 이러한 탐재하고 이익을 도모하는 마음이 있다면 곧 대도가 막히게 된다.

비록 수행인이라도 이 몸이 진세를 떠나지 않았으면 세재를 전부 폐할 수는 없으므로 또한 利를 보면 義를 생각하고 자연스러움에 따를 것이라. 분수 밖의 것을 貪求하지 않는다면 즉 자연한 재물인 것이다.

다시 그 재물이 온 내력을 살펴서 가히 취할 만하면

취하고 버려야 하면 버려야 할 것이다. 이른바 義(의)로써 利를 삼는 것이다. 밖으로는 비록 취하나 마음에는 취한바가 없는 것이니 어찌 취하는데 막히겠는가?

일찍이 공자께서 열국을 주유하거나 맹자께서 제후에게 遊食(유식)할 때 제후의 노잣돈을 받지 않음이 없었다. 이것은 모두 자연스럽게 이루어진 일로 억지로 받은 것이 아니다.

우리의 장춘조사께서는 처음에는 쌀이나 文錢(문전: 돈)을 감히 바라거나 욕심내지 않아서 그 근골이 피로하고 그體膚(체부)가 굶주려 사람이 능히 감당할 수 없는 고통을 감수하셨고 사람이 참기 어려운 것을 참으셨다.

급기야 고진감래하고 否極生泰(비극생태)하니 宋金元의 여러 제왕에게 융숭을 받았고 선물을 받지 않음이 없었다. 그러나 그것을 받아도 祈雨로 救旱하고 재앙을 물리쳐 나라를 돕고 더불어 修造宮觀하여 크게 교문을 일으켜 財를 쓰는데 다 타당하였다.

그러나 또한 먼저 법재를 쌓은 이후에 세재를 빌려 공을 세운 것이다. 세간의 호도한 학인은 서둘러 법재를 구해야 함을 알지 못하고 단지 세재만을 귀중히 여겨 십방을 시끄럽게 속여서 의식을 삼고 애걸하여 돈을 빌려 부채만 쌓고 또 一功도 행하지 않고 一德도 쌓지 않으면서 내생에 다시 사람들과 더불어 돌아오려고 사람으로 환생하기를 구하나 오히려 그렇게 될 수가 없는데 어떻게 신선을 바랄 수가 있겠는가?

다시 첫째가는 한량들이 있어 빈정대기만 하고 선남선녀를 속이면서 한 가지 좋은 일도 하지 않고 도박이나 술로 시끄럽게 하면서 늘 몇 푼 안 되는 돈 가지고 가볍게는 말로 언쟁을 벌이고 무겁게는 의자를 부수고 거칠게 행동한다.

또 첫째가는 가짜 도인인 척하는 자들이 입으로는 도덕을 말하면서 마음은 도척이고 겉모습은 잘 분장하여 엄연한 신선이나 한번 돈을 보면 곧 바로 마각을 드러내고 돈이 많다 적다 다투면서 염치도 돌아보지 않으니 내가 일찍이 말하기를 성명은 이백전과 같지 않다고 한 것은 진실한 말인 것이다.

내가 진심으로 학도하는 사람에게 속히 財利 관문을 타통하여 利를 보고 義를 잊어버려 마음에 탐도하지 않기를 바라는 바이다.

무더기 금이나 무더기 玉을 팔아서 생사를 살 수 없음을 반드시 알아야 한다. 재물이 많아 쌓이는 것이 많고 利가 많으면 害도 많게 되어 결국 도를 등져 죽게 된다. 마침내 守道하여 죽는다 해도 다시 좋은 곳에 태어나는 것과 같겠는가? 그렇지 않고 利心이 많고 도심이 적으면 正이 邪를 이기지 못하는 것이니 망상으로 도를 밝히기는 어려운 것이다.

5. 궁곤관(窮困關)

修真大道

장춘진인은 龍門(용문)에서 7년 간 磻溪(반계)에서 6년을 늘 배가 굶주렸으나 죽음에 이르러서도 마음이 변하지 않았다.

讀通關文

至聖 曰：「君子固窮，小人窮，斯濫矣。」

「中庸」曰：「素貧賤，行乎貧賤。」

孟子曰：「貧賤不能移。」

紫陽翁曰：「貧子衣中珠，本自圓明好。不會自尋求，卻數他人寶。」

此皆教人守死善道，處窮困而不為貧困所移也。

夫修真之道，與世法相反。原欲棄富貴而就貧賤，去奢華而守恬淡。必先苦其心志，勞其筋骨，餓其體膚，空乏其身，磨煉切蹉，去假求真。即刀兵水火，疾病災患，皆所不計，何論窮困！

若受不得窮困，遇飢寒而生煩惱，值艱難而起無明，便是以飢渴之害為心害，

養其小者為小人。認假棄真，與道相隔，何時能進道岸乎？

殊不知性命事大，衣食事小。重衣食而輕性命，如何修的性命？

夫圖衣食者，僅可養皮肉。修性命者，卻能保天真；天真若失，雖身肥體壯，如 豕 如牛。外人形而內獸心，即生如死，豈是務道之人？

昔長春真人 龍門 七載，磻溪 六年，常受飢餓，至死不變；

太古真人 趙州橋定坐，飢寒不避，生死不顧； 丹陽真人 棄巨富而入 鐵查，卻飽暖而就貧淡，把茅蓋頂，岩居穴處。

以上諸公，受人之所不能受，苦人之所不能苦，皆從窮困中而成大道。

世間糊塗學人，受不得困苦，耐不得飢寒。稍遇艱難，受些淡泊，即便自生煩惱，恨天怨地；邪思亂想，不守本分，設法編轉。如此行為， 窮困且不能受的，如何能在大危大險之中過去的？

故學人必以受的窮困為要著，

若稍有懼怕厭惡之心，即此一事，便是擋路高山，害道大魔，寸步難移。

吾勸真心學道者，速將窮困關口打通，心如鐵石，意若寒灰，隨緣度日。餓也如此，凍也如此，即凍餓身死也是如此，絕不以窮困小事，忘卻性命大事。

如此行去，一心一意，真履實踐，以道為己任。未聞道者，終須聞道，已聞道者，終須成道

祖師暗裏自有安排，決不教凍餓壞真正學道人。

否則，豐衣足食，自自在在，作事受不得一些苦難。當不得一些貧淡。妄想明道，難矣！

勸真心學道者

지성 왈 "군자는 固窮(고궁)하나 소인의 窮은 외람되다."고 하였고

중용에 왈 "素貧(소빈)의 돈이란 貧賤을 行하는데 있다."고 하였고

맹자 왈 "貧賤에도 뜻을 바꿀 수 없다."고 하였고

자양옹 왈 "빈자의 옷 안에 있는 구슬은 본래 스스로 圓明(원명)하여 좋은데 스스로 찾아 구하려않고 오히려 타인의 보물만 세고 있다."고 하였다.

이것은 모두 사람에게 죽어도 善道(선도)를 지키라고

가르치신 것이다. 곤궁에 처한다 해도 곤궁에 뜻을 바꾸지 않아야 한다.

무릇 수진의 도와 世法과는 서로 상반되는데 원래 부귀를 버리고 빈천하고자 하고 사치를 버리고 恬澹(념담)을 지켜서 반드시 먼저 그 심지를 괴롭게 하고 그 근골을 힘들게 하고 그 몸뚱이를 주리고 하고 그 몸을 마르게 하여 거짓을 버리고 참을 구하게 하는 것이니 즉 刀兵水火(도병수화)와 질병재환으로 다 어떠한 곤궁이라도 감내하게 하는 것이다.

만약 곤궁을 겪지 않고 飢寒(춥고 배고픔)을 만나면 번뇌가 생기게 되고 어려움을 만나면 無明(무명)이 일어나게 되니 곧 기갈의 害는 마음의 害가 되는 것이다.

그 적은 것을 기르는 자는 小人으로 거짓을 알고 참을 버리는 것이니 도와는 서로 막히는 것이니 어느 때에 능히 道岸(도안)으로 나아가겠는가?

마침내 性命의 일은 크고 의식의 일은 작은 것임을 알지 못하고 의식을 중히 여기고 성명을 가벼이 여기니 어떻게 성명을 닦겠는가?

무릇 의식의 도모하는 자는 겨우 皮肉(피육)만을 기르는 것이고 성명을 닦는 사람은 오히려 天眞(천진)[12]을 보호하는 것으로 천진을 만약 잃어버리면 비록 신체가 살찌고 건장하여도 돼지나 소 같아 겉은 사람의

12) 글에서는 남자에게는 정액이고 여자에게는 經血을 말한다. 태상장문대동이라는 글에 "남자의 괘가 다하면 天眞이 적어지고 여자의 算數가 다하면 天癸가 끊어진다,"고 하였다.

모습이나 안은 獸心(수심)인 것이니 곧 살아도 죽은 것과 같은 것이니 어찌 이것이 도에 힘쓰는 사람이겠는가?

일찍이 장춘진인은 龍門[13](용문)에서 7년 간 磻溪(반계)에서 6년을 늘 배가 굶주렸으나 죽음에 이르러서도 마음이 변하지 않았다.

태고진인[14]은 趙州(조주)의 다리에서 定坐(정좌)하여 춥고 배가 고파도 피하지 않고 생사를 돌보지 않았다. 단양진인은 많은 재산을 버리고 鐵查(철사)로 들어갔고 따뜻하고 배부른 것을 버리고 貧淡(빈담)을 취하였고 띠 풀로 지붕을 덮고 바위의 穴處(혈처)에 머물렀다.

이상의 제공들은 사람이 견디기 어려운 것을 견디어 내었고 사람이 괴로워하는 것에 괴로워하지 않으셨고 모두 궁곤한 가운데 대도를 이루어 내었다.

세간의 호도한 학인은 곤고하지 않은 것을 수용하고 飢寒(기한)이 아닌 것을 참아 낼뿐 조금이라도 어려움을 만나 이러한 담박함을 수용해야 하는데, 곧 스스로 번뇌가 생겨서 천지를 원망하고 삿된 생각과 어지러운 생각으로 본분을 지키지 못하고 빠져나갈 방법만 생각하려고 하니 이와 같은 행위로 궁곤을 피하려고 한다면 어떻게 대 위험 가운데를 통과할 수가 있겠는가?

고로 학인은 반드시 궁곤을 받아들이는 것이 필요하

13) 용문: 협서성의 방현 용문동을 말함.
14) 태고진인: 북파 7진중에 한 분으로 金代 도사임.

다.

만약 조금이라도 두렵고 싫어하는 마음이 이 一事에 있다면 바로 이것이 도를 해치는 大魔(큰 마귀)인 것이니 한 걸음도 옮기기 어려운 것이다.

내가 진심으로 학도하는 사람에게 속히 궁곤 관문을 타통하여 마음이 철석같고 뜻이 식은 재와 같고 인연따라 세월을 보내 배고파도 이와 같고 추워서 얼어도 이와 같고 추워 얼거나 배가 주려 몸이 죽어도 이와 같기를 바라는 바이다. 절대 빈궁이란 작은 일에 얽매여서 오히려 性命의 큰일을 망각하지 않아야 한다.

이와 같이 행하여 一心 一意로 眞履實踐(진리실천)하여 도를 자기의 임무로 삼는다면 도를 듣지 않은 사람도 끝내 도를 들을 것이요 이미 도를 들은 사람은 끝내 도를 이루게 될 것이다.

조사께서 암암리에 자연히 안배하셔서 결단코 진정으로 도를 배우는 사람이 추워서 얼거나 배고파 주리게 하지는 않으시는 것이다.

그렇지 않고 의식이 풍족하여 자자재재하여 작사에 한 번의 고난과 한 번의 貧淡을 받지 않고 망상으로 도를 밝히기는 어려운 것이다.

6. 색신관(色身關)

修真大道

이 몸을 도라고 집착하지 말라. 이 몸 이외에 眞身이 있다. 자고로 성도한 仙佛은 다 몸을 귀히 여기지 않고 法身(법신)을 닦았다

讀通關文

老祖云：「吾所以有大患者，為吾有身。及吾無身，吾有何患？」

又云：「後其身而身先，外其身而身存。」

「金剛經」 云：「不可以身相見如來。」

逍遙翁云：「須知諸佛法身，本性無身。而以相好莊嚴為身。」

臨濟禪師云：「真佛無形，真性無體，真法無相。」

莊子云：「悲夫！世之人以為養形足以存生，而養形果不足以存生，則世奚足為哉？」

古仙云：「莫執此身云是道，此身之外有真身。自古成道仙佛，皆不重色身，而修法身也。

舉世之人皆認此色身為真實，而遂愛之惜之。欲厚其生，戀戀不捨。圖貴顯以榮此身，積財貨以養此身，噉肉飲酒以肥此身，華衣美服以飾此身。日夜謀慮，時刻打算，費盡心血，耗散精神，與鬼為鄰。

雖曰厚生，實是傷生。殊不知色身者，天地之委形。四大假合，一旦陽氣消盡，陰氣獨盛，魂飛魄散，直挺挺一團濃胞臭肉，不過壯地而已。

真在何處？實在何處？既不真實，則必是假。愛惜色身者，豈不假中又添其假乎？

世間糊塗學人，妄想修真，而又不知窮真。妄想成道而又不知辨道。不窮真，不辨道，不曉得真道是何事。

迷迷昏昏，以此色身為真，怕苦著此身，怕勞著此身，怕餓著此身，怕凍著此身；暖衣美食，保愛此身；自在安穩，將養此身；一切出力，好事不做，偏是要命路上無益有損之事.

不惜精神，不省氣力。反能做的，認假為真，以虛為實。

殊不知此身內外，皆是傷生之物，並無一件益生之物。眼見好色則喜，耳聞惡聲則怒，鼻嗅香氣則愛，舌嘗美味則思，意有所法則欲，身有所觸則懼.

外而六門，內而六識。內外交攻，斵喪真元。

原其故，皆色身所招。若無色身，六門六識之害，從何而生？

況天地間萬物，凡有形者皆有壞，若愛此色身之假，而不窮性命之真。大限一到，我是誰而身是誰，身與我兩不相干。

吾勸真心學道者，速將色身關口打通，莫被瞞過。視七竅為窟窿，視四肢為木節，視皮肉為膿胞，視五臟為痞塊。

捨此色身於度外，另尋出個無形之形，無象之象的真身，方能延得命，明得性。

蓋以捨得假，方能求得真。認的假，始能見的真。

邪正不並立，善、惡不同途也。否則，不識其假，便不能脫離其假，不能脫離其假，如何尋見其真？

不能尋見其真，如何能修其真？若愛色身而不醒悟，妄想明道，難矣！

勸真心學道者

노조 云 "내가 大患(큰 우환) 있다는 것은 나에게 몸이 있기 때문이다. 나에게 몸이 없다면 나에게 무슨 우환이 있겠는가?"

또 말하기를 "그 몸을 뒤로하여야 몸이 보존되고 그 몸을 도외시하여야 몸이 보존된다."고 하였고

금강경에 운 "身相으로 여래를 보는 것은 옳지 않다."고 하였고

소요옹 운 "모름지기 諸佛 法身의 본성은 無身이나 相을 잘 장엄하므로 써 身을 삼는다."고 하였고

임제선사 운 "佛은 無形이고 眞性은 無體이고 眞法은 無相이라."고 하였다.

장자 운 "슬프도다! 세상 사람들은 養形(양형)으로 만족하여 存生하나 養形으로는 存生하기가 부족한 것이니 세상 사람들이 어떻게 족하겠는가?"라고 하였다.

古仙 운 "이 몸을 도라고 집착하지 말라 이 몸 이외에 眞身이 있다. 자고로 성도한 仙佛은 다 色身(색신)을 귀히 여기지 않고 法身(법신)을 닦았다."고 하였다.

세상 사람들을 보면 다 이 色身을 진실로 여겨 사랑하고 아껴하니 그 生을 후하게 하고자 연연하여 버리지 않고 貴(귀)를 나타내 이 몸을 영화롭게 하고자하고 재화를 쌓아 이 몸을 기르고 고기와 술을 먹고 마시면서 이 몸을 살찌우고 화려한 옷과 아름다운 옷을 입어 이 몸을 치장하고 일야로 생각하여 도모하고 시시각각으로 타산하면서 심혈을 더 소모하고 정신을 소모하여 흩어버리니 귀신과 이웃이 되는 것이다.

비록 厚生(후생)이라 말하나 실로 傷生(상생)인 것이

니 色身이란 천지의 적은 모습이요 四大가 거짓으로 합한 것으로 일단 陽氣(양기)가 소진되면 陰氣가 홀로 치성하고 魂飛魄散(신혼백산)하여 곧바로 한 덩어리의 고름 냄새나는 고기 덩어리로 땅에 장사 지낼 뿐 인 것이다.

眞은 어느 곳에 있으며 實은 어느 곳에 있는가? 이미 眞實이 아니라면 반드시 거짓인 것이니 色身을 사랑하고 아끼는 것이 어찌 거짓가운데 또 거짓을 더하는 것이 아니겠는가?

세간의 호도학인이 망상으로 수진하여 진을 궁구하지 않고 망상으로 도를 이루어 또 도를 분별하는 것도 알지 못하는 것이다. 진을 궁구하지 않고 도를 분별하지 않으니 진도가 어떠한 일인지를 깨닫지 못하는 것이다.

미미혼혼하여 이 色身을 眞으로 삼으니 이 몸이 괴로운 것이 두렵고 이 몸이 피로한 것이 두렵고 이 몸이 주리는 것이 두렵고 이 몸이 어는 것이 두렵고 따뜻한 옷과 맛있는 음식으로 이 몸을 보호하고 사랑하여 자재안온케 하는 것이니 장차 이 몸을 길러 일체 힘쓰는 것이 좋은 일에는 힘쓰지 않고 치우치니 命路(명로)상에는 이익은 없고 손해나는 일만 있을 뿐이다.

정신을 아끼지 않고 기력을 돌보지 않고 오히려 힘쓰는 것이 거짓을 참으로 虛를 實로 알아 힘쓸 뿐이다.

특히 이 몸의 內外가 모두 傷生의 物로서 한 건도

生에 이익 되는 物이 없다. 눈은 좋은 색을 보려하고 귀는 좋은 소리를 듣기를 기뻐하는데 싫은 소리에는 화를 내고 코는 향기를 맡는 것을 사랑하고 혀는 맛있는 것 먹기를 생각하고 意는 맞으면 하고자 하는 것이고 身은 부딪치면 두려워한다.

밖으로 6門과 안으로 6識이 內外로 交攻하여 眞元을 깎아 상하게 하는 것이다.

원래 그러한 까닭은 모두 色身이 끌어들이는 것으로 만약 색신이 없다면 6門과 6識의 해가 어느 곳을 쫓아 일어나겠는가?

하물며 천지간의 만물에서 무릇 有形한 것은 모두 부서지는 것이다. 만약 이 색신의 거짓모습을 사랑하여 性命의 眞을 궁구하지 않는다면 죽음이 이를 때 나는 누구이며 몸은 누구인가? 몸과 나 이 둘은 서로 상관이 없는 것이다.

내가 진심으로 학도하는 사람에게 바라는 것은 속히 色身 관문을 타통하여 7구멍을 窟竉(굴총)으로 보거나 사지를 木節(목절)로 보거나 肉을 오히려 膿疱(농포)로 보거나 五臟을 痞塊(비괴)로 보는 속임을 당하지 말아야 한다.

이 색신을 도외시하여 버리고 따로 無形의 形과 無象의 象에서 眞身을 찾아야 비로소 命을 延(이끌 연)하고 性을 분명하게 얻게 되는 것이다.

거짓을 버려야 비로소 眞을 구할 수 있고 거짓을 알

아야 비로소 眞을 볼 수가 있다.

邪와 正은 함께 설 수가 없고 善과 惡은 같은 길이 아니다. 그렇지 않고 그 假를 알지 못하면 곧 그 假를 벗어날 수가 없고 그 假를 벗어나지 못하면 어떻게 그 眞을 찾아 볼 수가 있겠는가?

그 眞을 찾아 볼 수가 없다면 어떻게 그 眞을 닦을 수가 있겠는가? 만약 色身을 사랑하여 醒悟(성오)하지 못하고 망상으로 도를 밝히기는 어려운 것이다.

7. 오기관(傲氣關)

修真大道

스스로 뽐내고 잘났다고 하는 무리라면 설령 총명이 뛰어나고 학문이 출중하더라도 내버려두고 상관하지 않는다.

讀通關文

「易」曰：「君子以虛受人。」

又 曰：「謙尊而光，卑而不可 踰。」

「道德經」曰：「不自見，故明。不自是，故彰。不自伐，故有功。不自矜，故長。」

此皆教人屈己尊人，不可有高傲自是之心也。

蓋學道者先要虛心下氣，自卑自小，不滿不盈。只見己短，不見己長。

敏而好學，不恥下問。尊師敬友，毫無高傲浮躁之氣，方能感動真師指點，良友勸勉。大凡真師良友，多不淺露圭角.

果是真正有志之士，不恃才，不逞能，如愚如訥。明眼者一見，暗中留心，不肯棄捨。日久試確，即便提攜。

若是自矜自是之輩，縱然聰明過人，學問出衆，置於不問而已。

世間糊塗學人，才入門戶，即想成仙。方見高人，即要口訣。

不思大道是何物，修持是何事。褻慢輕視，妄想走路拾寶。或學些旁門工夫，自負有道，心高氣傲，予聖自雄，人前賣弄。即遇明人，不肯低頭，當會錯過；或有讀過幾卷儒書，解得幾句文義，又記些丹經子書，執象泥文，自謂大徹大悟，高談闊論，目空四海，再不聆教高明。冒然下手，混作亂做。非徒無益，而反受害，及弄得大病臨身，方知自錯，無法醫治，後悔不及。

又有一等無知文人，仗自己才學，妄猜私議，似是而非。偶遇緇黃，即以丹經考校。倘不應酬，便謂無道。即遇真師，亦不誠敬，大模大樣，高坐妄談，略無忌憚。如此之類，懈怠欺心，怎能聞的香風，近的道岸？

夫道者，竊陰陽，奪造化，超生死，脫輪回，為天地所寶，鬼神所秘。苟非大賢大德，真心實意之士，豈敢輕泄？豈容輕聽？

況大道秘旨不在文字。丹經子書乃歷代祖師開明道理，為後人引路，使其擴充識見，就證於師耳，非是教人執書為道也。在不通學問者，往往只聽梆聲，不辨是非，以盲引盲。

在稍知文義者，每每膠執己見，不肯低頭，將錯就錯。凡此，其病在於氣傲自足，氣傲自足便是無有真心。既無真心學道，誰肯真心指道？豈不枉勞精神，自壞大事耶?

吾勸真心學道者，速將傲氣關口打通，尋訪明師良友，誠敬求教，

把一切自見自是自伐自矜等弊掃去，不容有些子埋藏於內，作個虛心屈弱小人。未聞道者，即能聞道。已聞道者，即能成道

蓋以惟小故能大，惟卑故能高，惟屈故能直，惟虛故能實也。

否則，傲氣滿胸，目中無人，妄想明道，難矣！

勸真心學道者

주역에 왈 "군자는 虛(빈 마음)로 受人한다."고 하였고,

또 말하기를 "謙(겸손)하면 존경받으니 빛나고 내 몸을 낮춘다."고 하였고

도덕경에 왈 "스스로 내세우지 않으니 밝고 스스로 옳다고 않으니 나타나고, 스스로 功을 내세우지 않으니 공이 있고, 스스로 뽐내지 않으니 오래가는 것이다." 고 하였는데

이것은 모두 자기를 낮추고 사람들을 존경하여서 高傲(고오)하여 자기가 옳다고 하는 마음이 있어서는 안 된다는 것을 말한 것이다.

학도자는 먼저 虛心下氣(허심하기)하여 自卑自少(자비자소)하고 不滿不盈(불만불영)하여 자기의 잘못을 보고 자기의 장점을 보지 않는다.

총명하여 아랫사람에게 묻기를 꺼려하지 않고 尊師敬友(존사경우)하여 조금도 高傲(고오: 오만함이 지나침)하여 浮燥(부조: 조급하여 떠있음)하는 氣가 없어야 비로소 진사께서 감동하여 지점해 주실 것이고 良友(양우)의 권면이 있게 된다. 무릇 진사와 良友는 조금도 圭角(규각: 자신의 잘남)을 드러내지 않는 것이다.

과연 진정으로 뜻이 있는 사람은 재주를 뽐내지 않아 어리석거나 어눌한 것처럼 보인다. 明眼者가 한번 보면 남모르게 그 사람을 마음에 두고 버리려고 하지 않는다. 오래 시험하여 확실하면 곧 提携(제휴: 이끌어 줌)하는 것이다.

만약 스스로 뽐내고 잘났다고 하는 무리라면 설령 총명이 뛰어나고 학문이 출중하더라도 내버려두고 상관하지 않는 것이다.

세간의 호도학인이 모두 문호에 들어가 신선이 되기를 생각하지만 바야흐로 고인을 만나야 하니 즉 口訣(구결)이 필요한 것이다.

대도가 어떠한 물건인지 修持(수지)가 어떠한 일인지 생각하지 않고 무례하고 방자하게 경시하고 망상으로 길을 달려 보물을 가지려 하거나 혹 방문공부를 배워 스스로 도가 있다고 자부하며 心高氣傲(심고기오)하여 스스로 성인이라 하여 사람들 앞에서 잘난 체하며, 明眼人(명안인: 눈 밝은 사람)을 만나도 머리를 숙이지 않아 어긋나 지나가거나 혹 몇 권의 유서나 몇 구절의 문의를 읽거나 또 단경자서를 기억하여 執象泥文(집상니문: 모습이나 글에 집착함)한 것을 가지고 스스로 크게 깨달았다고 말하거나 고담활론으로 목공사해하여 고명한 분에게 가르침을 들으려 않고 무모하게 下手(하수: 공부에 착수함)하여 混作亂做(혼작혼주: 공부순서가 혼란함)하니 다만 무익할 뿐 아니라 오히려 해를 받게 되니 큰 병이 몸이 임하게 되면 비로소 자기의 잘못을 알게 되나 치료할 방법이 없어 후회가 막급인 것이다.

또 아주 무지한 문인이 있으니 자기의 재학을 의지해 망령되게 멋대로 헤아리나 옳은 것 같으나 틀린 것이다. 도사 스님을 만나 단경을 서로 대조하나 오히려 서로 맞지 않으면 곧 도가 없다고 하며 진사를 만나도 공경하지 않고 고좌하여 함부로 말을 하여 거리끼지 않으니 이와 같은 부류가 게으르고 거짓된 마음으로 어찌 香風(향풍)을 들어 道岸(도안)에 가까이 갈 수가 있겠는가?

무릇 도란 음양을 엿보고 조화를 빼앗고 생사를 초월하여 윤회를 벗어나는 천지의 보배이며 귀신이 비밀로 하는 것이다. 만약 大賢大德(대현대덕)하고 眞心實意(진심실의)한 이가 아니라면 어찌 가볍게 누설하겠으며? 어찌 쉽게 들음을 용납하겠는가?

하물며 대도의 秘旨(비지)는 문자에 있지 않고 단경자서는 역대조사께서 이치를 밝히는 理道로서 후인을 이끄는 길로 廣充識見(광충식견: 널리 많이 배워 아는 것이 많음)하여 스승의 말을 확인하는 것으로 사람들에게 책이 도가 된다고 가르치는 것은 아니다. 학문을 통하지 않은 사람은 자주 목탁 두드리는 소리를 듣는 것 같은데 시비도 분변하지 않고서 맹인이 맹인을 이끄는 것이다.

조금 文義(문의: 글의 뜻)를 아는 사람은 늘 자기의 견해를 고집하여 머리를 숙이려 않으니 어긋난 데 또 어긋나는 것이다. 이것을 보면 그 병이 氣傲(기오)하여 자족한데에 있는 것으로 氣傲自足(기오자족)하면 곧 眞心이 있을 수 없는 것이니 이미 진심으로 도를 배움이 없다면 누가 진심으로 도를 가르치기를 좋아하겠는가? 어찌 이것이 정신만 힘들게 쓸 뿐 스스로 대사를 부셔버리는 것이 아니겠는가?

내가 진심으로 도를 배우는 사람에게 바라는 것은 속히 傲氣(오기) 관문을 타통하고 明師와 良友를 방문하고 찾아 성경으로 가르침을 구하는 것이다.

일체의 自見(자견) 自是(자시) 自伐(자벌) 自矜(자긍) 등을 다 소제하여 버리고 이러한 것들이 內에 파묻혀 갈무리되는 것을 용납하지 말고 虛心과 屈弱(굴약: 자기를 낮춤)한 소인같이 하면 도를 듣지 못한 사람은 곧 聞道하고 이미 聞道者는 능히 成道하게 될 것이다.

오직 少한 까닭에 능히 大한 것이고 오직 卑한 까닭에 高한 것이고 오직 屈한 까닭에 直한 것이고 오직 虛한 까닭에 實해 지는 것이다.

그렇지 않고 오기가 가슴에 가득하여 안중에 사람이 없는 사람이 망상으로 도를 밝히기는 어려운 것이다.

8. 질투관(嫉妬關)

修真大道

질투로 가슴을 가득 채운다면 배울수록 더욱 부서질 뿐으로 好人이라고 할 수 없으니 어떻게 감히 성현이 되기를 바라겠는가?

讀通關文

「易」曰：「君子以朋友講習。」

「大涅槃經」曰：「自未得度先度他。」

「金剛經」曰：「若善男子善女人，於此經中受持，乃至四句偈等，為他人說，而此福德勝彼福德。」

孟子 曰：「善與人同，捨己從人。樂取於人以為善。」

此皆言與人為善，而不可有嫉妒私心也。

夫修真者，修性命也。

性命二字，人人具足，個個圓成，　處聖不增，處凡不減。不論富貴貧賤賢愚高低，誰無個性命？

既人人有性命，則知大道為公共之物，人人可以明大道，人人可以作仙佛，是在信心志士自修自證耳。

然修證之法，須要求明師指引，借良友資益。明師所以提整綱領，良友所以擴充識見。

明師須要誠求，良友亦當尊敬。蓋以良友之益，有半師之功。

借彼之有知，以益我之無知；借彼之所能，以濟我之不能。利益甚多，豈可輕慢？

故祖師教人尋師訪友也。比如同師學道，俱是同心同事，朝夕聚處，須當彼此相敬相愛，有善同勸，有過同規，患難扶持，疾病照應。如同夥求財，打扯船。彼不知者，借我講說之；我不知者，求彼開明之。彼此相濟，其功加倍。

況同堂學道，是性命之友，道義之交，理宜親愛和氣。彼有所得，如我之得。彼有所失，如我之失，方是同心學道之士。

世間糊塗學人，自無志氣。朋友勸勉，反加不愛。自有過犯，朋友規戒，即起無明。不但不聽，且懷嗔恨。

自己不肯鑽研道理，久無所知。見他人殷勤用功，能解能悟，師尊見喜，暗生嫉妒，故意搬弄是非，

敗人好事。不悔自己無能，反忌他人有能，絕不思學道

學的何事。

夫學道者，所以遷善改過也，以不善而學之。欲遷於善，以有過而學之，欲改無過。今見人善而不知遷之於善，自本無過而嫉人；自致其過.

居心拐杖，日學日下，學於下愚不移之地矣。更有一等不知高低之匪類，見人言道，當面嗤笑；見人修行，暗中譭謗。既不信道，何必入道？既入道門，又不喜道；

冠祖師之冠，服祖師之服，違祖師之言，背祖師之行。罪孽不知，因果不究，何為道人？

昔地藏菩薩，人人成佛，後方自成佛；呂祖願度盡世間人，方自飛升；

七真同師重陽帝君，帝君登真後，邱劉譚王郝孫六人皆師事馬祖，皆得馬祖提攜，完成大事。

大抵學人，先要存大公無私，與人為善之慈心，利人利己，方有進益。

吾勸真心學道者，速將嫉妒關口打通，大同無我。

只把自己攻苦磨煉。尊人之長，示己之短。低頭作事，誠心前進。走過一步是一步，行的一功是一功。存聖賢之心，行聖賢之行。終久了的聖賢事業。

否則，嫉妒滿腔，愈學愈壞。好人且不能作，何敢望聖賢。妄想明道，難矣！

勸真心學道者

易에 왈 "군자는 朋友(붕우)와 講習(강습)한다."고 하였고,

대열반경에 왈 "아직 스스로 得度(득도)하지 못하였으면 먼저 다른 사람을 제도하라."고 하였고

금강경에 왈 "만약 선남자 선여인이 이 경 가운데서 수지한 사구게 등을 타인을 위하여 설한다면 이 복덕이 저 복덕보다 나으리라."고 하였다.

맹자가 왈 "善을 사람에게 베푸는 것은 같은데, 자기를 버리고 사람을 따라야 한다. 樂을 사람에게서 취하는 것이 善이 된다."고 하였는데

이는 모두 사람에게 善을 베풀어야지 질투나 사심이 있어서는 안 됨을 가르치신 것이다.

무릇 修眞이란 性命을 닦는 것이다.

성명이란 두 글자는 사람마다 갖추고 있고 개개가 원성하여 성인이라도 더하지 않고 범인이라도 적지 않다 부귀나 빈천과 현우의 고저를 막론하고 누가 성명이 없겠는가?

이미 사람마다 성명이 있으니 즉 대도는 公共(공공)의 물건임을 알 수 있고, 사람마다 가히 대도를 밝힐 수 있고 사람마다 선불이 될 수가 있으니 이것은 신심 있는 志士가 스스로 닦고 스스로 증명하는데 있다.

그러나 수증하는 법은 반드시 명사의 가르치심과 良友의 도움이 필요하다. 명사는 강령을 정리하여 제시하고 良友는 널리 식견을 채워준다.

明師에게는 반드시 성실히 구하는 것이 필요하고 良友는 존경하는 것이 마땅하다. 良友의 공이 스승의 공의 반이 된다.

저의 아는 것을 빌려 나의 무지함을 보태고 저의 능한 바를 빌려 나의 무능을 구제하면 이익이 매우 많게 되니 어찌 경만할 수가 있겠는가?

그러므로 조사께서 사람들에게 스승을 찾고 도반을 찾으라고 하신 것이다. 같은 스승에게 學道하여 同心同事를 갖추어 아침저녁으로 모여 서로 相敬相愛(상경상애)하고 좋은 일은 서로 권하고 나쁜 일은 서로 바로잡고 환난에는 서로 돕고 질병은 서로 살피고 함께 협조하여 財를 구하는 것과 같고 저가 모르면 내가 얘기해주고 내가 모르면 저가 열어서 밝혀주어 피차가 서로 구제하니 그 공이 배가하는 것이다.

하물며 同堂에서 道를 배우는 性命의 벗은 道義(도의)로 사귀는 것이니 마땅히 親愛和氣(친애화기)로 저가 얻은 것이 내가 얻은 것이고 저가 잃은 것이 내가 잃은 것과 같은 것이라야 비로소 같은 마음의 학도자인 것이다.

세간의 호도학인은 志氣가 없어 붕우의 권면을 오히려 좋아하지 않고 스스로 規戒(규계)를 범한 과실을 붕우가 規戒 하면 곧 無明을 일으키는 것이다. 다만 듣지 않으려고 할 뿐 아니라 또한 嗔恨(진한: 성내며 원한을 품음)을 품는 것이다.

스스로 도리를 鑽硏(찬연: 깊이 연구함)하는 것을 좋아 않으면서 오래 되도 알지 못하다가 타인이 은근히 用功하는 것을 보고 능히 解悟하여 스승의 존귀함을 보고 기뻐하나 속으로 질투하는 마음이 생겨 고의로 시비를 일으켜 사람들의 좋은 일을 패하려고 한다.

자기가 무능한 것을 후회하지 않고 오히려 타인의 유능을 싫어하여 학도가 어떤 일인지를 생각하지 않는다.

학도란 善으로 옮겨 허물을 바꾸는 것이다. 옳지 않은 것을 보면 善으로 바꾸려고 하고 잘못된 것을 배우면 바꾸어 잘못이 없고자 하는 것이다. 지금에 사람이 善한 것을 보고 善하고자 해야 하는 것을 알지 못하는 것은 자기는 본래 잘못이 없다고 하여 사람을 질투하므로 스스로 그 허물이 이르는 것이다.

삐틀어진 성격이라면 날마다 배울수록 더욱 잘못되어 어리석은 사람의 바뀌지 않는 것을 배울 뿐 인 것이다. 다시 어떤 高低를 알지 못하는 잘못된 부류의 사람이 있어 사람이 도를 말하는 것을 보면 마주 보면서 이빨을 드러내고 웃거나 사람이 수행하는 것을 보면 남모르게 훼방하는데 이미 도를 믿지 않는데 어떻게 入道하며 이미 道門에 들어간다 해도 또한 도를 좋아하지 않는다.

조사의 관을 쓰고 조사의 옷을 입으나 조사의 말씀

을 어기고 조사의 行을 등지면서 罪孽(죄얼)을 알지 못하고 因果를 궁구하지 않으니 어떻게 도인이 되겠는가?

일찍이 지장보살이 사람들이 먼저 성불하기를 바라 자기는 뒤에 성불하고자 했고 여조는 세간인이 다 제도 받기를 원하고 비로소 飛昇(비승)하였다.

7眞은 모두 중양제군을 스승으로 하였는데 제군께서 등진한 후에 邱, 劉, 譚, 王, 郝, 孫 등 6人이 모두 마조를 스승으로 하여 마조의 제휴를 얻어 대사를 완전히 하였다.

대저 학인은 먼저 대공무사하고 사람과 더불어 선한 자비의 마음이 있어야 하고 利人利己하여야 비로소 進益(진익)이 있는 것이다.

나는 진심으로 학도하는 이에게 속히 질투 관문을 타통하여 大同無我(대동무아)하기를 바라는 것이다.

단지 자기의 苦를 공격하여 磨煉(마련)하고 사람의 장점을 존경하고 자기의 단점은 드러내 겸손하게 作事하고 성심으로 전진하여 한 걸음 한 걸음 나아가고 한 功 한 功 行하여 성현의 마음을 가지고 성현의 行을 행한다면 끝내 성현의 사업을 끝낼 것이다.

그렇지 않고 질투로 가슴을 가득 채운다면 배울수록 더욱 부서질 뿐으로 好人이라고 할 수 없으니 어떻게 감히 성현이 되기를 바라겠는가? 망상으로 도를 밝히기는 어려운 것이다.

9. 폭조관(暴燥關)

修真大道

暴氣(폭기)하는 성질이 한번 일어나면 元神이 집을 나와 大火(대화)가 몸을 두르고 진액이 말라 正氣가 흩어진다.

讀通關文

「易」曰：「君子以 懲忿窒欲 。」

「陰符經」曰：「火生於木，禍發必尅。」

曾子 曰：「心有所憤捷，則不得其正。」

孟子 曰：「持其志，無暴其氣。」

「了道歌」曰：「未煉還丹先煉性。」此皆言其暴氣燥性有害於道，必須用心除去也。

夫真正學道之士，行動如處子，養氣若嬰兒。以柔弱為先，以和平為本，以因物付物為應世，以饒人讓人為要著。

昔釋迦牟尼五百劫為忍辱仙人，終得成佛。太上老君曰：「呼我以牛，應之以牛。呼我以馬，應之以馬，終為道祖。」長春真人曾嘗人之糞，故能大成；

三豐真人受盡旁人罵，故了大事。

特以心慕於道，性命事大。而外來惡言惡行等等不順境遇，盡置度外，而無識無知也。

世間糊塗學人，自不思出家為何事，道巾道衣是甚人。昏昏迷迷，糊塗過日。喜人奉承，好人抬獎；只愛人順己，自不去順人。稍有磕撞，燥性發作；怒由此而起，忿由此而生。水火刀兵而不顧，坑井崖河而不怕。甚至以力爭勝，彼此兩傷。人於死地，自喪性命者有之，不僅此也。

暴氣燥性一發，元神出室，大火燒身。津液涸而正氣散，三寶受傷，五德歸空。內而喪真，外而敗德，性亂命搖，未得於人，已傷其己。暴燥之為害，豈小焉哉？

吾勸真心學道者，速將暴燥關口打通，做個有氣死人，裝個無心癡漢。如愚如訥，如聾如啞。

人罵也如此，人打也如此，人憎嫌也如此，人譭謗也如此。心似冷灰，性如凍冰，無一些熱氣藏內，方是跳出暴燥關口

倘有些兒熱氣在內，雖外不現其形，而內實栽其根。如

遇不順之境，不平之事，未有不大發者。

「道德經」曰：「上善若水。水善利萬物而不爭，處衆人之所惡，故幾於道。」

蓋以能下於人者，方能上於人；能弱於人者，方能強於人。

否則，暴燥不去，只知有己，不知有人。只知用強，不知用弱。任性而行，隨心而作。妄想明道，難矣！

勸真心學道者

역에 왈 "군자는 懲忿窒欲(징분질욕)[15]한다." 하였고

음부경에 왈 "火는 木에서 生하나 재앙이 發하면 반드시 剋하는 것이다."고 하였고

증자가 왈 "마음에 성을 내면 그 바름을 얻을 수 없다." 고 하였고

맹자는 말하기를 "志를 가지면 그 氣가 暴해지지 않는다."고 하였고

료도가에선 "아직 還丹(환단)하지 않았으면 먼저 性을 단련하라."고 노래하였는데,

이것은 모두 그 暴氣(폭기)와 조급한 성질은 도에 해

15) 懲忿窒欲(징분질욕): 화를 징계하면 火가 하강하고 욕망을 막으면 水가 상승하여 수승화강이 된다.

로운 것을 말한 것으로 반드시 用心하여 제거해야 한다.

무릇 진정으로 학도하는 사람은 행동이 처자와 같이 하고 養氣(양기)는 嬰兒(영아)와 같아 柔弱(유약)으로 시작하고 和平으로 本을 삼고 物로 인하여 付物하여 應世하고 사람에게 너그럽게 양보하는 것이 중요하다.

일찍이 석가모니는 5백겁을 인욕선인으로 계셨고 끝내는 성불하였다. 태상노군은 내가 소라고 부르면 소로 대답하셨고 내가 말로 부르면 말로서 대답하셔서 끝내 도조가 되셨다. 장춘진군은 일찍이 사람의 똥을 먹은 연고로 능히 대성하셨다.

삼봉진인은 傍人(비방하는 사람)의 욕을 다 받은 연고로 大事를 마치셨다.

특히 마음에 도를 사모하고 성명의 일이 커서 외부에서 오는 악언과 악행 등등의 경계를 만나도 따르지 않고 도외시하여 無識無知(무식무지)하여야 한다.

세간의 호도학인은 스스로 出家가 어떤 일인지 道巾(도건)과 道衣(도의) 이것이 어떤 사람인지를 생각하지 않고 혼혼미미하여 호도로 날을 보내면서 즐거운 사람을 만나면 받들어 따르면서 단지 애인이 따르기를 바랄 뿐으로 자기는 따르는 사람에게 가지 않으면서 조금이라도 거슬리면 조급한 성질이 발작하니 怒가 이로 인해 일어나고 忿이 이로 인해 생기는 것이니 水火刀兵을 돌아보지 않고 우물이나 낭떠러지 호수 가에 빠져도 두려워하지 않고 심지어는 힘으로 이기려고 다투어 피차가 서로 다쳐 死地로 들어가 스스로의 성명을 상하는 사람이 있으며 다만 이것뿐만 아니다.

暴氣(폭기)하는 성질이 한번 일어나면 元神이 집을 나가 大火(대화)가 몸을 두르고 진액이 말라 正氣가 흩어지고 三寶가 상함을 입고 五德이 空으로 돌아가고 內로는 眞을 喪하고 外로는 德을 敗하여 性亂命搖(성란명요: 성이 어지럽고 명이 요동함)하니 조폭의 해가 어찌 적겠는가?

나는 진심으로 학도하는 사람에게 속히 폭조 관문을 타통하여 氣는 있으나 死人같고 단장한 것이 無心한 癡漢같아 어리석고 어눌한 것 같고 귀머거리나 벙어리 같기를 바라는 바이다.

사람이 욕해도 이와 같고 사람이 때려도 이와 같고 사람이 미워해도 이와 같고 사람이 훼방해도 이와 같아 마음이 식은 재와 같고 性은 얼음과 같아 조금이라도 열기가 안에 감춘 것이 없어야 비로소 폭조 관문을 뛰어넘을 수 있는 것이다.

만약에 조금의 열기가 안에 있다면 비록 外로는 그 모습이 드러나지 않아도 內로는 실제로 그 根이 심겨져 있는 것으로 순탄하지 못한 경계나 不平한 일을 만나게 되면 대발하지 않는 사람이 없는 것이다.

도덕경 曰 "上善은 물과 같고 물은 만물을 잘 이롭게 하여 다투지 않는다. 무 사람이 싫어하는 곳에 처해

도 싫어하지 않는다. 고로 도에 가까운 것이다."고 하였다

대체로 능히 사람에 아래에 처하는 사람은 바야흐로 사람의 위에 머무는 것이고 능히 사람들보다 약한 사람이라야 능히 사람들보다 강한 것이다.

그렇지 않고 폭조를 버리지 않고 단지 자기만 알고 다른 사람을 알지 못하고 단지 用强만을 알고 用柔를 알지 못하고 자기 성질대로 행하고 마음대로 한다면 이와 같은 망상으로는 도를 밝히기가 어려운 것이다.

10. 구설관(口舌關)

修真大道

언어란 마음의 소리이고 舌은 마음의 싹인데 구설의 움직임이 바르지 않으면 곧 心田이 바르지 못한 것이다.

讀通關文

「易」曰：「 艮其輔，言有序。」

又.曰：「修辭立其誠，所以居業也。」

至聖.曰：「君子欲訥於言，而敏於行。」

老祖.曰：「閉其兌，塞其門，終身不勤。」

此皆教人謹言，而不可妄言也。

蓋口舌者，出納之門戶，是非之根苗，關乎人之節操，系乎人之德行。

君子小人於此分，正人邪僻於此別，招禍致福，成事敗事，無不於此而定。

故君子議之而後言，可言方言，不可言不言。或言而益於世道人心，或言而使人遷善改過，或言而勸人卻邪歸正，或言而為人方便解難，或言而為人隱惡揚善。絕不妄言輕言虛言，非是閉口不言。

特以一言既出，駟馬難追。立見禍福，言不可不慎也。倘言有不謹，不是傷人，便自致咎。

口舌為害，其利如刀，其毒如鴆，豈小焉哉？

世間糊塗學人，不知利害，以口舌之動為小可，以利便為才能，以善辨為得意；

或形人之短，或誇己之長，或謊言詭語，或說是論非，或前言而後失信，或空言而行不速，或狂言而起禍端，或高談而無實事，或白日　咒詛　，或巧語　讒佞，或以言敗事，或以言傷人。凡此皆有損無益之言，何貴於言？不如不言為妙。

吾勸真心學道者，速將口舌關口打通。口莫妄開，舌莫妄動；非禮勿言，言必以禮；修其辭而立其誠，謹於言而慎於行。絕不輕於言，言必有中

況言語者心之聲，舌者心之苗，口舌之動不正，即知心田不正，心田不正，根本已壞，性已昧，命已搖，精神暗傷，妄想明道修道，難矣！

勸眞心學道者

역에 왈 "그 볼때기에 멈춤이라. 말에 차례가 있음이니 후회가 없으리라."고 하였고

또 왈 "修辭(말을 다스림)하여 그 誠을 세워 직업에 居하라."고 하였고

지성 왈 "군자는 말은 어눌한 듯 하고 行은 민첩하게 하라."고 하였고

노조 왈 "兌(태: 입)를 닫고 그 門을 닫으면 몸이 다할 때까지 근심이 없을 것이라."고 하였는데

이것은 모두 사람들에게 말을 삼가 하여 망언을 하면 안 되는 것을 가르친 것이다.

구설이란 출납의 문호요 시비의 根苗(근묘: 뿌리와 싹)로 사람의 節操(절조: 절개)와 사람의 덕행과 관계된다.

군자와 소인이 이에 나누이고, 정인과 사벽이 이에 구별된다. 招禍(초화: 화를 초래함)와 致福(치복: 복이 이름) 그리고 成事(성사)와 敗事(패사)도 이로부터 나누이지 않음이 없는 것이다.

고로 군자는 생각한 후에 말하여 말한 만 한 것을 말하고 말하지 않을 것은 말하지 않는다. 혹 세도의 人心에 유익하면 말하거나 혹 사람으로 改過遷善(강과천선)하게 하려고 말하거나 혹 사람으로 去邪歸正(거사귀정)케 하려고 말하거나 혹 사람의 어려움을 풀어주려고 방편으로 말하거나 혹 사람의 악을 숨기고 선을 드러내려고 말하는 것으로 절대로 가볍거나 헛된말을 하지 않는데 이것은 입을 닫아 말을 하지 않는 것이 아니다.

이미 한마디를 하게 되면 달리는 말을 쫓아가기 힘들 듯이 곧 바로 禍福(화복)을 보게 되니 말이 신중하지 않으면 안 된다. 만약 말을 삼가지 않는다면 사람을 다치게 할 뿐 아니라 곧 스스로 허물이 이르게 된다.

구설은 해가 되는데 그 예리함이 칼과 같고 그 독이 鴆(짐: 깃털에 독이 있는 새)과 같으니 어찌 그 해가 적겠는가?

세간의 호도학인은 이해를 알지 못하므로 구설의 움직임이 적어야 옳고 理로써 곧 재능이 되고 선변으로 득의해야 한다.

혹 사람의 단점을 나타내고 자기의 장점을 자랑하거나 혹 황당한 말을 하거나 혹 시비를 말하거나 혹 앞서 말하고 뒤에 믿음을 잃거나 혹 공언하여 행이 늦거나 혹 미친 말로 재앙의 단서를 일으키거나 혹 말은 높으나 實事(실사)가 없거나 혹 대낮에 저주를 퍼붓거나 혹 교묘한 말로 남을 모함하거나 혹 패사를 말하거나 혹 말로 사람을 다치게 하는 것으로 무릇 이와 같은 말은 손해만 있고 유익은 없는 것으로 어찌 말하는 것이 귀하겠는가? 말하지 않는 것이 妙가 되는 것이다.

내가 진심으로 학도하는 사람에게 바라는 것은 속히 구설 관문을 타통하여 입을 망령되게 열지 말고 혀를 망령되게 놀리지 말고 禮(예)가 아니면 말하지 말고 말은 반드시 禮로 하고 그 말을 다스려 그 誠을 세우고 말을 조심하고 行을 신중히 하여 절대고 말을 가볍게 하지 말고 말은 반드시 中에 맞아야 한다.

하물며 언어란 마음의 소리이고 舌은 心의 싹인데 구설의 움직임이 바르지 않으면 곧 心田이 바르지 못한 것을 알아야 하고 心田이 바르지 못하면 근본이 이미 부서진 것이다. 性이 이미 어두워지고 命은 이미 요동하고 정신은 자기도 모르게 상하게 되는 것이니 망상으로 도를 밝히고 도를 닦기는 어려운 것이다.

11. 진한관(嗔恨關)

修真大道

嗔恨(신한)이라는 두 글자는 뱀이나 전갈 같아 가장 악독한 것이다.

讀通關文

「般若波羅密多心經」曰：「無無明亦無無明。」

盡傳大士 曰：「掃除心意地，名為淨土因； 無論福與智，先且驅貪嗔。」

百丈禪師 曰：「若臟腑中都無所得，都無所求。」

此人諸塵不生，人我不起，是納須彌於芥子中，不起一切貪嗔，是能吸四大海水

不受一切喜怒。語言入耳中，於一切境，不惑不亂，不

嗔不喜。刮削並的乾淨，是無事人勝一切知解精進頭陀。」

「敲爻歌」曰：「嗔不除，憨不改，墮入生死輪回海。」此皆言嗔恨為礙道之物，必須狠力除去也

夫「嗔恨」二字，如蛇如蠍，最惡最毒，若結心胸，積久成蠱，傷生損命，為禍甚烈　外而損人，內而壞己，無醫可治。

學人度量必如天之廓大無邊，醇厚必如地之無物不載，容納必如海之眾水朝宗，而後可試觀天之廓大。無物不覆，無物不生。

日月來往由他，星辰運轉由他，雲霧遮蔽由他，人欺瞞也由他，人尊敬也由他，人感戴也由他，人毀恨也由他，一切善惡邪正、凶頑愚劣而皆不知也。

地之醇厚，無物不長，無物不載，泰岱崧華至重也能負，江河溪澗沖崩也能受，樹木草石穿壓也能忍，飛禽走獸踐踏也能隨，耕鋤挖刨也能順。一切欺侮殘壞，而皆無心也。

海之容納，眾水會流。日夜不息，千年萬載，不見有餘。清水來入不見其清，濁水來入不見其濁，甜水來入不見其甜，苦水來入不見其苦，魚鱉蝦蟹橫遊也由他，黿鼉蛟龍奔騰也由他，一切穢汙臭垢等等不潔不淨之物，而無不容也。學道者能如天之量，地之厚，海之寬，便是無事仙人

保生妙訣，與道相鄰，大有便宜。

世間糊塗學人，不知嗔恨之害事最大。或境遇不順而生嗔，或所謀不遂而生嗔，或因物有失而生嗔，或妒人之能而生嗔，或情性不投而生嗔，或衣食不足而生嗔，或為人觸犯而生恨，或記小人過而結恨，或求人不應而有恨，或人不順己而積恨。凡此嗔恨等病，終由自己昏愚、無有真心學道而然。

果是真心學道之人，決不如此！故至聖躬自厚而薄責於人，顏子犯而不校，以其無嗔無恨，所以為聖賢，舉世之人有嗔有恨，所以為凡夫。聖凡之分，只在有無之間耳！

但嗔恨不但形於外者能害其事，即隱微之中，稍有絲毫煙塵不盡，亦能傷真。務須內外乾乾淨淨，如雪之白，如鏡之明，應事接物，皆以無心處之。

庶乎神氣不傷，性情和平，大道可冀

吾勸真心學道者，速將嗔恨關口打通，學個無心道人。輕也過去，重也過去，低也過去，高也過去。因物付物，隨事應事，應而不納，過而不留，何有嗔恨害事乎？

否則，生嗔生恨，陰毒暗惡凝滯方寸，真性早昧，妄想明道，難矣！

勸真心學道者

반야바라밀다심경에서 왈 "無無明 亦無無明盡(무명이

없으면 무명이 다함도 없고)."이라 하였고,

부대사 왈 "心意地를 깨끗이 하면 이름을 淨土因(정토인)이라 하여 福과 智를 말할 것 없이 먼저 貪嗔(탐진)을 몰아내라."고 하였고,

백장선사 왈 "만약 臟腑(장부)중에 도무지 얻을 바가 없다면 구 할 바도 없다."하였는데

이것은 모두 사람이 모든 티끌이 生하지 않으면 人我가 일어나지 않으니 이것이 바로 겨자씨에 須彌(수미)을 받아들이는 것이고 일체의 탐진이 일어나지 않으면 능히 四大海水(사대해수)를 마시는 것이다고 한 것이다.

일체 喜怒(희노)의 말을 귀 가운데로 받아들이지 않고 일체의 경계에 미혹되거나 어지럽지 않고 화내거나 기뻐하지 않고 깎아 내어 乾淨(건정)하다면 이것이 일 없는 사람이 일체의 知解로 정진하는 두타보다 나은 것이다.

고효가(敲爻歌)에 말하길 "화냄을 없애지 않으면 태도를 바꾸지 못하여 생사윤회의 바다에가 떨어져 빠지게 된다" 고 하였다 이것은 모두 嗔恨(진한)이 도를 가로막는 물건이 되는 것이다. 반드시 힘을 다해 제거해야 한다.

무릇 嗔恨(진한)이라는 두 글자는 뱀이나 전갈 같아 가장 악독한 것으로 만약 심흉에 맺혀 있어 오래 쌓여 벌레가 되었다면 생명을 해치게 하는 것이니 禍(화)가

아주 맹렬한 것이어서, 밖으로는 사람을 다치게 하고 안으로는 자기를 부수는 것으로 가히 치료할 약이 없는 것이다.

학인은 도량이 반드시 天의 광대무변한 것과 같고 醇厚(순후)하기가 반드시 地의 無物無載(무물무재)한 것과 같고 용납함이 반드시 바다물이 衆水(중수)를 모으는 朝宗(조정)과 같아야 한다. 후에 시험하여 살펴보기를 天의 확대로 덮지 않는 物이 없고 生하지 않는 物이 없어야 한다.

日月의 왕래도 저로 말미암고 星辰의 운전도 저로 말미암고 雲霧遮蔽(운무서폐)도 저로 말미암고 사람이 속이는 것도 저로 말미암고 사람의 존경도 저로 말미암고 사람이 감동하여 추대하는 것도 저로 말미암고 사람의 毁恨(훼한)도 저로 말미암고 일체의 선악과 邪正 凶頑愚劣(흉한우열)이 저로 말미암는 것 같아 모두 알지 못하는 것이다.

地의 醇厚(순후)로 자라지 않는 물건이 없고 실지 않는 물건이 없는데 岱華(태산과 화산)와 숭산과 화산이 지극히 무거워도 능히 싣고 江河와 시냇가나 계곡의 물도 능히 받아들이고 나무의 뿌리나 草石이 뚫거나 짓눌러도 능히 참고, 날아다니는 짐승이나 달리는 짐승이 달려도 따르고 경작하여 김을 매도 능히 順하고 일체의 欺侮殘懷(기민잔회)에도 모두 무심한 것이다.

바다는 衆水를 받아들여 모으는데 낮과 밤에도 쉬지

않아 천년만년이라도 남음이 있는 것을 볼 수가 없는 것이다. 맑은 물이 들어 와도 그 맑음을 볼 수가 없고 탁한 물이 흘러들어도 그 탁한 것을 볼 수가 없고 단물이 흘러들어도 그 단물을 볼 수가 없고, 쓴 물이 흘러들어도 그 쓴 물을 볼 수가 없고 고기나 자라나 새우나 게 등의 옆으로 기어 다니는 것들도 他로 말미암고 蛟龍(교룡)등 날아올라가는 것도 他로 말미암고 일체 냄새가 나고 더러운 것 등등 깨끗하고 맑지 않은 物도 포용하지 않는 것이 없는 것이다. 학도자가 능히 天의 量이나 地의 厚같고 海처럼 넓으면 곧 일 없는 仙人인 것이다.

保生(보생)의 妙訣(묘결)로 도와 서로 가까워지는 것이니 크게 마땅한 바가 있을 것이다.

세간의 호도학인이 嗔恨(진한)의 일이 가장 큰 것임을 알지 못하거나 혹 순탄하지 않은 경계를 만나서 화를 내거나 혹 도모하는 것이 뜻대로 안되어 화를 내거나 혹 物을 잃어버려 화를 내거나 혹 사람이 잘하는 것을 시기하여 화를 내거나 혹 情性이 투합하지 않아 화를 내거나 혹 衣食(의식)이 부족하여 화를 내거나 혹 사람과 부딪쳐서 화를 내거나 혹 사람의 적은 실수를 기억하여 화를 내거나 혹 사람에게 구하는 것을 응해주지 않아 화를 내거나 혹 사람이 자기를 따르지 않는다고 恨(한)을 쌓거나 무릇 이러한 嗔恨등의 병은 모두 자기의 어리석음으로 말미암는 것으로 진심으로 학도하지 않음으로 그런 것이다.

과연 진심으로 학도하는 사람은 결단코 이와 같지 않은 것이다. 고로 至聖은 스스로 궁구해 厚하여 사람을 책함을 가볍게 한다. 顔子(안자)는 잘못을 범한다 해도 嗔恨이 없었다. 그런 까닭에 성현이 된 것이다. 세상 사람을 보면 嗔恨이 있는데 그런 까닭에 범부가 되는 것이다. 聖凡(성범)이란 다만 有無의 사이에 있을 뿐이다.

嗔恨은 단지 밖으로 나타나면 그 일에 해로운데 즉 隱微(은미)한 가운데 털끝만큼의 煙塵(연진)도 다하지 않으면 역시 眞(진)을 상하게 되는 것이니 모름지기 內外가 乾乾淨淨(건건정정)하여 눈의 하얀 것이나 거울의 밝음 같아 應事接物(응사접물)에 다 무심에 처해야 한다.

神氣(신기)가 상하지 않고 性情(성정)이 화평하여야 대도를 가히 바랄 수 있는 것이다.

내가 진심으로 학도하는 사람에게 바라는 것은 속히 진한 관문을 타통하여 무심도인을 배워 가벼운 것도 지나쳐 버리고 무거운 것도 지나쳐 버리고 높은 것도 지나쳐 버리고 因物付物(인물부물)하고 隨事應事(수사응사)하여 응하나 받아들이지 않고 지나면 머물지 않게 되니 어찌 嗔恨(진한)의 해로운 일이 있을 수 있겠는가?

그렇지 않고 진한을 생하여 陰毒(음독)과 暗惡(암악)

이 方寸(방촌: 마음)에 막혀 있다면 眞性도 어두워지므로 망상으로 도를 밝히기는 어려운 것이다.

12. 인아관(人我關)

修真大道

속히 人我山(인상과 아상) 놓아 거꾸로 뜨리고 급히 龍虎穴(용호혈)을 잡아 衝開(충개: 찔러서 염)하라.

讀通關文

「易」曰：「艮其背，不獲其身。行其庭，不見其人，無咎。」

又.曰：「同人於野，亨。」

「金剛經」曰：「無我相，無人相，無衆生相，無壽者相。」

聖人.云：「忠恕，違道不遠，施諸己而不願，亦勿施於人。」

上陽子.曰：「速將人我山放倒，急把龍虎穴衝開。」

此皆言修道必須無人我之見也。

然欲無人，先須無我。蓋一有我，則私心起。私心起，一言一行一舉一止，終要為我。既要為我，必不顧人。

既不顧人，必損人利己，傷天害理，無所不為矣！

原夫有生之初，不論賢愚貴賤，同一性命，同一形骸，何有彼此之分？

既無彼此之分，則我如人，人亦如我，人我如一。即是天地大公無私之心，即是聖賢民胞物與之道，即是修真人我兩忘之法。學者能守此心、此道、此法而行持之，便是聖賢胚胎，仙佛種子，大道可冀。

世間糊塗學人，不知大公無私、物我同觀之理，執著此身，以為是我，一認是我，即便有人，有我有人，即分彼此。

一分彼此，輕乎人而重乎我，內於我而外於人，日謀夜算以肥己，千方百計以取人。一行一事，不肯讓人，一貨一利，要討便宜

不但應事接物，處處爭勝，事事好強，即至親好友同事同業者，亦要分出爾我。恨不的他人貴物，為我獨得。世間好事，為我獨成。

有利處鑽頭探手，無利處縮肩藏身。殊不知三寸氣斷，萬有皆空，即此身亦不屬我，到的那時，我在何處？人在何處？

人我俱無，何苦在世　　枉用心機，強分人我？獨結冤

仇，豈不愚哉！

吾勸真心學道者，速將人我關口打通，必如生初無人無我的面目，必如死後無人無我的模樣，視萬物為一體，視天下為一家。見人有喜，如我之喜；見人有憂，如我之憂；見人有得，若我之得

見人有失，若我之失。有財者可以濟困，無財者不妨方便。處處益人，事事積德，橫逆之來，付於不知，淩辱之加，置於不曉。得饒人時且饒人，宜退步處即退步，方是學人的舉止，慕道真心。否則，有人我之見，彼此之分，私欲堆積，茅塞心竅。妄想明道，難矣！

勸真心學道者

역에 왈 “그 등에 그치면 그 몸을 얻지 못하며 그 뜰에 행하여도 그 사람을 보지 못하여 허물이 없으리라.”고 하였고

또 왈 “들에서 사람과 같이 하니 형통할 것이라.”고 하였고 금강경에 왈 “我相도 없고 人相도 없고 衆生相도 없고 壽者相도 없다.”고 하였고

성인이 운 “忠恕(충서)라도 도를 어김이 멀지 않으니 자기에게 베푸는 것도 원하지 않고 다른 사람에게 베푸는 것도 원하지 않는다.”고 하였고

상양자가 왈 "속히 人我山(인아산) 놓아 거꾸로 트리고 급히 龍虎穴(용호혈)[16]을 잡아 衝開(충개: 찔러서 여는 것)하라."고 하였는데

이것은 모두 수도에는 반드시 人我(인아)의 見(견)이 없어야 하는 것을 말한 것이다.

그러나 人相(인상)이 없으려면 먼저 無我(무아)가 되어야 한다. 하나의 我가 있으면 私心(사심)이 일어나고 사심이 일어나면 一言, 一行, 一擧, 一止가 모두 我가 된다. 이미 我가 된다면 반드시 人을 돌보지 않게 된다.

이 人을 돌아보지 않게 되면 반드시 損人利己(손인리기)하고 傷天害理(상천해리)를 하지 않을 수 없게 된다.

원래 생명을 받는 처음에는 賢愚(현우)나 귀천을 가리지 않고 동일한 성명이고 동일한 形骸(형해)로 어찌 피차의 구분이 있었겠는가?

이미 피차의 구분이 없다면 我와 人이 같고 人도 또한 我와 같은 것이다. 人我가 하나라면 이것이 바로 천지대공한 無私의 心이니 이것이 수진하여 人我를 兩忘(양망)하는 법인 것이다. 학자가 능히 이 마음과 이 도

16) 필자의 견해로는 천선정리에 나와 있는 "陽關(양관)을 한 번 닫으면 개개가 장생한다고 하였는데 바로 회음부근의 음교혈로 일반적으로 사람들이 오르가즘을 느낄 때 이 양관이 열려서 정이 새게 되는데 이 양관을 거꾸로 열어서 아래로 흐르는 길을 막아야 한다고 본다. 여기에 대해서는 혜명경에 나와 있는 구멍없는 피리를 거꾸로 불라는 비결과 정북창의 용호비결에 그 묘리가 있다고 본다.

그리고 이 법을 지켜 행지 하여야 한다. 원래 이것이 성현을 배태하는 선불종자로 대도를 가히 바랄 수가 있는 것이다.

세간의 호도학인은 대공무사와 物과 我를 같게 보아야 하는 이치를 알지 못하고 이 몸에 집착하여 이로써 나를 삼는데 한번 이 我를 인정하면 곧 人이 있게 되고, 我와 人이 있게 되면 즉 피차로 나누이게 된다.

한번 피차로 나뉘게 되면 人을 가볍게 여기고 我를 중요시하게 된다. 我는 內이고 人은 外로 낮에는 꾀하고 밤에는 계산하여 자기를 살찌울 뿐인 것이다. 천만 백계로 人을 취하고 一行 一事에 사람에게 양보하려고 않고 一貨 一利라도 자기의 편리에 따라 계획하는 것이다.

다만 應事接物(응사접물)에도 처처에 爭勝(쟁승)하고 일마다 이기기를 좋아한다. 지극히 친한 친구나 좋은 친구와 같은 사업을 하여도 또한 네 것과 내 것을 나누려하고 타인의 귀한 보물이 나 만의 것이 아닌 것과 세간의 좋은 일을 나만이 홀로 이루지 못한 것을 한탄할 뿐이다.

이익이 있는 곳에는 머리를 싸매고 수단을 찾지만 이익이 없는 곳에는 어깨를 내리고 몸을 감출 뿐이니 결국에는 三寸의 氣가 끊어져 모든 것이 다 허사가 되면 즉 이 몸도 역시 나에게 속하지 않은 줄을 알지 못하니 이때에 이르러 我는 어느 곳에 있으며 人은 어느 곳에 있는가?

人我가 이미 없다면 무슨 苦가 세상에 있으랴! 헛되이 心機를 써 억지로 人我를 나누고 오직 원수를 맺으니 어찌 어리석지 않겠는가?

내가 진심으로 학도하는 사람에게 바라는 것은 속히 인아 관문을 타통하여 반드시 처음 태어난 때처럼 無人無我(무인무아)적인 면목과 같아 반드시 死後에 무인무아의 모습과 같아 만물을 일체로 보고 천하를 한 집으로 보아 사람에게 기쁨이 있는 것을 보면 내가 기쁜 것과 같고 사람이 근심이 있으면 나의 근심과 같고 人이 얻은 것을 보면 我가 얻은 것과 같고 人이 잃은 것이 있으면 我가 잃은 것과 같아야 한다.

재물이 있는 사람은 빈곤함을 구제하고 재물이 없는 사람도 방편에 꺼리길 것이 없으니 어디서나 사람을 돕고 일마다 덕을 쌓아 橫逆(횡역)으로 와서 붙어도 알지 못하고 능욕을 더해도 우둔한 것처럼 도외시하고 사람을 용서해주어야 할 때 또한 용서해주고 마땅히 물러서야 할 곳에서는 물러서야 비로소 學人의 행동거지로 진심으로 도를 사모하는 것이다.

그렇지 않으면 人我의 見과 피차의 구분이 있어 사욕을 쌓아서 心竅(심규)를 막아버리니 망상으로 도를 밝히고자 한다면 어려운 것이다.

13. 냉열관(冷熱關)

修真大道

도를 이루려면 그 몸을 잊어 寒暑(한서: 춥거나 더운 것)를 피하지 않아야 한다.

讀通關文

老祖 云：「外其身而身存。」

文始.云：「冬禦風而不寒，夏禦火而不熱。」

呂祖.云：「求生而不生，未死先學死。」

此皆言其為道忘軀，而不避寒暑也。

夫修道者，先要看破幻化之身，置色身於度外。死且不懼，何況冷熱！

故 神光 少林寺求法，雪擁過膝而不知；太古趙州橋冷坐，水淹將沒而不曉；釋迦佛雪山修道，受盡多少苦楚；長春祖磻溪磨性，受盡多少飢寒。

即近世白石鎮梁真人，破衣垢面，長年不倒身，未曾歇息；西寧府張睡仙，水泉長臥，赤身露體，四十餘年猶如一日； 梭羅仙 河灘磨煉，狗皮仙 冰灘睡眠，仙留師黃沙下苦，皆是不避冷熱，捨的色身，成的法身也。

世間糊塗學人，不知香從臭出，甜向苦來，誤認色身為真實，而遂愛之惜之，只圖自在將養，遇冷而即想暖處，逢熱而即思涼處。

怕冷怕熱，隔絕道念，卻不思性命為人生第一件大事，豈可因冷熱之小事而誤性命之大事乎？

果是真為性命者，即生死關口、大難境界，亦要脫脫灑灑過去。至於寒暑冷熱，何足在意？

雖未成道之先，色身亦不可壞。但粗衣護體，將就過去便休，不必以冷熱常掛心頭。

遇冷時亦須受冷，逢熱時亦須受熱。

熱之冷之，與時偕行而已。與時偕行，非是不該受冷一定教受冷，不該受熱一定教受熱。若不該受冷而必欲受冷，不該受熱而必欲受熱。

此有心做作，亦是固執不通，枉自受罪，何益於事？

大抵怕冷怕熱，雖是小節，甚礙於道。倘有些冷熱之見，便有無限邪思妄想生出

遇冷必設法要不冷，遇熱必設法要不熱。認假失真，豈不誤了多也？

吾勸真心學道者，速將冷熱關口打通，隨時將就，到處安身。冷可也，熱可也，不至凍死熱死便休，萬不因冷熱而起無明

否則，有冷熱在心，心有所恐懼，則不得其正；有所憂患，則不得其至。心且不得其正。妄想明道，難矣！

勸真心學道者

노조운 "그 몸을 도외시하면 몸을 보전하게 된다."고 하였고

문시 운 "울타리에 바람을 막으면 춥지 않고 여름에 불을 막으면 덥지 않다."고 하였고

여조 운 "살고자 하면 살고자 하지 말고 죽으려면 먼저 죽음을 배우라."고 하였는데

이것은 모두 도를 이루려면 그 몸을 잊어 寒暑(한서)를 피하지 않아야 한다는 것을 말한 것이다.

무릇 수도자는 먼저 幻化(환화)의 몸을 간파하고 色身(색신)을 버려 도외시하면 죽음도 또한 두렵지 않는 것이니 하물며 냉열이겠는가?

그러므로 神光(신광: 달마의 제자로 혜가 선사를 말함)은 소림사에서 법을 구하면서 눈이 쌓여 두릅을 지났으나 알지 못하였고, 태고는 조주의 다리에서 冷坐

(냉좌)하였는데 물이 차서 넘쳤는데도 알지 못하고, 석가불은 설산에서 수도하면서 온갖 고초를 다 겪었고, 구장춘 조사는 번계에서 性을 닦으면서 온갖 기한을 겪어내었다.

근세의 백석진량진인은 헤진 옷과 더러운 얼굴로 오랜 세월을 눕지 않았으나 일찍이 쉬려고 안 했다. 서녕부의 장수선은 水泉(수천)에 오래 눕고 발가벗고 몸을 드러낸 채 40여년을 지냈으나 오히려 하루와 같았고 구피선은 얼음 위에서 잠을 잤고 선유사는 黃沙(황사) 아래에서 괴롭게 지낸 것은 모두 냉열을 피하지 않고 색신을 버려 법신을 이루고자 한 것이다.

세간의 호도학인은 香(향)이 코를 따라 나오고 단 맛은 쓴 것에서 나오는 것을 알지 못하고. 色身을 진실로 잘못 알아 사랑하고 아껴하면서 단지 기르는 데만 정신 쓰고 있을 뿐으로, 冷을 만나면 더운 것을 생각하고 熱을 만나면 시원한 곳을 생각한다.

冷과 熱을 두려워하고 道念(도념)을 끊고 오히려 性命이 인생의 제일건 대사임을 생각하지 않으니 어찌 冷熱의 작은 일로 인해 성명의 큰일을 그르치는가?

결과적으로 진실한 性命이 되는 것 즉 생사의 관문인 크게 어려운 경계도 또한 脫脫洒洒(탈탈쇄쇄: 벗어나다)하여 버려야 하는 것이니 寒暑인 냉열에 이르러 어찌 뜻에 두겠는가?

비록 아직 도를 이루지 못한 때에는 色身이 부서지

면 안 되는 것이니, 단 粗衣(조의: 거칠고 좋지 않은 옷)로 몸을 보호하고 가서 쉬어 반드시 冷熱에 마음을 쓰지 않아야 한다.

冷을 만났을 때는 또한 冷을 받아들이고 熱을 만났을 때는 또한 熱을 받아들이는 것이다.

熱이나 冷일 때라도 다 함께 받아 들여 행하는 것이다. 이것은 冷을 받아들이는데 반드시 冷을 받아들이라고 가르치는 것이 아니고, 熱을 받아들이는데 반드시 熱을 받아들이라고 가르치는 것이 아니다.

이것을 마음을 두고 짓는다면 또한 이것은 고집불통으로 어리석게 스스로 죄를 받아들이는 것이니 어찌 일에 이익이 되겠는가?

대저 냉열을 두려워하는 것이 비록 小節(소절: 적은 사항)이나 심히 도를 가로 막는 것이다. 만일 이러한 冷熱의 見이 있으면 곧 무한한 邪思(사아: 삿된 것을 생각함)와 망상이 생기는 것이다.

冷을 만나면 반드시 法을 베풀어 冷하지 않게 하는 것이 필요하고, 熱을 만나면 반드시 法을 베풀어 熱하지 않게 하는 것이 필요하다. 거짓을 인정하여 참 됨을 잃어버리면 어찌 잘못이 아니겠는가?

내가 진심으로 학도자에게 바라는 것은 속히 냉열의 관문을 타통하여 때를 따라 이르는 데로 도처에서 안신하여 冷이라도 좋고 熱이라도 좋아서 동사하거나 열사에 이르지 않고 쉬어야 한다. 절대로 냉열로 인해 無

明을 일으키지 않아야 한다.

그렇지 않고 냉열을 마음에 두어 마음에 두려움이 있다면 그 正을 얻지 못해 우환이 있게 되어 그 正을 얻지 못하게 된다. 마음이 그 正을 얻지 못하고 망상으로 도를 밝히기는 어려운 것이다.

14. 해태관(懶惰關)

修真大道

재난이나 곤고함을 만나면 志氣를 더하고 一善이 있는 것을 보면 곧 행하고 一惡이 있는 것을 보면 곧 버려서 수시로 경책하고 각각에 용공하여 시간을 아껴 세월을 헛되이 보내지 않아야 한다.

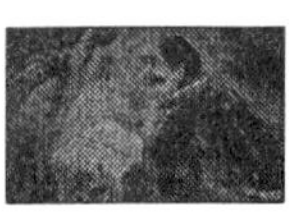

讀通關文

「易」曰：「不恒其德，或承之 羞。」
又 曰：「天地之道，恒久而不已。」
至聖 曰：「君子遵道而行，半途而廢，吾弗能已矣！」
重陽帝君 曰：「香從臭裏出，甜向苦中來。」
此皆言其學人須當猛勇精進，不可懶惰偷安也。

夫性命之學為人生至大之事，又為天下至難之事，

是在攻苦殷勤，志念堅固，愈久愈力，有始有終，方能進益。

蓋以恒久不易之大事，必賴恒久不已之大功而始成。或修橋補路以益人，或施藥捨茶以濟急，或修廟造觀以勸善，或恤老憐貧以積德，或扶危救難以解厄，或教門出力，大起塵勞；或心地下功，全拋世事；或因正理不明而日究夜究，或因明師不遇而東訪西尋，或遇災難困苦而志氣倍加；見有一善而即為，見有一惡而即去。時時勉力，刻刻用功。寸陰是惜，不使時光一些空過，自然自卑登高，由淺入深，鶴立雞群，終得高人顧盼。

世間糊塗學人，一功不立，一德不修。只圖安樂，怕受辛苦。見出力之事而遠避，遇行功之處而退步。

飽食終日，無所用心，閒遊浪蕩，懸虛不實。即遇明師，妄想一言半語，大徹大悟。外裝老實，內藏盜心。

又不肯細心窮理，又經不的陶冶磨煉。三朝兩日，求訣不得，以為無緣，即便遠去。

更有一等造孽罪漢，不怨自己無志，反謗師尊吝嗇。結仇於心，終身不釋。如此行為，既無長久志氣，又無學道真心，不但難上天堂，而且反墮地獄。

吾勸真心學道者，速將懶惰關口打通，廣積陰德，量力行功，外而利物，內而煉己，朝斯夕斯，以性命為重，念茲在茲，以身心為事，步步出力，處處向前，至死不變，終究有個出頭之日，得意之時。

否則，逡畏不果，懶惰打混，虛度歲月。小苦小功不能行去，至於成仙作佛希有之大事，怎能行的？妄想明道，超越人天，出離苦海，難矣！

勸真心學道者

역 왈 "그 德을 영구히 지키지 못함이라. 혹 부끄러움을 받는다."라고 하였고

또 왈 "천지의 도가 영구하여 그만두지 아니한다."고 하였고

지성 왈 "군자는 도를 따라 행하는 것이니 중간에 끝내는 것을 나는 할 수가 없다."고 하였고

중양제군 왈 "향기는 코 속을 따라 나오고 단 맛은 쓴 것 가운데 나온다."고 하였는데

이것은 모두 학인은 모름지기 맹용하게 정진하여 나태해져 게을러 편안하려고 해서는 안 됨을 말한 것이다.

성명의 공부는 인생에 있어 지대한 일이고 또 천하에 지극히 어려운 일이다.

이것은 攻苦(공고: 역경에 처해 노력함)를 은근히 하여 志念(지념)이 견고하고 더욱 힘써서 하고 시종이 있어야 비로소 공부에 진전이 있는 것이다.

대개 恒久(항구)는 바꿀 수 없는 대사로 반드시 恒久不二(항구불이)하는 대공에 의지하여야 비로소 이루는 것이다. 혹 다리를 고치거나 길을 보수하여 사람을 돕거나 혹 藥이나 茶를 베풀어 급히 구제하거나 혹 사당을 수리하거나 도관을 지어 勸善(권선: 착한 일을 권면함)하거나 혹 노인이나 이웃을 사랑하여 적덕하거나 혹 위난을 도와 구하여 액을 해결해 주거나 혹 教門出力하여 크게 塵勞(진로)를 일으키거나 혹 心地에 下功하여 세상사를 전부 버리거나 혹 正理를 밝히지 못함으로 인하여 낮과 밤으로 궁구하거나 혹 明師(명사)를 만나지 못함으로 인하여 동서로 방문하거나 찾아다니거나, 혹 재난이나 곤고를 만나면 志氣를 배가하거나 一善이 있는 것을 보면 곧 행하고 一惡이 있는 것을 보면 곧 버려서 시시로 면력하고 각각에 용공하여 촌음을 아껴 세월을 헛되이 보내지 않으면 자연히 낮은 데서 높은 곳에 오르고 얕은 에서 깊은 데로 들어가는 것이니, 끝내 高人(고인)의 돌아봄을 얻게 되는 것이다.

세간의 호도학인은 一功도 세우지 못하고 一德도 닦지 않고 단지 안락만을 도모하고 辛苦(신고)받는 것을 두려워하며 出力의 일을 보면 멀리 피하고 行功할 곳을 만나면 퇴보하는 것이다.

종일 포식하나 用心하는 바가 없고 한가로이 浪蕩(낭탕)하여 노닐며 懸虛(현허)하여 불실하니 明師를 만나게 되면 한마디나 반 마디로 대철 대오한다고 망상하고 외로는 老實(노실)을 꾸미나 內로는 盜心(도심)을 감추고 있는 것이다.

또 세심히 궁리하는 것을 좋아하지 않고 또 陶冶磨煉(도야마련)하지 않고 3일이나 2일에 訣을 구하고자 하며 결을 얻지 못하면 곧 멀리 가버리는 것이다.

다시 일등의 어리석은 罪漢(죄한)이 있으니 자기가 無志(무지: 뜻이 없음)한 것을 원망하지 않고 오히려 사존께서 인색하다고 비방하여 마음에 원한이 맺히니 終身不釋(종신불석)하는 것이다. 이 같은 행위는 이미 장구한 志氣(지기)가 없는 것이다. 또 학도에 진심이 없으면 단지 천당에 올라가기가 힘들뿐 아니라 또 오히려 지옥으로 떨어질 뿐이다.

내가 진심으로 학도하는 사람에게 바라는 것은 속히 해타 관문을 타통하여 널리 음덕을 쌓고 量力行功하여 外로는 利物하고 內로는 煉己(연기)하여 아침과 저녁에도 이와 같이 하고 性命을 중히 여기고 생각이 늘 여기에 있어 身心으로 일을 삼고 걸음마다 出力하고 처처에 向前하여 죽음이 이르러도 변하지 않으면 끝내는 出頭하는 날이 있게 되어 뜻을 얻을 때가 있는 것이다.

그렇지 않고 두려워 물러나 열매를 맺지 못하거나 懈惰(해태)하여 정신이 흐리거나 세월을 虛度하여 小苦小功으로 행하지 못한다면 成仙 作佛하는 대사에 이르러 어찌 능히 행할 수 있겠는가? 망상으로 도를 밝히고 人天을 초월하고 고해를 벗어나기는 어려운 것이다.

15. 재지관(才智關)

修真大道

재주와 총명이 있더라도 사용하지 않아야 비로소 그 才를 이루고 그 智를 온전하게 할 수가 있다.

讀通關文

「易」曰：「勞謙，君子有終，吉。」

至聖 曰：「如有周公之才之美，使驕且吝，其餘不足觀也已。」

老祖曰：「大成若缺，其用不弊；大盈若沖，其用不窮； 大直若屈，大巧若拙，大辯若訥。」

此皆言有才不使、有智不用，方能成其才，全其智。

何為才？聰明技巧是也。

何為智？謀慮變通是也。才者，世人之所珍重者也，特以功名非才智不能成，

財貨非才智不能得，應事接物皆以才智為先。

然究其實，人人俱被才智喪其生，但人未之深思耳。

蓋用才智以求名利，日夜勞心，為名利所迷

只知進而不知退，只知福而不知禍。費精耗神，爭勝好強，思慮過度，精液涸幹，身軀衰敗，

甚至名利未得而性命已喪，豈不是用才用智，反被才智所害乎？

世間糊塗學人，不知才智誤事最大，一舉一動，仗自己小聰明，假伶俐，便在人前誇能。自謂人莫我若，或恃才而目中無人，或用智而苟圖衣食，或強辯是非而欺壓尊長，或妖言邪語而作孽惑眾，或記幾宗公案而借取迷人，或作幾句詩歌而自負有道，或學些扭捏工夫而以盲引盲.

甚至膠執己見，以男女為陰陽，引人作孽，而入於採取。以金丹為有形，耗人錢財而引人燒煉。只此皆是自恃才智，誤用聰明，管窺蠡測，俱是黑夜裏走路徑，涸井中做生活

殊不知真正慕道之士，黜聰毀智，韜明養晦，不在塵緣中出頭，不於俗事中爭勝。一念純真，萬有不知。尋明師，訪良友，以性命為一大事

老老實實，朴樸誠誠，一切假才假智，絲毫不用矣！

吾勸真心學道者，速將才智關口打通，掃去外用之假才智。就於內用之真才智，將諸般好強爭勝、師心自用、妄

猜私議、無而為有、虛而為盈，等等偏病，一筆勾銷，改頭換面，以誠而入，以柔而用，庶乎學道有望。

否則，予聖自雄，只知有己，不知有人。恃才用智，機謀詭詐，本欲向前，反落於後。妄想明道，難矣！

勸真心學道者

역 왈 "공로가 있으면서 겸손하니 군자가 끝이 있어 길하니라."고 하였고

지성 왈 "周公의 才의 美도 오히려 교만하여 허물이 있는 것 같은데 그 나머지는 볼 것도 없다."고 하였고

노조 왈 "大成(대성: 크게 이룸)은 모자란 것 같아 그 用이 不弊(불패)하고 大盈(대영)은 冲한 것 같아 그 用이 不窮(불궁)하고 大直(대직)은 屈(굴)한 것 같고 大巧(대교)는 拙(졸)한 것 같고 大辯(대변)은 訥(어눌)한 것 같다."고 하였는데,

이것은 모두 재주가 있더라도 사용하지 않아야 비로소 그 才를 이루고 그 智를 온전하게 할 수가 있음을 말한 것이다.

무엇을 才라 하는가? 총명과 기교가 바로 그것이다.

무엇을 智라 하는가? 謀慮(모려)와 變通(변통)인 것이다.

財貨는 才智가 아니면 얻을 수 없고 응사와 접물은 모두 재지로 우선을 삼는 것이다.

그러나 그 實을 궁구하면 사람마다 모두 재지로 그 생명이 상함을 입게 되는 것인데 단 사람이 그것을 깊게 생각하지 않는 것이다.

대개 才智을 써서 명리를 구하는데 일야로 마음을 써서 명리에 미혹되는 것이다.

다만 나아가는 것만 알고 물러서는 것을 알지 못하고 다만 복만 알고 禍(화: 재앙)를 알지 못하면서 정신을 소모하고 다투어 이기거나 강한 것만을 좋아하고 사려가 지나쳐 정액이 마르고 몸은 쇠패하다.

심지어는 명리를 얻지도 못하였는데 성명이 이미 상하니 어찌 이것이 用才와 用智하나 오히려 才智에 피해를 입은 것이 아니겠는가?

세간의 호도학인이 才智가 일을 그르치는 가장 큰 것임을 알지 못하고 일거일동에 자기의 작은 총명을 의지하고 영리를 빌려 곧 사람 앞에서 과장하여 스스로 말하기를 사람 중에 나만한 사람이 없다고 하거나 혹 재주를 믿고 안중무인이거나 혹 智를 써 단지 의식을 도모하거나 혹 시비를 강변하여 존장을 속이거나 압력을 넣거나 혹 요언사어로 재앙을 만들거나 대중을 미혹시키거나 혹 몇 개의 중요한 公案(공안)을 외어 사람을 미혹시키거나 혹 몇 구절의 詩歌(시가: 시와 노래)를 지어서 스스로 도가 있다고 자부하거나 혹 비틀거나 누르는 공부를 하여 맹인이 맹인을 인도하는 것이다.

심지어는 잘못된 견해로 남녀를 음양으로 하여 사람들을 끌어들여 재앙을 지어 채취한다고 끌어들이거나 금단을 有形한 것이라 하여 사람들의 돈을 소모하여 사람들을 불을 때는데 끌어들이니 단지 이것은 자기의 才智(재지)를 믿고 총명을 오용하여 대롱으로 헤아려 보니 이것은 모두 캄캄한 밤에 길을 달리는 것과 같고 마른 우물 속에서 사는 것과 같은 것이다.

진정으로 도를 사랑하는 사람은 黙聽毁智(묵총훼지: 총명과 재주를 버림)하고 韜明養晦(도명양회: 밝음을 숨기고 어둠을 기름)하며 진연가운데서 벗어나려고 세속일 가운데서 爭勝(쟁승: 싸워 이김)하려고 하지 않는 것이다. 일념이 總眞(총진)하고 萬有를 不知하고 明師를 찾고 良友를 방문하여 성명을 일대사로 하는 것이다.

老老實實(노노실실) 樸樸誠誠(박박성성)하여 일체의 거짓재주와 거짓 지혜를 조금도 쓰지 않는 것이다.

내가 진심으로 학도하는 사람에게 속히 才智 관문을 타통하여 外用의 거짓 才智를 버리고 內用의 참된 才智를 이루기를 바랄 뿐이다. 모든 好强爭勝(호강쟁승)과 師心을 自用하여 망령되게 실력도 없으면서 있는 체하고 비었으면서 차있다는 등등의 치우친 병을 한번에 제거하고 개두환면하여 以誠而入(이성이입)하고

以柔而用(이유이용)하면 학도에 바람이 있을 것이다.

그렇지 않고 聖雄(성웅)을 자처하고 단지 자기만 알 뿐 남을 알지 못하고 재주를 믿고 지혜를 써서 機謀詭詐(기모궤사)하여 본래 앞으로 나아가려고 했으나 오히려 뒤로 떨어질 뿐이니 망상으로 도를 밝히기는 어려운 것이다.

16. 임성관(任性關)

修真大道

그 성질에 맡기지 않고 도가 있는 사람을 친근하여 빈 마음으로 가르침을 구한다.

讀通關文

「道德經」曰：「自見者不明，自是者不彰。」

古經 云：「執著之者，不明道德。」

孟子 曰：「反身而誠，樂莫大焉。強恕而行，求仁莫近焉。」

「詩」曰：「令德令色，小心翼翼。」

此皆教人順情順理而行事，不可任性固執也。

夫人有生以後，秉其後天氣質之性，賢愚善惡清濁強弱，彼此不同。

惟天縱之聖人，本性圓明，純白無疵，其次中下之人，各有偏病在身，實為性命之大害。

雖為大害，果能自知，亦能變化氣質，反愚為賢，反惡為善，反濁為清，反弱為強。是在不任其性，親近有道之士，虛心求教，借人之高明，以破我之迷網，借人之磨礪，以去我之瑕疵。

蓋他山之石，可以攻玉。漸習漸高，漸學漸好。雖愚必明，雖柔必強，何愁道之不明，修之不成乎？

世間糊塗學人，不知任性之害，既要學道，而又縱性，不肯學好，既想求道，而又任性，不重其道。

或師尊指教而陽奉陰違，或朋友規過而面是心非，或與人同事而予聖自雄，或與人同居而爭強好勝，或依自己學問而形人之短，或恃自己聰明而笑人之愚，或出言吐語而不肯讓人，或磕著撞著而便生煩惱，或欺大壓小而不能和眾，或度量曲狹而不能容物。凡此皆任性之弊，不但外而取人嫌惡，而且內則自種陰毒。生平偏病，一件不去，自帶愚氣。一些不滅，自以為是，不肯認錯，以是學道。縱老君對面，釋迦同居，何益於是？

果是丈夫，一心在道。靜坐常思己過，閒談不論人非。事事謹慎，步步點檢，順人順理，隨方就圓。毋固毋我，以退步為進步，以不強為大強。焉有不深造而自得者？

吾勸真心學道者，速將任性關口打通，低頭行事，柔弱安身.

把以往一切固執偏病、自見自是條款，漸漸革去，學個無性道人，裝個愚癡聾啞呆漢。常在切身大事上留心，日久必有所得。否則，一味任性，剛而不柔，過而不改，雖在道門一世，妄想明道，難矣！

勸真心學道者

도덕경 왈 "自見者[17]는 不明하고 自是者[18]는 不彰(불창: 밖으로 드러나지 않음)이라."고 하였고

고경 왈 "집착하는 자는 도덕을 밝힐 수 없다."고 하였고

맹자 왈 "反身하여 誠하면 이 보다 큰 즐거움은 없으니, 힘써 사랑을 행하면 求仁이 멀지 않다."고 하였고

시 왈 "令德令色(령덕령색)하고 小心翼翼(소심익익)"이라고 하였는데,

이것은 모두 사람에게 純情順理(순정순리)하여 행사하고 자기의 성격대로 고집하면 안 된다는 것을 가르치신 것이다.

무릇 사람이 태어난 이 후에는 그 후천의 기질지성

17) 스스로 자신을 나타내려는 사람.
18) 스스로 옳다고 하는 사람.

을 겸하므로 賢愚(현우)와 선악, 청탁, 강약이 서로 다른 것이다.

오직 天縱(천종)한 聖人만이 본성이 원명하고 순백하여 흠이 없고, 그 다음의 中下之人은 제각기 偏病(치우친 병)한 것이 몸에 있어 실로 성명에는 큰 해가 된다.

비록 大害(대해: 큰 해로움)가 있어도 과연 스스로 안다면 또한 기질을 변화시켜 반대로 愚가 賢이 되고 惡이 善이 되고 濁이 淸이 되고 弱이 强이 된다. 이것은 그 性에 맡기지 않고 도가 있는 사람을 친근하여 虛心으로 가르침을 구하는 것으로 人의 高明으로 나의 迷網(미망)을 깨고 人의 磨礪(마려: 갈고 단련함, 磨煉으로도 씀)로 나의 瑕疵(하자: 흠)를 버리는 것이다.

대개 타산지석으로 가히 攻玉(공옥)하여 점점 익히면 점점 높아지고 점점 배우면 점점 좋아지는 것이니 비록 愚라도 반드시 밝아지고 비록 柔라도 반드시 强해질것이니 어찌 도가 밝아지지 않고 닦아서 이루지 못할 까 걱정하겠는가?

세간의 호도학인은 任性의 해로움을 알지 못하고 이미 학도가 필요하다고 하면서 또 性을 따라 배우는 것을 좋아하지 않고 이미 求道(구도)하려고 생각하였으면서도 또 性을 따라 그 도를 귀히 여기지 않는 것이다.

혹 師尊의 가르침을 받으나 陽은 받드나 陰은 어기거나 혹 朋友가 허물을 말하면 얼굴에는 맞는다고 하나 마음으로는 아니라고 하거나 혹 사람과 함께 일을 하는데 스스로 聖雄이라 자처하거나 혹 사람과 함께 同居하면서 爭强好勝(쟁강호승)하거나 혹 자기의 학문에 의지하여 사람의 단점을 나타내거나 혹 자기의 총명의 믿고 사람의 愚를 비웃거나 혹 出言吐語(출언토어)에 사람에게 양보하는 것을 좋아하지 않거나 혹 부딪치거나 치면 다시 번뇌가 일어나거나 혹 欺大壓小(기대압소)하여 대중과 화합하지 못하거나 혹 도량이 좁아 容物(용물)하지 못하거나 하는 것은 모두 任性의 폐단으로 다만 밖으로만 사람의 렴악을 취할 뿐 아니라 또한 內로 스스로 陰毒(음독)을 심어 偏病(편병)으로 살아 한 건도 버리지 못해 스스로 愚氣(우기)에 정체되거나 하나도 덜지 못하고 스스로 옳다고 하면서 자기의 잘못을 인정하려고 않고 학도한다면 설령 노군을 마주 대하고 석가와 동거한들 무슨 이익이 있겠는가?

과연 장부라면 一心에 도가 있어 정좌에 늘 자기의 허물을 생각하고 한가로이 사람의 잘못을 말하지 않고 사사에 勤愼(근진)하고 步步에 점검하며 順人順理(순인순리)하고 隨方就圓(수방취원)하며 毋固毋我(무고무아: 고집과 자기의 의견)하여 퇴보로 진보를 삼고 不剛(강하지 않음)으로 大强(큰 강함)을 삼으면 어찌 深造(심조)하여 자득함이 없겠는가?

내가 진심으로 학도하는 사람에게 속히 임성 관문을 타통하여 低頭(저두: 머리를 숙임)[19]하며 行事하고 柔

弱(유약)으로 安身(안신)하기를 바라는 것이다.

이미 지나간 일체의 고집과 偏病(편병: 편벽한 병)과 自見과 自是를 점점 革去(혁거: 바꿈)하고 無性(무성: 성질 없는) 도인을 배워 愚痴聾啞(우치농아: 어리석고 벙어리 같음)로 꾸며 늘 몸 가까이 대사를 마음에 두어 날이 오래게 되면 반드시 소득이 있을 것이다. 그렇지 않고 一味로 任性하여 强하여 부드러워지지 않고 허물을 고치지 않는다면 비록 도문에서 일생을 보낸다해도 망상으로 도를 듣기는 어려울 것이다.

19) 벼가 익으면 머리를 숙이는 것이 자연의 원리이다.

17. 환난관(患難關)

修真大道

일체의 大災(대재: 큰 재앙) 大難(대난: 큰 어려움) 大困(대곤: 큰 곤란) 大厄(대액: 큰 불행) 大危(대위: 큰 위태로움) 大險(대험: 큰 험함)은 하늘에서 부여하는 것이니 모두 무심으로 처해야 한다.

讀通關文

「易」曰：「困而不失其所，亨。其惟君子乎？」

「中庸」曰：「素患難，行乎患難。」

長春真人　　曰：「病即教他病，死即教他死。至死一著，抱道而亡。」

此皆言其不可因患難而變其初志也。

夫道者，包羅天地，竊奪造化，出死入生，超凡入聖，作佛作仙。非有大勇大力，頂天立地之鐵漢，脫塵超俗之金剛，知不的，載不起，拿不動.

如何是大勇大力？富貴不能淫、貧賤不能移、威武不能屈，是大力，恩愛不能牽、名利不能誘，是大力，憂愁恐懼、一些不起，是大力，喜怒哀樂、截然放下，是大力

困苦危難、不動不搖，是大勇，疾病災厄、順其自然，是大勇，飢寒凍餓、至死不變，是大勇，羞耻淩辱、不識不知，是大勇。

故釋迦佛遇 歌利王，割身而不知，純陽翁遇 正陽祖，十試而無弊； 紫清 '喝罵教去而弗嗔，三豐衣破鞋穿而不悔，長真受人拳打而不爭，長春折肋三次而不顧.

以上聖賢，皆遇患難磨煉，受盡無限苦楚，所以終能聞大法，明大道，超凡入聖，成其希有之大事也。

世間糊塗學人，不知患難是修真大藥，是成道爐錘，而反怕患難，避患難。或受些飢寒便生別法，或遇些疾病即起妄念，或逢些危險即思退步，或遭人淩辱即便爭論。殊不知真金要在大火裏煉出，荷花須從汙泥中長成。非火不見金之明，非泥不見荷之淨。患難何病？

患難然後見人之身分高低，患難然後驗人之志氣真假。

吾勸真心學道者，速將患難關口打通，認定性命二字，生也是這個，死也是這個。一切大災大難、大困大厄、大危大險付之於天，皆以無心處之。

日久自然化凶為吉，變禍為福。否則，遇患難而怕患

難，心神不定，志念遷移。無患難而自致患難，小患難而變為大患難，妄想明道，難矣！

勸真心學道者

역 왈 "困해도 그 所를 잃지 않으면 亨하리니 오직 군자가 아니랴?"고 하였고

중용 왈 "素患亂 行乎患亂(소환란 행호환란)"이라 하였고

구장춘 왈 "病이 들면 즉 저 병이 가르치고 死하게 되면 즉 저 死가 가르친다. 한 번 죽음에 이르게 되면 도를 품고 죽는다."는 이것은 모두 환란으로 인하여 그 初志(초지: 처음의 뜻)가 변해서는 안 된다는 것을 말한 것이다.

무릇 도란 천지를 싸안고 조화를 훔쳐 빼앗고 出死入生하여 초범입성하고 作佛作仙하는 것으로 大勇大力(대용대력)과 頂天立地(정천입지)하는 鐵漢(찰한)과 脫塵超俗(탈진초속)하는 금강으로 知不的(지부적)하고 載不起(재불기)하고 掌不動(장부동)하지 않으면 안 되는 것이다.

무엇이 大勇大力인가? 부귀해도 淫(음)하지 않고 貧賤(빈천)하다해도 뜻을 바꾸지 않고 무력으로 위협해도 굴하지 않는 것을 大力이라 하고 은애에 끌리지 않고 명리에 유혹되지 않는 것을 大力이라 하고 憂愁恐懼(우수공요)에도 다른 마음이 일어나지 않는 것이 大力이고 희로애락을 잘라서 다 놓아 버리는 것이 大力이다.

困苦危難(곤고위난)에도 동요하지 않는 것이 大勇이고 疾病災厄(질병재액)에도 그 자연함에 따르는 것이 大勇이고 飢寒凍餓(기한동아)하여 죽음에 이르러도 불변하는 것이 大勇이고 恥心凌辱(치심능욕)에도 不識不知(불식부지)한 것이 大勇이다.

故로 석가불께서 가리왕을 만나 몸을 갈라 찢어도 알지 못했고, 순양은 정양조를 만나 十試(십시: 열 번의 시험)에도 넘어지지 않았고, 자청은 매 맞고 욕먹어도 가르침을 버리고 화내지 않았고, 삼봉은 옷이 찢어지고 신발이 헤져도 후회하지 않았고, 장진은 사람들이 주먹으로 때려도 다투지 않았고, 장춘은 옆구리가 3번이나 부서져도 돌아보지 않았다.

이상의 성현들은 모두 환난을 만나 磨煉(마련)하여 무한한 고초를 다 받은 까닭에 끝내 대법을 듣고 대도를 밝혀 초범입성하고 그 희유한 일을 이룬 것이다.

세간의 호도학인은 환난이 바로 수진의 대약이며 성도의 爐錘(로추)임을 알지 못하고 오히려 환난을 두려워하여 환난을 피하거나 혹 飢寒(기한: 배고픔과 추움)을 받으면 곧 다른 법을 생각하거나 혹 질병을 만나면 곧 망념이 일어나거나 혹 위험을 만나면 곧 퇴보를 생각하거나 혹 사람의 능욕을 만나면 곧 쟁론을 하는데 특히 眞金은 큰 불 속에서 단련하여 나오고 연꽃은 진흙 가운데에서 자라서 이루어지는 것을 알지 못할 뿐 아니라 火가 아니면 金의 밝음을 볼 수가 없고 진흙이 아니면 연꽃의 맑음을 볼 수가 없는 것이니 환난이 어찌 병이 되랴?

환난을 겪은 연후에 사람의 신분의 고저(高低)를 보고 환난 연후에 사람의 志氣(지기)가 진짜인지 가짜인지를 시험해보아야 한다.

진심으로 학도하는 자는 속히 환난 관문을 타통하여 性命의 두 글자를 인정하여 살아도 이것이고 죽어도 이것으로 일체의 大災(대재) 大難(대난) 大困(대곤) 大厄(대액) 大危(대위) 大險(대험)은 하늘에서 부여하는 것이니 모두 무심으로 처하기를 바라는 것이다.

날이 오래면 자연히 凶이 吉로 化하고 禍가 福으로 변하는 것이니 그렇지 않고 환난을 만나면 환난을 두려워하여 心神이 不定하고 志念이 遷移(천이)하면 환난이 없어도 저절로 환난이 이르고 소환난이 대 환난으로 변하게 되는 것이니 망상으로 도를 밝히기는 어려운 것이다.

18. 궤사관(詭詐關)

修真大道

얼굴에는 바른척하나 마음속은 아니고 스스로 고명하게 거짓으로 받드나 眞師께서는 밝게 멀리서 거울처럼 비추어 한번 보면 곧 眞假(진사: 참과 거짓)를 안다.

讀通關文

「易」曰：「盥而不薦 。」

「詩」曰：「神之格思，不可度思，矧可射思。」

「玉樞經」曰：「以誠而入。」

「參同契」曰：「孝子用心，感動皇極。」

上陽子 曰：「天或雖違，當以財寶精誠求之。」

此皆言其誠心用事，而不可稍有 詭譎詐偽之心也。

夫學者學道，貴乎真心實意。自卑自下，方能感動真師，取信良友，受其益惠。

蓋我有真心，而師友即以真心待之；我有實意，而師友即以實意待之。此感彼應，一定不易之理。

倘不能真心實意，反以詭譎詐偽為事，面是心非，自謂可以瞞哄高明。殊不知真師明鑒照遠，一見即識真假，欺人實自欺，瞞人實自瞞。不但無益於事，而且反壞於事，詭詐奚為哉！

世間糊塗學人，糊塗出家，糊塗學道，將性命視為平常之物，將學道視為平常之事，遇真師即問元關，見道朋自誇奧妙，並不知尊師之理、敬友之道。或謊言詭語而侮慢，

或假意虛情而裝飾，或巧言令色，徒取人悅，或指東畫西，誘人露話，或斜臥依靠而問難，或一頭一飯而求訣，或對坐高談而辨別，或稍有磨煉而懷恨，或偶遇苦事而躲避，或看經書而略觀大義，一過即了，

或聽師言而不嘗滋味，僅記話頭；或外雖學道，心中又圖謀別事；或既想修行，轉身又纏染俗情。如此弊病，不一而足。如何感的真師指點、良友扶持？

吾勸真心學道者，速將詭詐關口打通，換出個至誠心腸，從實落處進步，萬不可存絲毫詭譎之心，欺人欺己，誤了前程。

蓋「誠」之一字，能以動天地，通鬼神，感人物。豈有

師友而不能感動者乎？既能感動師友，則大道可冀。

否則，稍有虛假詭詐之念，則心不誠，心不誠，方寸中亦生大病，不但不能求真，而且反昧其真。妄想明道，難矣！

勸真心學道者

역 왈 "盥(관: 손을 씻음)而不薦(불천)이라."[20]고 하였고,

시왈 "神의 格思(격사)[21]는 생각으로 이를 수 없는데 하물며 射思[22]하랴."고 하였고

옥추경 왈 "誠[정성]으로 들어간다[入]."고 하였고

참동계 왈 "효자의 用心은 皇極(황극)을 감동한다."고 하였고

상양자 왈 "天이 혹 어긋난 다해도 마땅히 財寶로 정성스럽게 구하라."한 것은

---

20) 주역 제 20번째의 괘로 중요한 觀의 공부로 도가나 유가에서 수행에 중요한 괘로 보고 있다. 뜻은 종묘의 제사에서 세수하고 제물 올리기 전의 경허한 마음가짐이면 성실함이 있어서 아래에서 우러러보는 듯 하리라는 의미이다. 지택림 괘와 짝으로 양기가 동하여 임하면 觀으로 비추고 그 다음 괘인 화뢰서합으로 씹어 먹는 것이다.

21) 神明이 感通하여 온다는 뜻이다.

22) 시경의 대아에서 나온 말인데 射는 추구한다는 뜻으로 하물며 무엇으로 추구할 수 있겠는가라는 뜻이다.

모두 성심으로 용사할 것을 말한 것으로 조금이라도 궤휼사위(詭譎詐僞)한 마음이 있어서는 안 된다는 것이다.

학자가 학도함에는 진심실의가 귀한 것으로 자비 자하하여야 비로소 진사께서 감동하고 믿을만한 훌륭한 벗을 얻어 그 益惠(익혜)를 받게 되는 것이다.

나에게 眞心이 있으면 師友도 곧 진심으로 대접하고 나에게 실의가 있으면 師友도 곧 實意로 대접하는 것이니 이것은 此感하면 彼應하는 一定하여 바뀌지 않는 이치인 것이다.

만일 眞心實意가 아니고 오히려 詭譎詐僞로 일하고 얼굴에는 바른척하나 마음속은 아니면서 스스로 高明하게 거짓으로 받드나 眞師께서 밝게 멀리서 거울처럼 비추어 한번 보면 곧 眞假를 아니 欺人(기인)하나 실은 자기를 속이는 것이고 남을 기만하는 것은 실은 자기를 기만하는 것이니 다만 일에 무익할 뿐만 아니라 또한 일을 부수는 것이니 어찌 詭詐(궤사: 거짓 허위)하랴?

세간의 호도학인은 糊塗出家(호도출가)하고 호도학도하여 性命을 보기를 평상한 물건이라 보고 학도하는 것을 보고 평상한 일이라 보아 眞師를 만나면 元關(원관)을 묻고 道朋을 보면 스스로 오묘를 자랑하고 아울러 존사의 이치나 敬友의 도를 알지 못하고 혹 황언궤어로 侮慢(모만: 거만하게 업신여김)하거나 혹 假意와 虛情으로 장식하거나 혹 교언영색으로 단지 사람의 기쁨을 취하거나 혹 指東指西(지동지서)하여 사람을 유도해 말하게 하거나 혹 비스듬히 누워 기대어 어려운 것을 묻거나 혹 一頭 一飯에 訣(결)을 구하거나 혹 對坐하여 고담준론으로 변별하거나 혹 조금이라도 연마함이 있으면 懷恨(회한)하거나 혹 우연히 괴로운 일을 만나면 회피하거나 혹 경서를 보아 대략 대의를 보아 한번보고 깨달았다거나,

혹 스승의 말씀을 듣고 자미를 맛보지 않고 다만 화두만 기억하거나 혹 外로는 비록 학도한다하나 心中에는 또 다른 일을 도모하거나 혹 이미 수행을 생각하였는데 상황이 다르면 또 속정에 묶이는 이와 같은 蔽病(폐병)은 하나도 족하지 않는 것이니 어찌 진사의 지점을 받고 량우의 도움을 받을 수 있겠는가?

내가 진심으로 학도하는 자에게 속히 궤사 관문을 타통하여 지성한 심장으로 바꾸어 實된 落處(낙처)를 따라 진보하기를 바라는 것이니 절대로 털끝이라도 궤사한 마음으로 欺人欺己하여 전정이 잘못되어서는 안된다.

대개 誠이란 이 한 글자는 능히 천지를 움직이고 귀신에 통하고 인물을 감동하는 것이니 어찌 師友를 감동시키지 못하겠는가? 이미 師友를 감동시켰다면 대도를 가히 기대할 수가 있는 것이다.

그렇지 않고 조금이라도 虛假로 詭詐(궤사)하는 생각

이 있으면 곧 마음이 不誠하게 되고 마음이 불성하면 방촌가운데 大病이 발생하는 것이니 다만 구진하지 못할 뿐 아니라 오히려 그 眞을 매하는 것이니 망상으로 도를 밝히기는 어려운 것이다.

19. 시의관(猜議關)

修真大道

도는 모름지기 스승이 전해주는 것이니 자기 멋대로 헤아려서는 안 된다.

讀通關文

「古經」云：「若無師指人知的，天上神仙無住處。」

「悟真」云：「饒君聰慧過顏閔，不遇真師莫強猜。」

又.云：「要知口訣通元處，須共神仙仔細論。」

三豐真人.云：「月之圓，存乎口訣；時至子，妙在心傳。」

又.云：「拜明師，問方兒，下手速修猶太遲。」

此皆言道須師傳，非可妄猜私議而知也。

蓋大道奧妙幽深，大則充滿宇宙，小則細入毫端。其大無外，其小無內。人能修之，可以奪造化，出陰陽，了性命，成仙佛，與天地同長久，與日月共光明。先天而天弗違，後天而奉天時，非一切旁門外道可比。

但是道也，有內陰陽，有外陰陽；有內五行，有外五行；有真有假，有真中之假，有假中之真；有真中之真，有假中之假；修持有火候，有次序，有有為，有無為；有始條理，有終條理；有采藥，有合藥；有結丹，有服丹；有結胎，有脫胎。其事多端，作法不一。

苟非明師從頭至尾，一一分別，細細指示，難以自知。

雖已往群真，丹經子書，千方比喻，萬樣形容，藥物火候，無不俱備。然道之元妙、作之細微，有言之而言不出、論之而論不及者，

況以有形喻無形，以有象指無象，加之後世盲漢，借祖師之名，妄作妄著，譭謗聖道，紊亂仙經，真偽相雜。若依自己識見，以為有得，再不印證於高明。一入網中，終身難出。

終有聰明良材，辨的是非邪正，略有會悟，亦是有頭無尾，似是而非，何能真知確見、一了百當哉！

世間糊塗學人，不知道之深淺，不曉命之輕重，以螢火之明而欲破迷天之網。

不求真師，只求於己。或看旁門偽書，記些搬弄工夫，終身持守，牢不可破，耽誤一生。

亦有見祖師真正經書，日夜誦讀，不究其意，只認其

象；見藥物爐鼎之說，疑是燒煉；見男女陰陽之說，猜為閨丹；見龍虎龜蛇之說，疑是心腎肝肺；見顛倒逆運之說，猜為後升前降，

見寶珠之說，疑是有象之物；見聖胎之說，猜為氣血凝結；見清淨之說，疑是　存神定息；見有為之說，猜為做作；見無為之說，猜為空寂。如此等類，不可枚舉，皆打謎猜枚，終歸虛妄。

吾勸真心學道者，速將猜議關口打通，把生平自負才能伎倆除去，尋求真師，開明奧義。萬不可以自己假聰明，妄議猜量，自哄自也。

否則，不證於人，只求於己。不是在外搜尋，便是身內做作。妄想修道，難矣！

勸真心學道者

옛 경 운 "만약 스승께서 사람들에게 가르쳐 알게 하지 않으면 天上에 신선이 머물 곳이 없을 것이다."고 하였고

오진 운 "그대의 총혜가 안자나 민자 보다도 뛰어날지라도 진사를 만나지 못했으면 멋대로 헤아리지 말라."고 하였고

또 운 요컨대 "口訣(구결)의 通玄處(통현처)를 알고

자 한다면 모름지기 신선과 함께 자세하게 얘기할 것이라."고 하였고

삼봉 운 "달이 둥글면 구결이 있으니 時가 子가 되면 妙가 心傳(심전)에 있다."고 하였고

또 운 "明師(눈 밝은 스승)에 예배드리고 方兒(방아)를 물을 것이니 하수는 速修(속수)하여도 오히려 늦는 것이라."고 하였는데,

이것은 모두 도는 모름지기 스승의 전수해 주셔야 하니 망상이나 私議(사의: 자신의 생각)로 헤아려서는 안 된다는 것을 말한 것이다.

대개 대도는 오묘하고 幽深(유심)하니 크면 우주에 충만하고 작으면 豪端(호단: 털 끝)에도 細入(세미한데 들어감)이니 커서 밖이 없고 작아서 안이 없으니 사람이 능히 그것을 닦으면 가히 조화를 빼앗고 음양을 벗어나고 성명을 료달하여 仙佛을 이루어 천지와 더불어 장구하고 일월과 함께 光明하고 先天에도 天을 어기지 않고 後天에도 天時를 받드는 것이니 일체의 방문과 외도와 비교할 것이 아니다.

단 이 도는 內陰陽이 있고 外陰陽[23]이 있고, 內五行이 있고 外五行[24]이 있고, 眞이 있고 假가 있고 眞中

---

23) 유일명의 수진변란참증에 내음양은 후천의 음양으로 형체에서 생하고 외음양은 즉 선천의 음양으로 허공에서 나온다. 형제음양은 形의 음양에 따르고 천지에서 생한 것이다. 허공음양은 逆運하는 음양으로 천지를 생하는 것이다. 이른바 내외란 用으로 말한 것이다.

24) 인체의 안과 자연계의 오행 속성을 가리킨다. 황제내경의 천인합일의 사상에 근거하면 인체 내의 간담은 木性이 心과 소장은 火에 속하고 비위는 土

에 假가 있고 假중에 眞이 있고, 眞중에 眞이 있고 假중에 假가 있고, 修持(수지)에 火候가 있고 차서가 있고 유위와 무위가 있고 始에도 조리가 있고 終에도 조리가 있고 採藥[25]이 있고 合藥이 있고 結丹이 있고 服丹이 있고 結胎가 있고 脫胎가 있고 그 事가 다단하여 作法이 하나가 아니다.

만약 明師에게 從頭至尾(종두지미; 처음부터 끝까지)를 일일이 분별하고 세세하게 지시받지 않으면 스스로 알기가 어려운 것이다.

비록 이미 羣眞(여러 신선들)의 단경자서가 천만의 비유로 온갖 모습으로 형용하여 약물과 화후를 구비하지 않음이 없으나 도의 元妙(원묘)는 세미하게 지어서 말함이 있어도 말로 다하지 못하고 논해도 논이 미치지 못하는 것이다.

하물며 有形으로 無形을 비유하고 有象으로 無象을 가르쳤는데 더욱이 후세의 盲漢(맹한: 눈 먼 사람)이 조사의 이름을 빌려 妄作妄著(멋대로 공부하고 멋대로 책을 지음)하여 聖道를 훼방하고 仙經을 문란하여 眞僞(참과 거짓)가 서로 섞이는 것이니, 만약 자기의 식견에 의지하여 얻은 것 가지고 다시 고명한 분에게 인증하지 않고 한번 그물 속에 빠지게 되면 끝내 벗어나

에 속하고 폐와 대장은 金에 속하고 腎과 방광은 水에 속한다.

25) 채약: 내단의 명사로 수련하는 사람이 靜定으로 들어가 정정이 황홀묘명한 상태에 이르면 홀연히 一動하여 陽氣가 발생하는 데 이것이 채약하는 象이다. 이 때를 붙잡아 채취하는 것으로 너무 늦거나 빨라서는 안 된다.

기 어려운 것이다.

모두 총명한 良才가 있어 시비와 邪正을 분별하고 대략 會悟(회오)함이 있어도 역시 有頭無尾(유두무미)로 옳은 것 같으나 아닌 것이니 어떻게 眞知로 확견하여 一了百當(일료백당)하겠는가?

세간의 호도학인은 도의 深淺(심천)을 알지 못하고 命의 輕重(경중)을 깨닫지 못하고 螢火(반딧불)의 밝음을 가지고 迷天(미천)의 그물을 찢고자 하는 것이다.

眞師를 구하지 않고 다만 자기에게서 구할 뿐이다. 혹 방문의 僞書(위서)를 보고 이러한 거짓된 공부를 終身持守(종신지수)하나 굴레를 깨버리지 못해 일생을 그릇되게 보낼 뿐이다.

또한 조사의 진정한 경서를 보고 일야로 독송한 그 뜻을 궁구하지 못하고 단지 그 象만 알아 藥物(약물) 爐鼎(로정)의 설을 보고 이것을 燒煉(소련: 금속이나 돌을 불로 태워 외단을 만드는 것)이라 의심하고 남녀의 음양지설을 보고 閨丹(규단)이라 헤아리고 龍虎龜蛇(용호구사)의 설을 보고 이것이 心腎肝肺(심신간폐)라고 의심하고 전도하여 逆運(거꾸로 운행함)하는 설을 보고 後升前降(후승전강)26)이라 헤아리고,

寶珠(보주)의 설을 보고 이것이 有象한 物이라 의심하고 聖胎의 설을 보고 氣血(기혈)이 응결하는 것이라

26) 오진편의 상양자 주해를 보면 일반인은 섹스를 할 때 정이 앞의 배에서 머리로 올라가 뒤의 독맥으로 내려온다고 하고 수행인은 양기를 독맥으로 올라가 임맥으로 내려오게 하여 정기를 쌓는다고 한다.

헤아리고 淸淨의 설을 보고 이것은 存神定息(존신정식)이라 의심하고 有爲의 설을 보고 做作(주작)하는 것이라 보고 無爲의 설을 보고 空寂(공적)이라 헤아리니 이와 같은 종류를 일일이 열거할 수 없는데 모두 끝내 허망한데로 돌아갈 뿐인 것이다

내가 진심으로 학도하는 사람에게 속히 시의 관문을 타통하여 평생 자부하는 재능과 기량을 버리고 진사를 찾아 구하여 오의를 개명하기를 바란다. 절대 자기의 총명을 빌려 망의로 헤아리거나 스스로 자기를 과시하지 않아야 한다.

그렇지 않으면 즉 사람에게 증명하지 않고 단지 자기에게 구하게 될 뿐이다. 이것은 밖에서 찾는 것이 아니고 곧 이것은 몸 안에서 행하는 것이다. 망상으로 도를 닦기는 어려운 것이다.

20. 현허관(懸虛關)

修真大道

일찍이 달마께서 장로에서 下功(하공: 공을 베품)하고 소림에서 冷坐(냉좌: 찬 굴에서 앉아 수행함)하였고, 혜능은 황매에서 복역하고 四會에서 연마하였고, 구조는 용문에서 7년을 보내고 반계에서 6년을 淨身(정신)하고 옆구리 갈비가 부서졌으나 志氣(지기: 간절한 뜻)를 더하였다.

讀通關文

儒 曰：「真履實踐。」

釋 曰：「行深般若波羅密多時。」

道 曰：「勇猛精進。」

三教聖人皆以真心實用為貴，而不使懸虛作事也。夫修真之道，窮理、盡性、至命之學也。窮理者，即窮此真也；盡性者，即盡此真也；至命者，即至此真也。

窮之盡之至之既皆是真，則不可有些子之假雜於其中也明矣。若有些子之假雜於其中，則心不專，其行不力。如何鑽入理窟、見的真實？

如何感動真師喜悅、指點理路？故古之聖人，聞一善言，見一善行，若決江河，沛然莫之能禦也。

道門有三乘之法：務上乘者乃上智之人，易於會悟，一了百當，生而知，安而行也；務中乘者乃中智之人，因象會意，聞一知二，學而知，利而行也；務下乘者下智之人，極力研究，功深方得，困而學，勉強而行也。

三乘之法在人量力而行之。然雖分三等，俱要從實地上用工夫.

若懸虛不實，略不關心，不但中下之人終無進益，即上智亦落於空亡。

昔 達摩 長蘆下功，少林冷坐；惠能黃梅服役，四會煉磨；丘祖龍門七載，磻溪六年，淨身折肋，志氣倍加。諸如聖賢皆是真心實意作事，故能超凡入聖，了卻大事。

世間糊塗學人，既入道門，不知所為何事，打混過日，常在衣食上打算，日在是非中出入。狐朋狗黨，口說雜話，心思雜事，眼不看祖師法言，耳不聽明人好話。即或誦讀經書，亦是走馬看花，絕不用心思搜尋深義；即或遇明師聆教，亦是秋風過耳，並不用工夫嘗探滋味。更有一等口孽愚夫，以為丹經不留口訣，不屑觀看。偶見明人，即欲順手取道，取之不得，即便退步。

今日求王，明日拜李，忽然學此，忽然學彼。主意不定，志念不長，何嘗以性命為大事？

往往在道門一世，終無所長，豈不可悲可歎！

吾勸真心學道者，速將懸虛關口打通，死心踏地，日日在性命上留心，時時在理義上著意，把一切懸虛不實行為，一一改過.

先窮其理，再求其師，博學之，審問之，愼思之，明辨之，篤行之，何患大道不明、性命不了乎？

否則，懸虛不實，行事荒唐，虛度年華。心不志，志不致。妄想明道，難矣！

勸真心學道者

유 왈 ‘眞履實踐(진리실펀)”이라 하였고

석 왈 “行深般若波羅密多時(행심반야바라밀다)”라 하였고

도 왈 “용맹정진”이라 했는데

3교의 성인은 모두 眞心實用(진심실용)을 귀하게 여겨 懸虛(현허)로 작사하지 않았다.

무릇 수진의 도는 窮理盡性至命(궁리진성지명)[27]하는 학인 것이다. 궁리란 이 眞을 궁구하는 것이고 盡性이란 즉 이 眞을 다하는 것이다. 至命이란 즉 이 眞에 이르는 것이다.

窮之(궁지), 盡之(진지), 至之(지지)가 모두 이 眞이어야 하는 것이니 즉 여기에 거짓이 그 가운데 섞여서는 안 되는 것이다. 만약 여기에 거짓이 그 가운데 섞여 있으면 마음이 不專하고 그 行이 不力하니 어떻게 理窟(이굴)[28]을 뚫고 들어갈 수가 있겠는가?

진실을 보면 어떻게 眞師(진사: 참된 스승)를 감동케 하여 기쁜 마음으로 理路(이로: 이치의 길)를 지점케 할 수가 있겠는가? 고로 옛날 성인께서는 하나의 善言(선언)을 듣거나 하나의 善行을 보면 강하가 아주 거세어 막을 수 없었던 것이다.

도문에 三乘[29]의 법이 있는데 上乘에 힘쓰는 사람은 바로 上智의 人으로 쉽게 會悟(회오)하여 하나를 깨달으면 백 가지를 깨달으니 生而知(생이지지)하고 安而行(인이행)하였고 中乘에 힘쓰는 사람은 바로 中智의 人으로 象으로 인해 意를 이해하니 하나를 들으면 둘을 알고 學而知(학이지지)하여 利而行(이이행)하였고 下乘에 힘쓰는 사람은 바로 下智의 人으로 극력연구하여

---

27) 이치를 궁구하여 사물의 이치를 깨닫고 그 이치로 성질을 다스려 깨끗이 한 다음 命에 이르러야 한다. 즉 상단 중단 하단을 모두 닦아야 한다는 것이다.

28) 도리와 사상의 깊은 곳을 말한다.

29) 불교의 용어로 초승 중승 상승이 있다.

功이 깊으면 바야흐로 얻으니 困而學(곤이학)하여 勉强而行(면강이행)하는 것이다.

三乘의 법은 사람의 역량에 따라 행하는 것으로 그러나 비록 셋으로 나누었으나 실제 역량에 따라 공부를 이용하는 것이 필요하다.

만약 懸虛不實(현허불실)하고 대략 하여 마음에 관심을 두지 않으면 다만 中下의 人뿐 아니라 上智라도 또한 空亡에 떨어지게 된다.

일찍이 달마께서 장로에서 下功하고 소림에서 冷坐하였고, 혜능은 황매에서 복역하고 四會(사회)에서 연마하였고, 구조는 용문에서 7년을 보내고 반계에서 6년을 淨身하고 옆구리 갈비가 부서졌으나 志氣를 배가하였으니 모든 성현께서는 모두 眞心과 실의로 작사하신 것이다. 그러므로 능히 초범입성하여 대사를 끝맺으신 것이다.

세간의 호도학인이 이미 도문에 들었으나 어떤 일을 해야 할지를 알지도 못하고 세월을 보내면서 늘 의식에 관한 것만을 생각하고 날마다 시비가운데 출입하고 狐朋狗黨(호붕구당)으로 입으로 잡설을 말하고 마음으로는 잡사를 생각하고 눈으로는 조사의 法을 보지도 않으면서 말하고 귀로는 눈 밝은 사람의 好語(호어: 좋은 말씀)를 듣지 않고 혹 경서를 낭독하나 또한 대략 보고 스쳐가며 절대로 마음으로 깊은 뜻을 생각하여 찾지 않고 혹 明師의 가르침을 만나도 또한 秋風(추풍)

이 귀를 스쳐 지나갈 뿐이다. 아울러 공부를 하지 않아 일찍이 재미를 찾지 못하고 다시 일등의 어리석은 지아비 있어 단경에는 구결이 없다고 하면서 조금도 살펴볼 생각도 않고 明人을 만나도 수단을 써서 도를 취하고자 해서 취하려 하나 얻지 못하니 곧 퇴보하는 것이다.

금일에는 王을 구하고 명일에는 李에게 예배하고 갑자기 이것을 배우고 갑자기 저것을 배워서 主意가 不定하고 志念이 자라지 않으니 어떻게 성명이 대사임을 맛보겠는가?

왕왕 도문에서 일생을 보내면서도 끝내 성장하지 못하니 어찌 슬프고 한탄스럽지 않겠는가?

내가 진심으로 학도하는 사람에게 속히 현허 관문을 타통하여 死心으로 踏地(답지)하고 매일 性命만을 마음에 두고 시시로 理義에 뜻을 두고 일체의 현허불실한 행위를 하나하나 고쳐 바꾸기를 바라는 바이다.

먼저 그 理를 궁구하고 다음에는 師를 구하여 박학하고 심문하여 愼思(신사)하고 明辯(명변)하고 篤行(독행)한다면 어떻게 대사를 밝히지 못하고 성명을 깨닫지 못할까 걱정하겠는가?

그렇지 않고 현허불실하고 행사가 황당하면서 허망하게 세월을 보내 心이 不專하고 志가 不致하여 망상으로 도를 밝히기는 어려운 것이다.

21. 망상관(妄想關)

修真大道

도리를 변별하는 것을 좋아하지도 않고 또 明師를 찾아 구하는 것도 좋아하지 않고 다만 겁데기 話頭(화두)만 배우면서 공부를 한다고 하며 一身의 上下로 공부하면서 수행이 충분하다고 하며 망령되게 신선이 되기를 바란다.

讀通關文

「悟真」曰：「恍惚之中尋有象，杳冥之內覔真精；有無從此自相入，未見如何想得成。」

又　曰：「契論經歌講至真，不將火候著於文；要知口訣通元處，須共神仙仔細論。」

太虛真人曰：「他人說的行不的，偏我行的說不的。」此皆言道必真知實行，非空空妄想而可得也。

蓋道至尊至貴，極高極大，最深最幽，必須用工細辨，由淺及深，由近達遠，深造自得，豈可妄想片言隻語而能明？

一步兩步而即成者，特以至高至大之事業，還要至高至大之丈夫而後能做。

道在天地之間，人人有分，人人不能。

人人有分者，人人秉陰陽五行之氣而生身。身中即有陰陽五行之理，為萬物之首，理氣俱備，誰無個道，誰無個性命？

有此道，有此性命，即可以了此道，全此性命。為聖為賢，作仙作佛，所以謂人人有分也。

人人不能者，人為世情所迷，名利所惑，恩愛所牽，認假棄真，立不起志氣，振不起精神，用不得功力，順其所欲，一任識神作殃。方要向前，即便退後；方欲為善，卻思作惡，所以謂人人不能也。

果是丈夫，以性命為重，認真辦事，勇猛向前，終始如一，志念堅固，窮究道理，尋師訪友，真履實踐，走過一步是一步，行過一事了一事。晝夜匪懈，時刻用心，只盡自己之事，而不預期他人之事。積功累行，屈己尊人。至於明道成道，聽其自然，隨其天緣，絕不妄想，即今生無有功行，無有福分，大道難知，亦不怨天尤人，至死方休。如此存心立志，祖師暗中自有安排。

世之糊塗學人，自己身邊事情未曾了的，打混過日，只圖吃好的，穿好的，晝則浪蕩閒遊，夜則高眠穩睡，方便不行，功德不作.

又不肯辨別道理，又不肯尋求明師。學些包皮話頭，扭捏工夫，在一身上下做作，假充修行，妄想成仙。

殊不知性命之學有竊奪造化之功，扭轉乾坤之法，必有心傳，非可私猜，

亦非可妄行得其真者。持而修之，可以與天為徒，與地為配，豈是等閒而知、容易而曉！

自古成真祖師，不知受盡多少苦楚，方遇真師，不知受盡多少磨煉，方能聞道，不知曆過多少艱險，方能成道。

豈是不作實事、實空妄想而能知能成乎？

空空妄想，只此一念便是不能明道的孽根。道且不能明，更何望其成！

吾勸真心學道者，速將妄想關口打通，穩定腳根，不論學道行道，步步出力，時時用功，自然苦盡甜來。未聞道者，即能聞道。已聞道者，即能成道。否則，實事不作，言不顧行，行不顧言。妄想明道，難矣！

勸真心學道者

오진 왈 “황홀한 가운데 有象을 찾고 묘명한 가운데

眞精을 찾으면 有無가 이로 쫒아 자연히 相入하는 것이니 보지 못한다면 어떻게 생각만으로 얻어 이루겠는가?"라고 하였고

또 曰 "契(계) 論(론) 經(경) 歌(가)의 강의가 지극히 참되나 火候(화후)[30]에 관해서는 글로 짓지 않았다. 요컨대 근원을 꿰뚫는 구결을 알고자 한다면 모름지기 신선과 함께 자세히 논하라."고 하였는데

이것은 모두 도는 眞知하여 실행할 것을 말한 것으로 공공한 망상으로 얻을 수 있는 것이 아님을 말한 것이다.

대개 도는 지극히 존귀하며 지극히 높고 크고 가장 깊고 그윽한 것이니 반드시 用工을 細辯(세변)하여 얕은데서 부터 깊은데 이르고 가까운 데서부터 먼 곳에 이르러야 깊이 있게 지어 자득하는 것이니 어찌 망상인 片言이나 隻語(척어: 한 마디 말)로 밝힐 수가 있겠는가?

한 걸음 두 걸음 걸어서 이루는 것이다. 특히 至高至大한 사업으로 다시 지고지대한 장부가 있은 이후에야 능히 이루는 것이다.

도는 천지의 사이에 있고 사람마다 分이 있으나 사람마다 능할 수가 없는 것이다.

사람마다 分이 있다는 것은 사람마다 음양과 오행의

30) 용문파의 주운양 도인은 "참동계 천유"에서 산하대지가 모두 정로이고 춘동함령이 모두 약물이고 일용동정이 화후 아님이 없다(山河大地總是鼎爐, 蠢動含靈悉皆藥物, 日用動靜無非火候)고 했다.

氣를 받아 몸이 生한 것이니 몸 안에는 즉 음양오행의 理가 있어 만물의 첫째가 되고 理氣를 구비하였으니 누가 이 도가 없겠으며 누가 이 性命이 없겠는가?

이와 같은 도가 있으면 이와 같은 性命이 있는 것이니 즉 이 도를 깨달아 이 성명을 온전히 한다면 聖이 되고 賢이 되고 仙佛이 될 수가 있으니 사람마다 分이 있다고 말하는 것이다.

사람마다 능히 할 수가 없다고 한 것은 사람들이 世情에 미혹되고 명리에 미혹되고 은애에 끄달려서 거짓을 참으로 알아 眞을 버리고 志氣를 일으켜 세우지 못하고 정신을 일으켜 떨치지 못하니 功力을 얻어 쓰지 못하고 그 하고자 하는바에 따르니 한번 識神(식신)에 맡겨 재앙을 짓는 것이니 바야흐로 앞으로 나가려 해도 곧 뒤로 물러날 뿐이고 바야흐로 善하고자 해도 도리어 惡을 짓는 것을 생각하는 까닭에 사람마다 할 수가 없다고 한 것이다.

결과적으로 장부라야 性命을 귀하게 여기고 참을 알아 일을 분별하고 용맹으로 앞을 향하고 시종여일하며 志念이 견고하고 도리를 궁구하고 스승을 찾고 道友을 방문하여 眞履實踐(진리실천)하여 한 걸음 한 걸음 달려 나가고 一事를 겪으면 一事를 깨닫고 주야를 게으르지 않고 時刻으로 用心하여 단지 자기의 일을 다 할 뿐 타인의 일을 예기하지 않고 積功累行(적공누행: 공행을 쌓음)하고 자기를 낮추고 상대를 높이어 도를 밝히고 도가 이루어지기에 이르면 그 자연함에 따르고 그 天緣에 따라 절대로 망상하지 않으면 즉 금생에 공행이 없고 福分이 없어 대도를 알기가 어려워도 또한 하늘이나 더욱이 사람을 원망하지 않으면 죽음에 이르러 비로소 쉰다는 이와 같은 마음을 가지고 뜻을 세운다면 조사께서 暗中에 자연히 안배하시는 것이다.

세상의 호도학인은 자기신변의 사정도 일찍이 깨닫지 못하고 헛되이 세월만 보내고 단지 좋은 것을 먹을 것과 입을 것만을 도모하면서 낮에는 방탕하게 한가롭게 노닐며 밤에는 높은데서 느긋하게 잠을 잘 뿐 방편도 행하지 않고 공덕도 짓지 않는다.

또 도리를 변별하는 것을 좋아하지도 않고 또 明師를 찾아 구하는 것도 좋아하지 않고 다만 껍데기 화두만 배우고 공부를 한다고 하며 一身의 上下로 做作하면서 수행이 충분하다고 하며 망령되게 신선이 되기를 바랄 뿐이다.

특히 성명의 학은 조화를 탈취하는 공과 乾坤을 扭轉(축전)하는 법과 반드시 心傳하는 것이 있음을 알지 못하니 개인적인 생각으로 헤아릴 것이 아니다.

또한 妄行으로 그 眞을 얻지 않은 사람은 持하여 修하면 가히 天과 더불어 무리가 되고 地와 더불어 짝이 되는 것이니 어찌 이것이 가볍게 알며 쉽게 깨달을 수가 있겠는가?

자고로 성진조사께서 얼마나 많은 고초를 받아 봐야

흐로 진사를 만났는지 알지 못하고 얼마나 많은 磨煉(마련)를 받아 바야흐로 도를 들었는지 알지 못하고 얼마나 많은 艱難(난간)을 겪어야 바야흐로 성도하였는지 알지 못한다.

어찌 이것이 實事로 짓지 않은 것인가, 空空한 망상으로 능히 알고 이룰 수 있겠는가?

空空한 망상이란 단지 이 一念인데 곧 이것으로는 도를 밝힐 수 없는 얼근(孽根)이다. 도를 또한 능히 밝힐 수 없다면 다시 어떻게 그것을 이룰 수 있는 희망이 있겠는가?

내가 진심으로 학도하는 사람에게 바라는 것은 속히 망상 관문을 타통하여 穩定脚根(온정각근)하여 학도나 행도를 말할 것 없이 보보로 出力하고 시시로 용공하면 자연히 고진감래 할것이니 聞道하지 못한 사람은 능히 聞道하고 이미 聞道한 사람은 곧 능히 성도할 것이다. 그렇지 않고 實事를 짓지 않고 말이 行을 돌보지 않고 行이 말을 돌보지 않고 망상으로 도를 밝히기는 어려운 것이다.

22. 생사관(生死關)

修真大道

生死에 無心하면 생사에 묶이지 않으니 도에 가깝다.

讀通關文

莊子.曰：「古之真人不知悅生，不知惡死，其出不訢，其入不距，倏然而往、倏然而來而已矣。」

至聖.云：「朝聞道，夕死可矣！」

「悟真後序」曰：「此道至妙至微，世人根性迷鈍，執其有身而惡死悅生，卒難了悟。」

此皆言不論學道修道，不可有貪生怕死之心也。

夫人生而有身，原是四大假合，無中生有，結此幻形，乃天地之委物，有生必有死，有成必有敗，豈是真正不壞之物乎？既是有壞，則生死亦屬於假.

祖師教人了生死者，使其齊一生死。至於無生無死而後已。

莊子所謂「攝精神而長生，忘精神而無生。」然則長生之道，猶非了性了命之極功，必至忘生無生，不生不滅，方是了的生死，而出乎生死造化之外矣！

蓋天地能役有形，不能役無形；能役有氣，不能役無氣；能役有心，不能役無心。無心則無氣，無氣則無形，無心於生死，而生死不能累，幾於道矣！

世之糊塗學人，妄想成道者，皆由怕死也。怕死即有求生之心，既有求生之心，或怕餓死，或怕凍死，或怕疾病而死，或怕夭折而死，或登大山，怕有狼虎來傷，或入茂林，怕有蟒蚺來咬

或宿古壇，怕有鬼魅來侵。貪生怕死之心，存於有密之中，驚悸不安。形雖存而心先喪，生氣之苗已敗，死氣之根已栽。

頑固不化，柴草堆胸，機謀亂出，神頭鬼面，千邪百怪，紛紛擾擾，削磨精神。真者俱失，假者皆發，日損夜傷，不死豈能之乎！

吾勸真心學道者，速將生死關口打通，將生死二字置於度外，未死先學死，雖生不知生。生也由他，死也由他，餓死也由他，凍死也由他，狼虎來傷也由他，蟒蛇來咬也由他，鬼魅來侵也由他，即遇水火之災也由他，即遭刀兵之害也由他，即生疾病而死也由他。猶如死人，不識不

知，任憑天斷。只有「道」之一字，常掛胸前，始始終終，久而不忘，祖師暗中護佑，不肯教真正學人苦壞。

否則，貪生怕死，推前縮後，即此一關，緊鎖牢封，寸步難移。妄想明道，難矣！

勸真心學道者

莊子 曰 “옛날의 聖人은 사는 것이 기쁜지 죽는 것이 나쁜 것인지를 알지 못하였고, 나간 다해서 싫어하지 않고 들어온다 해도 막지 않았으며 유연히 가고 유연히 올 뿐이었다.”고 하였고,

至聖 云 “<아침에 도를 들으면 저녁에 죽어도 좋다>라 하였고, 오진 후서 曰 이 도는 지극히 미묘한 것으로 세상 사람은 근성이 어리석고 둔하여 그 몸에 집착하여 惡死悅生(악사열생: 죽음을 싫어하고 생을 기뻐함)하므로 마침내 깨닫기 힘들다.”고 하였는데,

이것은 모두 學道나 修道를 말할 것 없이 生을 탐하고 죽음을 두려워하는 마음이 있어서는 안 된다는 것을 말한 것이다.

무릇 사람이 태어나면 몸이 있는 것인데 원래 이것은 四大가 거짓으로 합한 無中生有로 이 幻形(환형)을 맺은 것이니 바로 천지의 위탁한 物로 生이 있으면 반드시 死가 있고 이루어지면 반드시 부서지는 것이니 어찌 이것이 진정 부서지지 않는 物이겠는가? 이미 부서짐이 있는 것이라면 즉 生死 또한 거짓에 속하는 것이 되는 것이다.

조사께서 사람들에게 生死를 깨달으라는 것은 생사를 하나로 고르게 하여 생사가 없는 경지에 이르게 하려고 하신 것이다.

莊子의 이른바 정신을 이끌어 長生하고 정신을 잊어 無生한다는 것이다. 그러한즉 장생의 도는 오히려 了性了命하는 지극한 功은 아닌 것이다. 반드시 忘生無生(망생무생)하고 불생불멸하여야 비로소 생사를 요달하고 生死 조화의 밖으로 나갈 수 있는 것이다.

대개 天地는 능히 有形한 것을 부리나 無形한 것은 부릴 수가 없는 것이고 능히 有氣는 부리나 無氣는 부릴 수 없고 능히 有心은 부리나 無心은 부릴 수 없다. 無心하면 즉 無氣하고 無氣하면 즉 無形이라 生死에 無心하면 生死에 묶이지 않으니 도에 가까운 것이다.

세상의 糊塗學人(호도학인)으로 妄想으로 도를 이루려 하는 사람은 모두 죽음을 두려워하는 까닭이다. 죽음을 두려워한 즉 求生하는 마음이 있게 되고 이미 求生하는 마음이 있으면 혹 굶주려 죽는 것을 두려워하거나 혹 얼어 죽는 것을 두려워하거나 혹 질병으로 죽는 것을 두려워하거나 혹 요절하여 죽는 것을 두려워하거나 혹 大山에 올라 여우나 호랑이가 와서 傷하게

하는 것을 두려워하거나 혹 울창한 숲에 뱀이 와서 무는 것을 두려워하거나,

혹 古壇(고단)에 머물며 鬼魅(귀매)가 來侵(래침)하는 것을 두려워하거나 하여 生을 貪하고 죽음을 두려워하는 마음이 가슴속에 은밀히 숨어 있으면 놀래고 괴이한 마음이 불안하여 겉모습은 비록 아무 이상이 없으나 마음이 먼저 喪(상)함을 입게 된다. 生氣의 싹이 이미 敗하면 死氣의 싹이 이미 심어지는 것이다.

돌은 굳어 변화하지 않는데 紫草(자초)가 가슴에 쌓여 있으면 機謀(기모)가 亂出(난출: 어지럽게 나옴)하니 神頭鬼面(신두귀면)과 千邪百怪(천사백괴)가 紛紛憂慮(분분우려)하여 정신을 깎아 眞을 모두 잃어버리고 假가 모두 일어나며 낮과 밤으로 손상하니 죽지 않는 것이 어찌 가능하겠는가?

내가 진심으로 학도하는 사람에게 바라는 것은 속히 生死關口(생사관구)를 타통하여 장차 生死라는 두 글자를 도외시하여 아직 죽지 않았어도 먼저 죽음을 배우고 비록 살아도 살아있는지 알지 못하여 사는 것도 오히려 저와 같고 죽는 것도 오히려 저와 같고, 饑死(기사)라도 오히려 他와 같고 凍死(동사)도 오히려 저와 같고 이리나 호랑이가 와서 傷해도 오히려 저와 같고 뱀이 와서 물어도 오히려 他와 같고 鬼魅(귀매)가 와서 침범해도 오히려 저와 같으니 즉 水火의 災를 만나도 오히려 저와 같고 곧 刀兵의 害를 만나도 오히려 저와

같고 질병이 生하여 죽어도 오히려 저와 같으니 마치 死人과 같아 不識不知간에 天斷(천단)에 맡길 뿐 단지 도라는 한 글자만 늘 가슴 앞에 매달아 始始終終(시시종종)하여 오래되어도 잊지 않으면 조사께서 暗中에 護祐(호우: 보호하고 도우심)하셔 진정한 학인이 苦懷(고괴)하는 것을 좋아하지 않으시는 것이다.

그렇지 않고 貪生하여 죽음을 두려워하고 앞으로 밀고 나가나 뒤로는 웅크리면 즉 이 一關만 굳게 닫고 봉쇄한다면 한 걸음도 옮기기 어려운 것이니 망상으로 도를 밝히기는 어려운 것이다.

23. 자만관(自滿關)

修真大道

自盈(자영: 가득 참)하여 없으면서도 있다고 하면 진사께서 이끌어 주고자 해도 가히 들어갈 틈이 없는 것이니 망상으로 도를 밝히기는 어렵다.

讀通關文

「易」曰：「巽在床下。用史巫紛若，吉。」

「道德經」曰：「虛其心，實其腹。」

上陽子　曰：「道有三戒。凡學道者，心雖慕向，而乃驕其富貴，不肯下問，似不芥意，是謂奸譎，戒而弗與；

次學道者，略聞旁門小法，惟事強辨，以逞私慧，是謂誇眩，戒而弗與；

三學道者，疑信相半，不以死生為憂，重財輕身，是不知命，戒而弗與。」

此皆言不滿不盈，方能受益也。

夫聖賢大道，無窮無盡，無邊無岸，有體有用，有本有末，層次細微，工程遙遠，仰之彌高，鑽之彌堅。一人知識有限，眾人意見無窮。非能下於人者不能學，非能屈於人者不能知，非能示己之無者不能進，非能尊人之有者不能得

蓋能下於人者，方能上於人；能屈於人者，方能高於人；能示己之無者，方能受人之有；

能尊人之有者，方能濟己之無。

故曰：「滿則溢，窪則實。」滿不如虛之貴也。

昔周公一沐三握而禮賢；淮南子遇八公，披發跣足以拜接；石杏林遇紫陽，解韁脫鎖以供奉；長春祖初從 王祖學道，後隨 馬祖 受教而全事； 上陽子 初遇 緣督而有得，後求青城指點而完功。以上聖賢皆從虛心而成大道。

假令 周公 挾貴而不尊賢，焉能為聖？ 淮南自尊而不禮八公，焉能成仙？

邱祖自滿，不從馬祖，焉能了事？

上陽自足，不求青城，焉能大就？

特以性命之學，一處不知一處迷。差之毫髮，謬之千里。

明的一事，行的一事. 明的一法，做的一法。

倘知體而不知用，知假不知真，知性而不知命，知始而

不知終，知收而不知放，知進而不知退，知急而不知緩，知吉而不知凶，知大而不知小，知本而不知末，知有為而不知無為，知下手而不知結果，皆不得謂明道

倘稍知門戶即自滿自足，以為道即在.

目空四海，再不求人，何能徹始徹終、縱橫逆順、自由自專、無遮無攔、直達聖域哉？

世間糊塗學人，恃自己聰明，妄議猜量，自是而不求人：或仗自博學，高談闊論，自滿而不求人；或得些旁門小事，不辨是非，自負而不印證；或遭逢高人指點，知個入門，自足而不深進。

更有一等勢利之輩，書囊俗儒之流，拿起身分，高著胸膛，怕人笑話，不肯屈身卑下。如此之類，皆是以滿為害，怎能聽的真師奧語、入的通衢大道、進的聖賢堂室也！

吾勸真心學道者，速將自滿關口打通，低心下氣，作個不如人人的模樣，不論老少賢愚貴賤高低，恭敬一切，莫可分別。

見人稍有一長，即便誠心求教，不可放過，

博學審問，人人是我師，處處可以學。何患理不能明、道不能成乎？

否則，自滿自盈，無而為有，總有真師意欲指引，無隙可入。妄想明道，難矣！

勸真心學道者

역 曰 "겸손하여 平牀(평상)아래에 있으니 史와 巫를 씀이 어지러운 듯하면 吉하다."고 하였고,

도덕경 曰 "그 마음을 비우고 그 배를 채우라."고 하였고

상양자 曰 "도에는 3戒가 있으니 무릇 학도자가 마음이 비록 慕向(모향)하나 그 富貴(부귀)로 교만하여 下問(하문: 아랫사람에게 물음)함을 좋아하지 않고 개의하지 않는 것 같으니 이것을 奸譎(간휼: 간사하고 교활함)이라 말하는데 戒而不與(계이불여: 경계하여 더불어 하지 않음)라.

다음의 학도자는 대략 방문의 소법을 들으면 오직 强辯(강변)하여 私慧(사혜)를 드러내니 이것을 誇眩(자랑하여 미혹함)일컫는데 경계하여 더불어 하지 않음이라.

세 번째의 학도자는 疑와 信이 相半으로 死生으로 근심하지 않고 重財輕身(중재경신)하여 命을 알지 못하고 경계하여 더불어 하지 않음이라."

이것은 모두 不滿不盈(차고 넘치지 않음)하여야 비로소 受益(이익을 받음)함을 말하는 것이다.

무릇 성현의 대도는 무궁무진하고 無邊無岸(무변무안)하고 有體有用하고 有本有末하여 층차가 세미하고 공정이 요원하여 仰之彌高(앙지미고)하고 鑽志彌堅(찬지미견)이라. 一人의 지식은 유한하고 중인의 의견은 무궁하니 능히 사람에게 낮추지 않는 사람은 배울 수가 없고 능히 사람에게 굽히지 않는 사람은 알 수가 없고 능히 자기 것이 없지 않은 사람은 나아갈 수가 없고, 능히 사람이 가진 것을 존중하지 않는 사람은 얻을 수가 없다.

대개 사람에게 낮추는 사람은 바야흐로 사람들보다 높아지고, 능히 사람들에게 굽히는 사람은 바야흐로 사람들보다 높아지고 능히 자기의 없는 것을 보이는 사람은 바야흐로 사람들에게 있는 것을 받을 수 있다.

능히 사람에게 있는 것을 존중하는 사람은 바야흐로 자기에게 없는 것을 채울 수가 있는 것이다.

故로 曰 가득하면 넘치고 넘치면 實하는 것이니 滿은 虛(허)의 귀함만 못한 것이다.

일찍이 周公은 一沐三握(일목삼악: 한번 목욕하고 세번 손을 쥠)으로 禮賢(예현)하였고 회남자는 八公을 만날 때 머리를 깎고 발을 씻은 다음 拜接(배접)하였고, 석행림은 자양을 만날 때 韁鎖(강쇄)를 벗고 供奉하였고 장춘조사는 처음 왕조를 따라 학도하였으나 후에 마조를 따라 受教하여 全事하였고, 상양자는 처음 연독을 따라 얻은 것이 있었는데 후에 青城(청성장인)에 지점을 구하여 完功하였다. 이상의 성현들은 모두 虛心을 따라 대도를 이룬 것이다.

가령 周公이 貴를 뽐내고 賢을 존중하지 않았다면 어떻게 聖이 되었겠으며 淮南(회남)이 자존하여 八公(팔공)을 예절로 대하지 않았다면 어떻게 成仙할 수가 있었겠는가?

邱祖가 自滿하여 馬祖를 따르지 않고 어떻게 능히 了事할 수가 있었겠는가?

상양자가 자족하여 靑城에 구하지 않았다면 어떻게 큰 성취를 이룰 수가 있었겠는가?

특히 性命의 학은 一處를 알지 못하면 一處가 迷하는 것이니 터럭이라도 어긋나면 천리나 어긋나게 된다.

一事를 밝히고 一事를 行하고 一法을 밝히고 一法을 행해야 한다.

만약 體는 아나 用을 알지 못하고, 假는 아나 眞을 알지 못하고, 性을 아나 命을 알지 못하고, 始는 아나 終을 알지 못하고, 收는 아나 放을 알지 못하고, 進은 아나 退를 알지 못하고, 急은 아나 穩은 알지 못하,고 吉은 아나 凶은 알지 못하고, 大는 아나 少는 알지 못하고, 本은 아나 末을 알지 못하고, 有爲는 아나 無爲를 알지 못하고, 下手는 아나 結果를 알지 못하니, 모두 밝은 도를 얻지 못하였기 때문인 것이다.

만약 조금치 門戶를 안 것으로 자만자족하여 도로 삼는다면 즉 이와 같을 뿐이다.

눈에 四海가 공하여 다시 사람에게 구하지 않는다면 어떻게 徹始徹終(철시철종)하고 縱橫逆順(종횡순역)하며 自由自專(자유자전)하고 無遮無攔(무차무란)하여 곧 바로 성인의 경지에 도달할 수가 있겠는가?

세간의 호도학인이 자기의 총명을 믿고 망령되게 헤아리고 스스로 옳다하면서 사람에게 求하지 않거나 혹 스스로 박학함만 믿고 고담으로 말하면서 스스로 가득 차서 사람에게 求하지 않거나 혹 방문의 조그만 한 일을 얻은 것 가지고 是非를 가리지 않고 자부하여 인증을 구하지 않거나 혹 고인을 만나 지점을 받은 것 가지고 입문은 알았으나 자족하여 깊이 나아가지 않거나 하는 것이다.

다시 한 무리의 勢利(세리)의 무리인 책 보따리를 짊어진 俗儒(속유)들이 신분을 믿고 가슴에 자만이 높아 사람들의 笑話(소화)에도 두려워하여 屈身卑下(굴신비하)하는 것을 좋아하지 않는 이와 같은 것들은 모두 滿으로 害가 되는 것이니 어찌 진사의 오묘한 말씀을 들겠으며 대도의 큰길을 통하여 들어가며 성현의 堂室(당실)로 들어 갈 수가 있겠는가?

내가 진심으로 학도하는 사람에게 바라는 것은 속히 自滿關口(자만관구)를 타통하여 低心下氣(저심하기)하기를 바라며 노소, 현우, 귀천, 고저를 막론하고 일체를 공경하여 분별을 하지 말아야 한다.

사람에게 하나의 장점이 있으면 곧 성심으로 가르침을 구하여 放過(방과)하면 안 된다.

博學審問(박학심문)하여 人人이 바로 나의 스승이며

처처에서 배운다면 어찌 이치가 밝아지지 않겠으며 도가 이루어지지 않을까 걱정하겠는가?

그렇지 않고 自滿 自盈하여 없으면서 있다하면 진사께서 이끌어 주고자 해도 가히 들어갈 틈이 없는 것이니 망상으로 도를 밝히기는 어려운 것이다.

24. 외난관(畏難關)

修真大道

천하에 지극히 어려운 일이 반드시 지극히 큰일이고, 지극한 큰일은 반드시 지극히 큰 功으로 이루는 것이다.

讀通關文

「易」曰：「君子以順德，積小以高大。」

至聖　　　曰：「君子遵道而行，半途而廢，吾弗能已矣！」

邱祖 曰：「天下無難事，只怕有心人。」

此皆言修道必須志念堅固，而不可有畏難之心也。

夫天下至難之事，必是至大之事，至大之事必須下至大之功而方成。

若至容至易、一作即成者，則事必小而不大矣。

性命之學，大事也。其事包羅萬有，超越人天，脫五行，出三界。先天地而立其體，後天地而發其用。為聖為仙為佛，其事顧不大哉？

事大而欲修此大事，為永久不朽之業，豈不難哉？

然知其難而不畏其難，以生死為一大事。立志堅固，一念不回，至死方休，可以明道，可以行道，則難者不難矣！

倘知其難而畏其難，不以性命為大事，始勤終怠，志念不專，疑信各半，逡巡不前。不特不能行道，而且不能明道，則難者終難矣！

昔神光斷臂求法，即得達摩心傳；王中立立雪三尺，卒得伊川指示；邱祖淨身折肋，感得神明報信。

蓋專心學道，誠一不二，且能感天地、通鬼神，而況於人乎？

世間糊塗學人，不知性命是人生第一大事，妄冀得個工夫，便要作仙，妄想學些小乘，即要不死。聞說聖道精奧，須深鑽研，即便作難；聞說修道路遠，要捨身掩命，飢寒不避，即便退步；聞說道有始終，功有層次，火有時刻，至細至微，即便墜志；如此學道，進退不果，四大無力，志氣不振，怎能嘗得道中滋味，豈不誤了大事也？

吾勸真心學道者，速將畏難關口打通，另換一個鐵石心腸，不避艱險，猛力前進，廢寢忘飧，不管他得力不得力，見效不見效，愈久愈力，愈遠愈勤。一心前行，終必有得，難而不難。

否則，畏難不果，若存若亡，口說而身不行，欲前而即退後。妄想明道，難矣！

勸真心學道者

역 왈 "군자는 덕을 따르므로 小를 쌓아 높고 크게 된다."고 하였고

至聖 왈 "군자는 遵道(존도)하여 행하는 것이니 중도에 그만 두는 것을 나는 할 수가 없다."고 하였고,

邱祖 曰 "천하에 難事(난사)는 없는 것이니 단지 有心한 마음을 두려워 할 뿐이다"고 하였다.

이것은 모두 수도에는 반드시 志念이 견고하여 畏難(외난: 어려움을 두려워함)의 마음이 있어서는 안 되는 것을 말한 것이다.

천하에 지난한 일이 반드시 至大한 일이고 지대한 일은 반드시 지대한 功으로 바야흐로 이루는 것이다.

만약 至容 至易하여 한번으로 이루어지는 것은 즉 事가 반드시 小하여 크지 않은 것이다.

性命의 學은 大事로 그 事는 만유를 包羅(포라: 싸안음)하고 人天을 초월하고 오행을 벗어나고 삼계를 뛰어나가고 천지보다 먼저 그 體를 세우고 천지보다 뒤에 그 用을 발하여 聖이 되고 仙이 되고 佛이 되는 것이니 그 일이 크지 않다고 하겠는가?

事大하므로 이 大事를 닦아 영구하여 사라지지 않는 사업이 되게 하는 것이 어찌 어렵지 않겠는가?

그러나 그 어려움을 아나 그 어려움을 두려워하지 않는 것이니 생사로 一大事를 삼아서 立志가 견고하여 一念도 돌이키지 않아 죽음에 이르러야 비로소 쉰다면 가히 도를 밝히며 가히 도를 행하게 되면 어려운 것도 어렵지 않게 되는 것이다.

만약 그 어려움을 알고 그 어려움을 두려워하고 性命을 大事로 여기지 않으며 始勤終怠(시근종태)[31]하고 志念이 不專(전일하지 못함)하며 의심이 各半하면 行道하지 못할 뿐 아니라 또한 明道할 수가 없는 것이니 어려운 것은 끝내 어려울 뿐인 것이다.

일찍이 神光[32]은 斷臂(단비: 팔뚝을 자름)하여 求法하여 달마의 심전을 얻었고 王中立은 눈이 3尺이나 쌓여 비로소 伊川(정이천)의 지시를 얻었고 邱祖는 淨身(몸을 깨끗하게 함)하면서 갈비가 부러졌지만 神明의 報信을 감득하여 하였다.

대개 전심으로 학도하고 誠一不二(성일불이)하면 또한 능히 천지가 感하며 귀신을 통하는 것인데 하물며 사람이랴?

---

31) 처음에는 부지런히 공부하나 나중에는 게으른 것을 말함.
32) 달마의 제자로 2조가 됨.

세간의 호도학인은 性命이 바로 인생에 있어 제일의 大事임을 알지 못하고 망령되게 공부하여 곧 作仙하기를 기대하고 망상으로 小乘을 배워 不死를 하고자 하는데 聖道의 精奧(정오)를 들으면 모름지기 깊이 鑽硏(찬연)해야 하므로 곧 어렵다하고 수도의 길이 요원하여 捨身하고 命을 버려야 하고 飢寒(기한)도 피하면 안된다는 것을 들으면 곧 退步(퇴보)하고 도에는 시종이 있고 功에는 층차가 있고 火에는 時刻이 있어 至細至微(지세지미)함을 들으면 곧 뜻이 무너지니 이와 같이 학도하면 진퇴를 不果하고 四大가 무력하며 志氣가 不振(부진)하니 어찌 능히 得道하는 중의 재미를 맛보겠으며 어찌 대사를 깨닫는데 잘못되지 않겠는가?

내가 진심으로 학도하는 사람에게 속히 畏難關口(위난관구)를 타통하여 따로 하나의 鐵石心臟(철석심장: 강철같은 마음)으로 바꾸어 험난한 것을 피하지 않고 盟力(맹세한 힘)으로 전진하여 잠자는 것과 밥 먹는 것도 잊어 他가 得力하든지 得力못하든지 效를 보든지 效를 보지 못 하든지에 관심 두지 않고 더욱 오래 더욱 힘쓰고 더욱 멀리 더욱 부지런히 一心으로 앞으로 행하면 끝내 얻는바가 있어 어려운 것도 어렵지 않게 된다.

그렇지 않으면 외난에 단호하지 못하여 若忘若存(약망약존)하고 입으로 말하나 몸이 행하지 못하고 앞으로 나아가고자 하나 뒤로 물러나는 것이니 망상으로 도를 밝히기는 어려운 것이다.

25. 경만관(輕慢關)

修真大道

도를 가볍게 여기면 반드시 行道가 충분 하지 않아 苦力으로 애를 쓴 다해도 능히 들어갈 수도 없고 나아갈 수도 없는 것이니 무엇을 의지해 수행하여 천하에 희유한 일을 이루겠는가?

讀通關文

「中庸」曰：「大哉聖人之道！洋洋乎，發育萬物，峻極於天，優優大哉！禮儀三百，威儀三千，待其人而後行。」

老祖曰：「天上地下，惟道獨尊。」

「複命篇」曰：「有物先天地，無名本寂寥；能為萬象主，不逐四時凋。」

此皆言道之至大至尊、匪人弗行也。

夫道之為道，廣大無際，高深莫測，至無而含至有，至虛而含至實，無形而能生有形，無象而能生萬象，包羅天地，推遷日月，運行四時，育養人物，無處不有，無物不存。

昔孔子得之，而為儒教之聖；釋迦得子，而為諸佛之祖；老君得之，而為群仙之宗；黃帝 得之，而跨龍升天；女媧 得之，而煉石補天； 旌陽得之，而拔宅飛升；天師得之，而分人判鬼； 五祖 得之，而位證天仙； 七真得之，而不生不滅。古今成道聖賢，歷歷有考，不可以數計。

道之尊貴如此，豈可輕褻慢視乎？

若以平常小事觀之，而輕褻慢視，則非載道之材，乃是背道之輩，尚可以語道哉！

蓋輕視乎道，則必以學道為容易知，而不能鑽研深入；

慢視乎道，則必以行道為不足為，而不能苦力前進，不能入，不能進，憑何修持以成天下希有之事耶？

故學道者，先要知的道是至尊至貴之物，非可容易而知，等閒而得，方能發的狠心，用的苦功，經久不怠，必至成道而後已。

世間糊塗學人，不知道為天地所秘，鬼神所寶，輕慢小視，絕無誠心：或仗自己小聰明，以為能以會悟；或記幾句野狐禪，以為道即在此；或捉風捕影，以為實有所知；

或指鹿為馬，以為實有所見；或遇明人詢問，大言不慚而絕無誠心；或逢同道考究，強辯自是而略無忌憚。又有一等口孽魔頭，聞人言道而便譭謗，見人看書而便憎嫌，以聖賢經典科論為包皮外象，以志士積功累行為下乘小事。偶遇高人，不肯低頭，而反以高人自居。即能暫時低頭，又耐不得年月，受不得磨磋。殊不知學道求人，所以求人救我之性命耳。求人救性命必象個惜性命之人，然後能明則感動真師指引，暗則感動鬼神扶持.

若不象惜性命之人，便是不以大道為尊貴。既不尊貴大道，如何得聞大道？

豈不愚之甚哉？吾勸真心學道者，速將輕慢關口打通，信道篤實，鄭重性命，奉師誠敬，小心謹慎，兢兢業業，腳跟著地，不敢稍有輕視褻慢之心。

如登高山，步步出力；如渡大江，刻刻防險，何患不能登於道岸也？

否則，不知道之高低貴賤，當有如無，懈怠為事，牧羊拾柴。妄想明道，難矣！

勸真心學道者

중용 曰 “크도다! 성인의 도는 洋洋(양양)하도다! 만물을 발육하여 하늘보다 峻極(준극)하네. 優優大哉라

예의가 三百이요 위의가 三千이니 그 사람을 기다린 연후에 行한다"고 하였고

老祖 曰 "천상과 지하에 오직 도만이 獨尊(독존)이라"고 하였고

복명편 曰 "어떤 물건이 천지보다 먼저 있으니 이름은 없으나 본래 寂寥(적요: 고요함)라 능히 萬象의 主가 되어 四時의 凋(시듬)에 따르지 않는다"고 하였는데,

이것은 모두 도의 지존지대함을 말한 것으로 사람이 아니면 행하지 못함이라.

무릇 道가 도가 됨은 광대무제하고 高深莫測(고심막측)하며 至無하나 至有를 含有하고 至虛하나 至實을 머금고 無形이나 능히 有形을 生하고 無象이나 능히 萬象을 생하고 천지를 包羅(포라: 싸안음)하고 日月을 밀어 옮기고 四時를 운행하고 人物을 육양한다. 있지 않은 곳이 없으며 있지 않은 物도 없다.

일찍이 공자께서 얻어 유교의 성인이 되셨고 석가께서 얻어 모든 부처의 祖(할아비)가 되셨고 노군께서 얻어 羣仙(군선: 모든 신선)의 宗이 되셨고 황제께서 얻어 룡을 타고 승천하셨고 여와께서 얻어 煉石(연석)하여 補天(보천: 하늘을 보수함)하였고 旌陽(정양)[33]께서 얻어 發宅飛昇(발택비승)[34]하였고 天師께서 얻어 人과

33) 위진 때의 신선을 성취하신 분으로 필자가 좋아하는 구절로 內交眞氣存呼吸 自然造化返童顔(안으로 진기가 사귀니 호흡이 있게 되니 자연한 조화로 동안으로 돌아간다."는 구절이다.

鬼를 분별하였고 五祖께서 얻어 天仙[35]의 지위를 증명하셨고 七眞[36]이 얻어 불생불멸하였는데 고금에 성도한 성현들로 부터 역력하게 살펴 볼 수가 있는데 그 수를 헤아릴 수가 없다.

도의 존귀함이 이와 같으니 어찌 가벼이 경만되게 볼 수가 있겠는가?

만약 平常한 小事로 취급하여 경만하게 본다면 즉 도를 싣는 재목이 아니며 이는 도를 등진 무리이니 어떻게 道를 말하겠는가?

대개 도를 경시하면 반드시 學道하는 것을 쉽게 알아 鑽硏(찬연: 깊이 파고들어 연구함)하여 깊이 들어갈 수가 없다.

도를 업신여기면 반드시 行道가 충분히 하지 않아 苦力으로 애써도 능히 들어갈 수도 없고 나아갈 수도 없는 것이니 무엇에 의지하여 수행하여 천하에 희유한 일을 이루겠는가?

고로 학도자는 먼저 도가 바로 지존지귀한 것임을 알아 용이하게 알고 가볍게 얻을 수 있는 것이 아님을 알아야 한다. 혹독한 마음을 일으키고 苦功을 쓰며 오래 되도 게으르지 않으면 반드시 道를 이룰 수가 있다.

---

34) 글자 그대로 집과 하인이나 가축들도 모두 함께 하늘로 날라가는 것을 말함. 고구려때에 보덕화상도 절의 건물도 함께 백제로 날아갔다는 일화가 있음.

35) 천선은 신선의 등급중에 제일 높은 경지로 형신구묘와 여도합진하여 귀신도 능히 알 수가 없고 점으로로 헤아리 수 없는 이를 천선이라 한다.

36) 북파의 7분 진인으로 왕중양의 제자들이다.

세간의 도를 좋아하는 학인은 도야말로 천지의 비밀이며 귀신의 보배임을 알지 못하고 輕慢小視(경만소시: 가볍고 작은일 로 봄)하거나 정성스런 마음이 없거나 혹 자기의 작은 총명을 믿고 능히 會悟(회오: 깨달아 이해함)할 수 있다거나 혹 몇 구절 외운 野孤禪(야고선)[37]으로 도가 바로 여기에 있다거나 혹 바람이나 그림자를 사로잡은 것으로 실제로 알았다거나 혹 사슴을 말이라 가리켜 실제로 봤다고 하거나 혹 밝은 사람을 만나 묻는데 있어 과장하면서 부끄러워하지 않고 정성된 마음도 없거나 혹 同道(같은 도를 닦는 사람)를 만나 연구하면서 자기가 옳다고 强辯(강변: 옳다고 우김)하면서 꺼리 김이 없거나 또 한 무리의 口孽魔頭(구얼마두: 입으로만 도를 하는 마귀두목)가 있어 사람이 도를 말하는 것을 듣고 곧 훼방하고 사람이 책을 보는 것을 보고 곧 미워하거나 시기하고 성현의 經典科論(경전과론)을 껍데기 포장에 불과하다고 하고 志士가 積功累行(적공루행)하는 것을 下乘(하승)의 작은 일이라 하고 우연히 고인을 만나면 머리를 숙이려 않고 반대로 고인과 함께 하면 잠시 머리를 숙이는 척하거나 또 세월을 참아내지 못하고 갈려 부서짐을 겪어내지 못하고 특히 학도는 求人(사람을 구함)임을 알지 못하니 소위 求人으로 나의 성명을 구하는 것이고 求人하여야 성명을 구하는 것으로 반드시 성명을 터득한 사

37) 禪家에서 외도를 야호선이라고 한다.

람을 소중히 여긴 연후에 능히 밝아지는 것이며, 그런 연후에 眞師를 감동하여 指引(인도해 이끌어줌)받고 남모르게 귀신을 감동시켜 扶持(부지: 보살핌을 받음)를 받게 되는 것이다.

만약 性命을 터득한 사람은 소중히 여기지 않으면 곧 大道를 존귀하게 여기지 않는 것이니 어떻게 대도를 얻어들을 수 있겠는가?

내가 진심으로 학도하는 사람에게 속히 輕慢關口(경만관구)를 타통하여 信道(믿음의 도)가 충실하고 性命을 귀중히 여겨 스승을 정성과 공경으로 받들고 조심하여 삼가 신중히 하고 兢兢業業(경경업업)으로 脚踏實地(각답실지)하여 감히 조금이라도 경시하여 교만한 마음이 있으면 안 되는 것이다.

마치 높은 산에 오르는 것처럼 걸음마다에 힘을 다하고 큰 강을 건너는 것처럼 순간순간에 위험을 방비한다면 어떻게 道岸(도안)에 오르지 못할까 걱정하겠는가?

그렇지 않으면 도의 高低(높고 낮음)와 귀천 그리고 有가 無 같음을 알지 못하고 게으름을 일삼아 양이나 치고 땔나무나 주우니 망상으로 도를 밝히기는 어려운 것이다.

26. 유약관(柔弱關)

修真大道

성현과 선불은 모두 사람이 닦아 이룬 것으로 사람마다 모두 성현이 될 수가 있고 사람마다 모두 선불이 될 수가 있다. 유약하고 무능하여 자립하는 굳센 의지가 없음이 걱정 될 뿐이다.

讀通關文

「中庸」曰：「道不遠人，人之為道而遠人，不可以為道。」

至聖曰：「有能一日用其力於仁矣乎？我未見力不足者。」

「悟真」曰：「大藥不求爭得遇，遇之不煉是愚癡。」

「古經」云：「道不盛行，待人而行。」

此皆言修道必須勇猛精進，而不可懦弱懈怠也。

夫人秉天地陰陽五行之正氣而生，為萬物之首，不論貴賤賢愚剛柔強弱，皆具天地之全功，即可以載天地之大道。

故夫婦之愚，可以與知焉。夫婦之不肖，可以能行焉。是在有志無志之間耳：

有志，則柔弱者可變為剛強，剛強即可以漸登道岸；無志，則剛強者亦變為柔弱，柔弱便不能超出苦海。

所謂志者，剛決也，果斷也。有此剛決果斷之志，則世事不能染，恩愛不能牽，私欲不能起，名利不能誘，富貴不能淫，貧賤不能移，患難不能動。只知有道，不知有他；只顧性命，不顧別事。

一切身外之物，俱不能礙的。可以聞道，可以修道。無剛決果斷之志，世事看不破，恩愛擺不脫，私欲掃不去。見富貴而動心，處貧賤而移志，遇患難而不受，日在假境而不識其假，身在苦海而不知其苦.

總有一時道心發現，剛氣不振，旋生旋滅。前怕狼，後怕虎，又怕餓著，又怕凍著，又恐勞碌身體，又恐學道不成，耽誤現在，推委不前，主意不定，懦弱畏縮，憑何而學道？憑何而聞道？賃何而行道？

世間糊塗學人，雖名學道，並不象學道之人，妄想聞道，並不作想道之事

一日十二時中，何嘗有一時在身心性命上著意？只是講

衣食，說是非，圖熱鬧，爭勝負。一舉一動，與世人一般。或作或為，與俗人無異；見有利處，鑽頭覓縫；遇行功處，藏身退步，苦中作樂，夢裏行事。

弄虛頭渾身是剛，作正事四大無力；絕不思身穿道衣、頭頂道巾、吃了十方脂膏、與自己作正經事，豈不是大便宜之事？而反懈怠不力、虛度歲月、挪賬累債、無功受祿，如何開消？

況此修真之事，又不要你身軀出甚麼大力氣，做甚麼莽活路，不過是心頭一點長久念頭、剛決志氣，便能有造釋迦佛，不是天上降下的　　李老君，不是地下長出的孔夫子，不是風中化成的同人耳目，同人皮肉，皆系先盡人功，而後得證聖位。故孟子曰：「堯舜與人同耳。」

蓋以聖賢仙佛，皆自人修而成。人人可以為聖賢，人人可以為仙佛。特患懦弱無能、不肯自立剛志耳。

吾勸真心學道者，速將懦弱關口打通，穩定柱杖子，發勇猛志，堅長久心，舉步向前，單刀直入，時時刻刻在性命上留心，行行步步在道理上窮究，不知而必強求知，不明而必苦力明。如遇明師，只是一味誠心去參學，亦不妄想口訣，亦不急問心傳。

就是教苦即去苦，教死亦要死，教餓亦要餓。至於打駡磋磨，通皆喜受，絕無一點嗔恨，方能濟事。特以受人之所不能受，始能得人之所不能得，苦人之所不能苦，始能知人之所不能知

否則，一味懦弱，剛氣不振，便是無有力量，如何載的

大道？妄想明道，難矣！

勸真心學道者

중용 曰 “도는 사람을 멀리하지 않는데 사람이 道를 행하면서 사람을 멀리하는 것으로 도를 삼는 것은 옳지 않은 것이다”고 했고

至聖 曰 “누가 하루에 그 仁을 힘써 행하는데 그 힘이 부족한 사람을 아직 보지 못하였다”고 하였고

오진편 曰 “大藥(대약)을 구하지 않으면 어찌 만나 얻을 수 있으며 만났어도 단련하지 않으면 이것은 어리석은 것이라”고 하였고

古經 云 “도는 헛되이 행하지 않고 사람을 기다려 행한다”고 하였다.

이것은 모두 수도에는 반드시 용맹정진이 필요한 것을 말한 것으로 유약하거나 게을러서는 안 된다.

무릇 사람은 천지의 음양과 오행의 正氣를 받아서 만물의 첫 번째로 태어났는데 귀천이나 賢愚(현우: 현명하고 어리석음) 剛柔(강유) 强弱(강약)을 논할 것 없이 모두 천지의 全功을 갖추었는데 즉 천지의 대도를 싣고 있다.

고로 부부의 어리석음으로도 가히 알고 부부의 不肖

(불초: 현명하지 않음)도 가히 行할수 있는 것이나 다만 뜻이 있음과 뜻이 없음에 있을 뿐이다.

뜻이 있으면 즉 柔弱한 사람도 가히 변하여 强剛(강강)하게 되고 강강하면 점점 道岸(도안)에 오르게 된다. 뜻이 없으면 강강한 사람도 또한 변하여 유약하게 되고 유약하면 곧 고해를 뛰어나갈 수가 없는 것이다.

이른바 志[뜻]란 剛決(강결; 강한 결단)이며 果斷(과단: 과감성)으로 이러한 강결과 과단의 마음이 있다면 즉 세상 일에 물들지 않고 은애에 끄달리지 않고 사욕이 일어나지 않고 명리에 유혹을 받지 않고 부귀하여도 음란하지 않고 빈천에도 뜻을 옮기지 않고 환난에도 動하지 않고 다만 도가 있음만 알고 다른 것이 있는 줄은 알지 못하며 단지 性命만 돌아보고 다른 일은 돌아보지 않는다.

일체의 身外의 物이 다 나를 막지 못하니 다만 도만 듣고 다만 수도만 할 뿐이다. 剛決과 果斷한 뜻이 없고 세상일을 간파하지 못하고 은애를 버려 벗어나지 못하고 사욕을 소제하여 버리지 못하고 부귀를 보면 마음이 動하고 빈천에 처하면 뜻을 바꾸고 환난을 만나면 받아들이지 못하고 매일 거짓 경계를 만나도 거짓 경계임을 알지 못하고 몸이 苦海에 있어도 고해인 줄을 모른다.

이것은 모두 한 때 道心(도심: 坎卦안에 있는 양을 가리킴)발현하였어도 剛氣(강한 기)가 떨치지 못하여

旋生旋滅(선생선멸)하고 앞으로는 이리를 두려워하고 뒤로는 호랑이를 두려워하고 또 배고픈 것을 두려워하고 몸이 어는 것을 두려워하고 또 신체가 괴로운 것을 두려워하고 또 학도하여 이루지 못할 것을 두려워하고 주의가 바르지 못하고 유약하여 畏縮(외축: 두려워 위축됨)하니 무엇을 의지하여 학도하며 무엇을 의지하여 道를 들으며 무엇을 의지하여 도를 행할 수 가 있겠는가?

세간의 호도학인이 비록 학도 한다고 하나 학도하는 자세는 없고 聞道하려고 망상하나 도의 일을 지으려는 생각은 없는 것이다.

하루 24시간 중에 어찌 한 때라도 身心의 性命에 뜻을 둔 적이 있는가? 다만 衣食(의식)이나 是非(시비)만을 말하며 熱鬪(열투: 소란스럽게 다툼)만을 도모하며 승부를 다투며 일거일동이 세인과 더불어 다르지 않거나 혹 作하며 혹 行하는 것이 속인과 다름이 없어 이익 될 것을 보면 머리를 굴려서 따라가고 行功處(행공처)를 만나도 몸을 숨기고 물러나며 苦中에 樂을 짓고 夢裏(꿈속)에서도 일을 한다.

헛된 일에는 혼신으로 하여 강하나 正事(바른 일)를 지어야 할 때는 무력하다. 절대로 몸에 道衣를 걸치거나 머리에 道巾(도건)을 쓰려고 생각하지 않지만, 온갖 脂膏(지고; 기름)만 먹는 것으로 자기가 바르게 한다고 하니 어찌 이것이 크게 편의한 일이 아니겠는가? 오히려 懈怠不力(해태불력: 게으르고 힘쓰지 않음)하여 虛度歲月(허도세월: 허송세월만 보냄)하여 빚만 지고 受祿(록을 받음)하는 功도 없으니 어떻게 開消(개소)하겠는가?

하물며 수진의 일은 또 너의 몸이 어떤 큰 힘이 필요하거나 어떤 살 길을 찾으려는 것이 필요한 것이 아니라 바로 마음속의 생각의 한 점이 장구한 념두의 剛決한 의지로 곧 석가부처를 짓는 것이니 이것은 천상에서 내려온 李 老君(노자)이 아니며 지하에서 올라온 孔夫子도 아니며 바람 중에서 化成한 같은 사람의 耳目이나 同人의 皮肉(피육)이 아니며, 모두 먼저 人功을 닦고 후에 聖位(성위)를 얻어 증명한 것이다. 고로 맹자께서 曰 堯舜(요순)도 사람과 더불어 같다, 고 한 것이다.

대개 聖賢과 仙佛은 모두 사람으로 닦아 이룬 것으로 人人이 다 성현이 될 수가 있고 人人이 다 선불이 될 수가 있는 것이다. 특히 柔弱하고 무능하여 자립하는 굳센 뜻이 없는 것이 걱정 될 뿐이다

내가 진심으로 학도하는 사람에게 속히 柔弱關口(유약관구)를 타통하여 느긋하게 주장자를 定하고 용맹한 뜻을 발하여 장구한 마음을 굳게 하여 걸음을 앞으로 향하고 단도직입하여 시시각각으로 性命을 마음에 두며 行行步步(행행보보)에 도리상으로 연구하고 알지 못하면 반드시 강하게 구하여 알 것이요. 不明한면 반드

시 苦力으로 밝혀 明師를 만나면 다만 一味 같이 성심으로 가서 참학하기를 바라는 바이다. 또한 망령되게 口訣을 생각하지 않으며 또한 급하게 心傳(심전)을 묻지 않아야 한다.

苦에 가르침으로 苦를 제거하며 死에 대한 가르침으로 死를 받아들이고 敎饑하면 또한 要饑하고 치거나 욕을 해도 다 기쁘게 받아들여 절대로 한 점의 嗔恨(진한: 화내어 한이 맺힘)이 없어야 비로소 일을 이룰 수가 있다. 특히 사람들이 받아들이는 것을 능히 받아들이지 않아야 비로소 人之所를 능히 얻어도 얻은바가 없는 것이 사람들이 괴로운 곳을 능히 괴로워하지 않아야 비로소 능히 人之所를 알아도 안 바가 없는 것이다.

그렇지 않고 一味로 柔弱하고 剛氣가 不振하면 곧 력량이 없게 되니 어떻게 대도를 실을 수 있겠는가? 망상으로 도를 듣기는 어려운 것이다.

27. 불구관(不久關)

修真大道

반드시 장구한 뜻을 세우고 장구한 功을 行하여야 비로소 理를 밝히고 性을 다하고 命을 세워야 조화가운데 처하여 조화에 구속되지 않는다.

讀通關文

「易」曰：「不恒其德，或承之羞。」

至聖曰：「人而無恒，不可以作巫醫。」

子思曰：「苟不至德，至道不凝焉。」

孟子曰：「君子深造之以道，欲其自得之也。」

緣督子曰：「學全真者，得師略指門徑，而不知逐節事條；知神氣相依，而不知鉛汞交姤；知鉛汞交媾，而不知性命混合；妄擬火候，進退不知，此皆無成。」

「古經」曰：「言語不通非眷屬，工夫不到不方圓。」

此皆言修道立德，必須有長久之志也。

夫修真之道，窮理盡性，至命之學也。窮理必窮至於無一毫有疑，無一毫不知，方是大徹大悟。知之真、見之的，而理始明矣。

盡性必盡至於無一些氣質，無一些私欲，方能空空洞洞。明不昧、暗不迷，而性始盡矣。

至命必至於脫離陰陽，跳出五行，方謂功力悉化。不動不搖、自由自專，而命始立矣。

然窮理盡性至命之事，非一朝一夕之功，必要立長久之志，行長久之功，方能明的理、盡的性、立的命，處乎造化之中，而不為造化所拘。特經以久不易之大事，必須經久不已之大功而方成。已往群真，那個不是立長久之志、用長久之功而成者？

試觀世間小巧技藝，亦必專心致志、聽師指教，多年工夫，方能得心應手。因材造作，況此性命大事，豈是無恒心者所能知？

世間糊塗學人，不知理是何理，學些著空執相事務，即謂明理；不知性是何性，或疑性在　　天穀顖門、神存頭上，即謂修性；不知命是何命，或疑命在丹田氣海、意定下元，即謂修命。噫！以此謂理謂性謂命，妄想超脫，以冀不死，如緣木求魚、捏目生花，有何實濟！

理與性命且不能知，何可望仙？即有一二學人，分的邪正，辨的是非，卻又妄想速得，急欲見效，日久懈怠，無長久之心，少堅固之念。忽進忽退，忽行忽止；方欲向前，卻又縮後；懸虛不實，恍惚不定，如此等類，怎能見的 堂奧真物？

吾勸真心學道者，速將不久關口打通。立長久志念，下永遠工夫，

莫要三心二意、半途而廢。愈久愈力，愈難愈苦，終久有個得意之時。

否則，始勤終怠，言行不顧，妄想聞道，難矣！

勸真心學道者

易 曰 "그 덕을 항구히 지키지 못함이라. 혹 부끄러움을 받으리라"고 하였고

至聖 曰 "사람이 無恒(항구함이 없음)이면 巫醫(무의)를 할 수가 없다"고 하였고

子思 曰 "만약 至德이 아니면 至道가 不凝(모이지 않음)이라"고 하였고

孟子 曰 "군자가 도로서 深造(심조: 깊이 지음)함은 그것을 自得하고자 함이라"고 하였고

緣督子(연독자)[38] 曰 "全眞을 배우는 사람이 스승을

38) 선불동원론이라는 저서등이 있으며 상양자 진치허의 스승이다.

얻어 門徑(문경: 문으로 들어가는 지름길)을 지시받아도 逶節事條(수절사조: 공부단계의 조목)를 알지 못하거나 神氣가 相依(상의)해야 함을 아나 鉛汞(연홍)이 交姤(교구)해야 함을 알지 못하고, 鉛汞이 교구해야 함을 아나 性命을 混合(혼합)해야 함을 알지 못하고 멋대로 火候(화후)를 생각하여 進退(진양화 퇴음부)를 알지 못하니 이러한 것은 모두 이룰 수 없는 것이다"고 하였다.

古經 曰 "언어가 불통하면 권속이 아니요. 공부가 方圓(방원)하지 않으면 이르지 못한다."고 하였는데

이것은 모두 수도와 立德에는 반드시 장구한 뜻이 있어야함을 말한 것이다.

무릇 수진의 도는 窮理盡性(궁리진성)하여 至命하는 공부이다. 궁리는 반드시 한 터럭의 의심이 없는 상태에 이르러야 바야흐로 이것이 大徹大悟(대철대오)인 것인데 아는 것이 참되고 보는 것이 확실해야 理가 비로소 밝아지는 것이다.

盡性은 반드시 하나의 氣質(기질)과 하나의 私欲이 없는 상태에 이르러야 비로소 空空洞洞(공공동동)하고 明이 不昧하고 暗에 어리석지 않아야 性이 비로소 다한 것이다.

至命은 반드시 陰陽을 벗어나고 五行을 뛰어넘은 상태에 이르러야 비로소 功力이 모두 化했다고 말할 수 있는 것이다. 동요함이 없고 自由自尊(자유자존)하여야 비로소 命이 세워진 것이다.

그러나 窮理盡性至命(궁리진성지명)하는 일은 하루아침에 이루어지는 공이 아니다. 반드시 장구한 뜻을 세우는 것이 필요하고 장구한 功을 행하여야 비로소 理를 밝히고 性을 다하고 命을 세워 조화가운데 처하여 조화에 구속되지 않는 것이다. 특히 經久하는 쉽지 않은 大事는 반드시 經久를 쉬지 않는 大功이라야 비로소 이루어지는 것이다. 이미 가신 羣眞(군진: 뭇 신선)들이 어찌 장구한 뜻을 세우고 장구한 功을 써서 이루어진 것이 아니겠는가?

시험 삼아 살펴보면 세간의 작은 재주 技藝(기예)도 또한 반드시 專心致志(전심치지)하고 스승의 가르침을 듣고 다년간 공부하여야 비로소 得心應手(득심응수)하고 因材에 따라 조작할 수 가 있는 것인데 하물며 이러한 性命의 大事이겠는가? 어찌 恒心(항심)이 없이 능히 알 수가 있겠는가?

세간의 호도학인이 理가 어떠한 理인지 알지 못하고 空에 집착하거나 相을 고집하는 일을 배우면서 理를 밝힌다고 하며 性은 어떠한 性인지 알지 못하고 혹 凝性(응성: 성을 모음)하여 天谷(천곡: 정수리)에 있게 하거나 神을 머리위에 있게 하는 것으로 性을 닦는다고 말하거나 命이 어떠한 命인지 알지도 못하고 혹 凝命(응명)하여 단전 氣海에 있게 하거나 意(뜻)를 下元(하단전)에 定하는 것으로 命을 닦는다고 하니 오호라! 이와 같은 것으로 理나 性이나 命이라 말하여 망상으로 초탈하려거나 불사(不死)를 기대한다면 마치 緣木求魚

(연목구어)[39]거나 눈을 눌러 꽃을 피게 하는 것이니 어떻게 실제가 있을 수 있겠는가?

理와 性命을 또한 알지 못하면서 어떻게 신선을 바라겠는가? 즉 한 두 사람의 공부하는 사람이 있어 邪正(사정)을 분별하고 是非를 분별하나 도리어 망상으로 속히 얻으려 하거나 급히 효과를 보려고 하면서 날이 오래도록 해태하고 장구한 마음도 없고 견고한 마음도 적고 忽進忽退(홀진홀퇴)하며 忽行忽止(물행물지)하면서 바야흐로 앞으로 나아가고자 하나 도리어 뒤로 위축되고 懸虛不實(현허불실)하며 恍惚不定(황홀부정)하니 이 같은 부류가 어찌 능히 堂奧眞物(당오진물)을 보겠는가?

내가 진심으로 학도하는 사람에게 속히 不久關口(불구관구)를 타통하여 장구한 志念을 세우고 영원히 공부를 하기를 바라는 바이다.

三心二意(삼심이의: 여러 가지에 마음을 써서 집중하지 못하는 것)로 중도에 폐하지 않는 것이 필요하며 더욱 오래 힘쓰고 더욱 어렵고 괴롭다 해도 끝내 得意(득의)할 때가 있는 것이다.

그렇지 않고 처음에는 부지런하나 끝에는 게으르며 言行을 돌보지 않고 망상으로 도를 듣기는 어려운 것이다.

---

39) 나무에 올라가 물고기를 구한다는 뜻으로 불가능한 일을 하려고 하는 것이다.

28. 폭기관(暴棄關)

修真大道

신선이나 성인은 하늘에서 내는 것이지 범인이 능히 배울 수 있는 것이 아니라고 하거나, 혹 대도는 지극히 심오하여 일반인이 알 수가 있는 것이 아니라 하면서 스스로 포기하며 한계를 짓는다.

讀通關文

至聖曰：「朝聞道，夕死可矣！」

顏子曰：「舜何人也？予何人也？有為者亦若是。」

孟子曰：「自暴者不可與有言也，自棄者不可與有為也。」

老祖曰：「吾非聖人，學而得之。」

上陽子曰：「釋迦文佛聞半偈而欲捨其身； 黃帝 順下風，膝行而進問 廣成子：‘治身奈何而可以長生？'」

此皆言自貴自重，而不可自暴自棄也。

夫人秉天地五行之氣而生身，有氣而即有性，有性而即有命，是理氣性命即寓於一身之中。不論賢愚高低，同此一理氣，同此一性命。

凡夫聖賢，原無分別，惟能了性命者，即是聖賢。不能了性命者，即是凡夫。

孟子所謂「人之所以異於禽獸者幾希，庶民去之，君子存之」者是也。

「仙傳」云：「自古飛升者三千，拔宅者入百，坐脫立亡者不記其數」

凡此皆是學而知，苦而成，未有不學不苦而能知能成者。

世間生知者有數，學知者居多。雖云生知，翻個筋斗，即有迷處，不學不成，學而方成，故釋迦亦必師 然燈，孔子亦必師 項橐，老子亦必師 元始。

至如王鐘呂劉王張石薛陳白諸位祖師，皆是脈脈相續，口口相授。可知能學即能成，不學不能成。學之功力，豈小焉哉？

世間糊塗學人，不將自己性命看重，不將自己身心修持，身在道中而不知自己有道，身居寶林而不知現在有寶。認假棄真，以虛為實

或曰性命長短，乃有定數，非人所能勝；或曰仙聖是天

生，非凡人所能學；或曰大道至深至奧，非等閒所能知；於是自暴自棄，自盡其限，甘居苦海，蹈於沈淪，枉為人類矣！

殊不知既在人類，負陰抱陽，即有天地之造化，人人可以為聖賢，人人可以成仙佛，

但要至誠進步、屈己求人、由近達遠、經久不怠耳。

試觀山中狐狸猿鹿，乃畜類耳，存神養氣，靜處於窟穴，年久功深，亦能隱形變化，延年益壽。而況人為萬物之靈，焉有修道不成者？

如曰人不能成道，豈乃獸之不如乎？

吾勸真心學道者，速將暴棄關口打通，立不易方。把有生以後氣質、偏病、習染、累贅，一齊掃去，專心慕道，從艱難困苦中磨煉出去。

不知者必欲學而知，不能者必欲學而能。遷善改過，存誠去妄，始終如一，永無更變，大道可冀。否則，自暴自棄，不以性命為重，不以道義為貴。打混過日，醉生夢死，空空一世，一失人身，萬劫難矣！

勸真心學道者

至聖 曰 "아침에 도를 들으면 저녁에 죽어도 좋다." 라고 하였고

안자 曰 "舜(순)은 어떠한 사람이며 나는 어떠한 사람인가? 行함이 있는 사람은 또한 이와 같다"고 하였고

맹자 曰 "스스로 해치는 사람과는 더불어 이야기 할 수가 없고 스스로 버리는 사람과는 함께 할 수가 없다"고 하였고

노조 曰 "나는 본래 성인이 아니다. 배워서 성인이 된 것이다"고 하였고

상양자 曰 "석가와 문수부처는 半偈(반구절의 게송)를 듣고 그 몸을 버리려 했고 황제는 下風을 따라 무릎을 꿇고 나아가 광성자에게 治身(치신)을 어떻게 하여야 장생할 수 있는지를 물었는데",

이것은 모두 自貴와 自重을 말한 것으로 자포자기하여서는 안 됨을 말한 것이다.

무릇 사람은 천지 오행의 氣를 받아 生身(생신)하였는데 氣가 있으면 살고 性이 있으면 즉 命이 있으니, 이것은 理氣 性命이 한 몸 가운데 갖추고 있는 것으로 賢愚(현우)나 高低(고저)를 막론하고 이 하나의 理氣는 같고 이 하나의 性命은 같은 것이다.

범부나 성현이 원래 분별이 없는 것인데 오직 능히 性命을 깨달은 사람은 즉 성현인 것이고 성명을 깨닫지 못한 사람은 즉 범부인 것이다.

맹자가 이른바 사람이 소위 禽獸(금수)와 다른 이가 몇이나 되는가? 라고 했는데 서민은 그것을 버리고 군

자는 그것을 보존하는 것이다.

仙傳 云 "자고로 飛昇(비승)한 사람이 3천이고 拔宅(발택)한 사람이 8백이며 坐脫立亡(좌탈입망: 앉아서 임종함)한 사람은 그 수를 헤아릴 수가 없다"고 하였다.

무릇 이러한 것은 모두 學하여 知하고 苦로서 成한 것으로 不學하고 不苦하며 능히 알고 능히 이룬 사람은 없는 것이다.

세간에는 生知者가 몇 사람쯤 되고 學知者가 많이 있다. 비록 生知라 말하며 근두(筋斗)를 뒤집어야 하므로 즉 어리석은 점이 있어 배우지 않으면 이룰 수가 없고 배워야 비로소 이룰 수가 있는 것이다. 고로 석가도 또한 스승이 연등이시고 공자도 또한 스승이 項橐(항탁)이시고 노자도 또한 반드시 元始를 스승으로 하셨다.

鐘, 呂, 劉, 王, 張, 石, 蘖, 陳, 白(종리권, 여순양, 유해성, 왕중양, 석행림, 설자현, 백옥섬)등 모든 조사들께서도 모두 脈脈相續(맥맥상속)하고 口口相授(구구상수)하셨으니 능히 배워야 능히 이룰 수 있고 배우지 않으면 이룰 수 가 없음을 알 수 있다. 學의 功力이 어찌 적었겠는가?

세간의 호도학인이 자기의 性命을 귀중히 볼 줄을 몰라 자기의 身心을 修持(수지)하지 않고 몸이 道가운데 있으면서 자기에게 도가 있음을 알지 못하고 몸이

寶林(보림)에 머물면서 현재 보배가 있음을 알지 못한다. 거짓을 인정하고 眞을 버리고 虛로 實을 삼는다.

혹 말하기를 性命은 長短(장단)이 있어 定數가 있는 것이니 사람이 능히 이길 수가 없다고 하거나, 혹 말하기를 仙聖은 天生인 것이지 범인이 능히 배울 수 있는 것이 아니라고 하고, 혹 대도는 지극히 심오하여 쉽게 알 수가 있는 것이 아니라 하여 자포자기하며 스스로 한계를 긋고 苦海(고해)에 머무는 것을 감내하며 沈淪(침륜)하여 헛되이 인류가 된 것이다.

특히 이미 인류에 있으면 負陰抱陽(부음포양; 음을 지고 양을 싸안음)한 즉 천지의 조화가 있어 사람마다 가히 성현이 될 수 가 있고 사람마다 가히 선불을 이룰 수가 있는 것이다.

단 지성으로 進步하고 屈己求人(굴기구인: 자신을 낮추고 사람을 구함)하여 가까운데서 먼 곳에 이르며 經久(경구)되어도 게으르지 않아야 한다.

시험 삼아 살펴보면 산중에 여우나 이리 원숭이나 사슴은 축류인데 存神養氣(존신양기)하고 窟穴(굴혈)의 고요한 곳에서 年久功深(년구공심)하면 또한 능히 隱形變化(은형변화)하고 延年益壽(연년익수)하는데 하물며 사람은 만물의 영장인데 어찌 수도하여 이루지 못할 사람이 있겠는가?

만약 道를 이루지 못한다면 어찌 짐승과 다름이 있겠는가?

내가 진심으로 학도하는 사람에게 속히 暴棄關門(포기관문)을 타통하여 뜻을 세워 방향을 바꾸지 않고 태어난 이후의 기질인 偏病(편병)과 習染(습염)과 累贅(루췌: 군더더기가 쌓인 것)를 잡아 한 반에 일제히 소제하여 버리고 전심으로 도를 사모하고 괴로운 고통 중에서 연마하여야 한다.

알지 못한 사람은 반드시 배워서 알려고 하고 不能者는 반드시 배워서 能하려고 하여서 개과천선하고 存誠去妄(존성거망)하여 시종여일하며 영원히 다시 변함이 없다면 대도를 가히 기대할 수 있는 것이다. 그렇지 않고 자포자기하여 性命을 귀중히 여기지 않으며 道義(도의)를 귀히 여기지 않고 헛되이 취생몽사로 세월을 보내 일생을 헛되이 하여 한번 몸을 잃어버리면 만겁에도 어려운 것이다.

29. 누채관(累債關)

修真大道

부모께서 양육한 은혜를 갚지도 못하는데 어떻게 皇王(황왕)의 水土 은혜를 갚으며 十方의 채무를 어떻게 갚을 수 있겠는가?

讀通關文

至聖曰：「士志於道。而恥惡衣惡食者，未足與議也。」

邱祖曰：「粒米文錢皆農夫之血膏，豈無功而可受？」

此皆言學者須當以道為重，而不可苟圖衣食也。

夫修道者，所以為性命也。此身未離塵世，雖衣食不能廢，但不因衣食而誤性命大事。

自古祖師教人素位而行：素富貴，行乎富貴；素貧賤，行乎貧賤。不必一定乞衣食於十方。

因其上智少而中下多，故行持有安勉之分，難易之別，教人量力行之耳。

蓋上智者有大身分，有大力量，不妨在市居朝，處於富貴場中，而能做出不染富貴之事，不待借人之力，直登道岸。若中下者，身分低，力量小，不能一了百當，居富貴便為富貴所累，有妨大事，故教脫離富貴，忍辱乞化，隨緣度日，困心衡慮，磨煉性氣，從實地上做事業，在艱難處用工夫。

亦有上智之人，不愛富貴，擺脫恩愛，而甘受貧淡，一衲一瓢，遊食糊口，潛修密煉，使人不識，易於為功。凡此皆不在衣食上留心，但不過借十方之力，暫以養此皮囊耳。

既不能報父母養育之恩，又不能報皇王水土之恩，累下十方賬債，怎的消化？

世間糊塗學人，不知十方血汗，非可輕易空受，捨其性命大事，乃以衣食為重，東募西化，飽食暖衣，正事不幹，閒遊浪蕩，絕不思出家所為何事。

更有一等作孽漢，頭頂道冠，心藏盜蹠，苟圖衣食，設法哄騙。或借燒煉而竊人財物，或裝高明而受人供養，或借修廟而善中生機，今日入善人之家而化錢，明日尋學好之人而乞米。東拐西騙，耍錢賭博，吃酒咽肉，挪下十方口債，將何抵擋？

邱祖所謂：「兩隻角，或有或無；一條尾，千定萬定者是也。」

吾勸真心學道者，速將累債關口打通，隨緣護口，淡泊養身，一絲一線，當思來處不易，一飲一食，須知成就惟艱。時時努力，步步加功，期必至於道成德備而後已

果能到道成德備之時，不但消化十方債賬，即無始劫以來宿孽，皆一筆勾消，方且衣天衣，食天祿，而況塵世之物乎？

否則，只知累債，不知消債，只知挪債，不知還債。無功無行，罪積如山。妄想知道，難矣！

勸真心學道者

至誠 曰 "도에 뜻을 둔 선비가 衣(옷)와 食(먹는 것)에 부끄러움을 느낀다면 족히 더불어 논의할 것이 없다"고 하였고

邱祖 曰 "쌀알이나 돈은 농부의 血膏(혈고: 피 고름)인데 어찌 功이 없이 받을 수 있겠는가?" 라고 하였는데

이것은 모두 학자는 모름지기 도를 귀중히 여기고 衣食(의식)을 도모하면 안 됨을 말한 것이다.

무릇 수도란 性命을 위한 것으로 이 몸이 塵世(진세:

티끌세상)를 떠나지 못한 까닭에 비록 衣食을 폐할 수는 없으나 단 의식으로 인해 性命의 대사를 그르칠 수가 없는 것이다.

자고로 조사께서 사람을 素位(소위)[40]로 행하라고 가르치셨는데 원래 부귀하면 부귀를 행하고 원래 가난하면 가난한대로 行하여 반드시 일정한 기간 동안 十方으로 衣食을 구걸할 필요는 없는 것이다.

上智는 적고 中下는 많은 까닭에 行持(행지)에 安勉(안면)의 나뉨과 難易(난이: 어렵고 쉬움)의 구별이 있어 사람들에게 자기의 역량에 따라 行하라고 가르치신 것이다.

대개 上智者는 大身分과 大力量이 있어 市朝(시조; 저자거리나 조정)에 머물러도 방해가 안 되는 것이니 부귀한 중에 처하여도 능히 부귀의 일에 물들지 않고 사람의 힘을 빌리지 않아도 곧 바로 道岸(도안)으로 오를 수 있다. 만약 中下者라면 신분이 낮고 역량도 적어서 一了百當(일료백당)할 수가 없어서 부귀에 居하면 곧 부귀에 묶여 대사에 방해가 된다. 고로 부귀에서 벗어나라고 가르치고 乞化(걸화)로 인욕하고 인연 따라 세월을 보내 困心衡慮(곤심형려)하여 性氣를 연마하여 實地(실지)를 따라 사업에 힘쓰고 艱難(간난)한 곳에 있으면서 공부하는 것이다.

또한 上智의 사람도 있는데 부귀를 사랑하지 않고

---

40) 현재 처한 신분에 편안함을 느끼는 것을 말함.

은애도 다 벗어버리고 貧淡(빈담)도 감수하고 한 벌의 옷과 한 개의 표주박으로 遊食護口(유식호구: 떠돌아다니며 입에 풀칠함)하고 潛修密煉(잠수밀련)하여 사람들이 알지 못하게 하니 쉽게 功을 이루는 것이다. 무릇 이것은 모두 衣食에 마음을 두지 않고 다만 十方의 힘을 빌려 이 몸뚱이를 기르는데 불과할 뿐 인 것이다.

이미 부모가 길러준 은혜를 갚을 수 없고 또 임금께서 베풀어준 水土의 은혜도 갚지 못하고 십방에 빚진 부채를 어떻게 갚겠는가?

세간의 호도학인은 十方의 血汗(혈한)을 알지 못하고 가벼이 공짜로 받을 뿐 아니라 그 性命 대사를 버리고 衣食을 귀히 여겨 東慕西化(동모서화)하다가 배부르고 따듯하면 正事(정사)에 관여 않고 한가롭게 노닐며 절대로 출가가 어떤 일인지를 생각하지 않는다. 이미 부모께서 양육한 은혜를 갚지도 못하는데 어떻게 皇王(황왕)의 水土 은혜를 갚으며 十方의 채무를 어떻게 갚을 수 있겠는가?

또 일등의 어리석은 사내가 있는데 머리에는 道冠(도관)을 쓰고 마음속에는 盜蹠(도척; 유명한 도둑의 두목 이름)을 감추고 다만 衣食만 생각하면서 法을 설한다고 시끄럽게 하고 혹 外丹(외단)을 만든다고 사람의 재물을 훔치거나 혹 高明을 가장해서 사람의 공양을 받거나 혹 修廟(수조)를 빌려 善中에 사는 방법으로 오늘은 善人의 집에 들어가 돈을 받고 다음날에는 배우는 것을 좋아하는 사람을 찾아가 쌀을 구걸하고 東西로 바쁘게 다니면서 받은 돈으로 賭博(도박)을 하거나 술이나 고기를 먹어 十方에 口債(구채)를 장차 무엇으로 갚을 수 있겠는가?

구조가 말씀하신 이른바 "두 뿔이 있거나 혹은 있거나 없고 또 하나의 꼬리도 모두 정해진 것이다"라는 것이 이것이다.

내가 진심으로 학도하는 사람에게 속히 累債關口(누채관구)를 타통하여 인연 따라 護口(호구)하며 담박하게 養神(양신)하며 一絲一線(일사일선)이라도 마땅히 가지고 오기까지는 쉽지 않음을 생각하고 一飮一食(일음일식)이라도 모름지기 성취하기가 어려운 줄을 알아 시시로 노력하고 步步(보보)로 功을 더하면 반드시 道成德修(도성덕수)하게 되기를 기대 할 것이다.

과연 능히 道成하고 德修할 때가 이르게 되면 다만 十方의 채무만 갚을 뿐 아니라 무시 겁으로 쌓아온 숙업이 다 일시에 사라지게 되고 바야흐로 天衣를 입고 天祿(천록)을 먹으니 진세의 物과 같겠는가?

그렇지 않고 다만 累債(누채)만 알 뿐 消債(소채: 빚을 갚음)를 모르고 無功無行하여 죄가 산같이 쌓으니 망상으로 도를 알기는 어려운 것이다.

30. 고대관(高大關)

修真大道

너무 높고 커서 나는 성인이고 스스로 잘났다고 하며 剛强(강강)한 성인을 좋아하며 자신만 알고 다른 사람은 안중에 없다.

讀通關文

「道德經」曰：「剛強者，死之徒；柔弱者，生之徒。」

孟子曰：「敬人者，人恒敬之；愛人者，人恒愛之。」

諺云：「自小天下去的，剛強寸步難移。」

此皆言其人宜自卑自下，而不可有自高自大之心也夫。

夫所謂高大者，予聖自雄，剛強好聖，有己無人也。

惟不自高者，終必至於高，不自大者，終必至於大。何言之？不自高者能卑於人，不自大者能小於人。能卑能小，有若無，實若虛。有才而不使，有智而不用。藏其所能，示其無能；本自有知，示其無知；以之應世而世人皆喜，以之學道而師友皆悅。

昔禹聞善言則拜，子路人告之以有過則喜，皆是自卑自下，而不自高自大，故為大聖大賢，而萬古不沒也。

但不自高自大之事，須要真心實意行去，方有所濟。

倘外而勉強卑小，內而傲氣暗藏，是伏戎於莽，內外不應，其心不真，其行不遠。外恭而內不敬，所謂「巧言令色，鮮矣仁」，不但不能去高大之病，而反增其窩禍之病。故不自高，必至於不知有高。

不自大，必至於不知有大，才是高大之病悉化矣。

歷代祖師，已往群真，俱在自卑自小路上，修道立德，久而不怠，是以大成其事，終為小人之所不能及也。

世間糊塗學人，在俗者，或有富貴勢利，而不肯卑小於人；或恃才能學問，而不肯卑小於人；或仗年老齒尊，而不肯插小於人。在道者，或記幾卷丹經，自謂有得，而不肯卑小於人。或學幾段工夫，自負抱道，而不肯卑小於人；或隨心任性，高傲無忌，而不肯卑小於人；或急欲速得，不耐久長，而不肯卑小於人。更有一等詭詐之徒，罔知誠心受教，而反竊取祖師法言，東挪西扯，混說亂講，引誘露話；或師心自用，捉風撲影，班門弄斧，稱能誇長。如此等類，皆是自高自大，不能自卑自小，以性命為大事也。

殊不知性命大道，為世間希有之事，豈可以自高自大而妄想？又豈可以自高自大而輕得乎？

吾勸真心學道者，速將高大關口打通，把一切自滿自足、傲氣雄心，一筆勾銷，從至卑至小處下腳步，實實落落學去。

不但應世無禍無災，而且學道必多受益。否則，自高自大，不能卑小於人，誰肯以高大之事來說？妄想明道，難矣！

勸真心學道者

도덕경 왈 “剛强(강강)한 사람은 죽음의 무리요, 유약한 사람은 生의 무리이라” 하였고

맹자 曰 “사람을 공경하는 사람은 사람이 항상 공경하고, 사람을 사랑하는 사람은 사람이 늘 사랑한다.”고 하였고,

언 曰 “스스로 작고자 하면 천하로 나아갈 수 있으나 剛强(강강)하면 한 걸음도 옮길 수 없다”고 하였는데

이것은 모두 사람은 마땅히 스스로 낮추고 스스로 낮은데 처해야하지 自高自大(자고자대)한 마음이 있어

서는 안 됨을 말한 것이다.

이른바 高大하다는 것은 나는 성인이고 스스로 잘났다고 하고 강한 성인을 좋아하며 자기만 있고 다른 사람은 안중에 없는 것을 말한다.

오직 自高하지 않은 사람이라야 끝내는 반드시 높은 곳에 이르고, 自大하지 않은 사람이란 능히 사람들보다 작아지고 능히 낮추고 작아져서 있어도 없는 것 같고 實해도 虛한 것 같고 재주가 있어도 사용하지 않고 지혜가 있어도 쓰지 않으며 자기의 능력을 감추고 무능을 보이며 본래 스스로 아는 것이 있으나 무지함을 드러내면서 세상에 응하니 세인이 다 기뻐하고 도를 배우니 師友(사우)가 모두 기뻐하는 것이다.

옛날에 禹(우)는 착한 일을 들으면 곧 절을 했고, 子路(자로)는 사람이 자기의 잘못을 告하며 기뻐하였는데 이것은 모두 自卑, 自下로 自高, 自大하지 않은 까닭에 大聖이나 大賢이 된 것이며 만고에 이름이 남아 있게 된 것이다.

단 自高 自大하지 않는 일은 모름지기 진심과 진실한 뜻으로 실천해야 비로소 이루는 바가 있다.

만일 겉으로는 勉强卑小(면강비소)하나 안으로는 傲氣(오기)가 숨어 있으면 이것은 무기를 들고 숨어있는 것 같아서 內外가 불응이며 그 마음이 곧지 않고 그 行이 멀리 미치지 못하며 밖으로는 공경하나 안으로는 불경하니 이른바 巧言令色(교언영색)[41]이니 드물도다.

仁이여! 라는 것이니 비단 高大한 병을 버리지 못할 뿐 아니라 오히려 災禍(재앙)의 병만 보탤 뿐이다.

그러므로 自高하지 않으려면 반드시 高라는 것이 있는 것도 알지 못하여야 하고 自大하지 않으려면 반드시 大가 있는 것도 알지 못하여야 바야흐로 高大한 병이 모두 변화하는 것이다.

역대의 조사와 이미 가신 羣眞(군진)들은 모두 自卑自小한 길에서 수도와 立德하고 오래 되도 게으르지 않아서 그 일을 大成한 것으로 끝내 사람들이 미치지 못한 곳에 이른 것이다.

세간의 호도학인이 세속에 있는 경우에 혹 부귀하고 勢利(세력과 이익)하여 사람들에게 卑小(비소: 작고 비루함)하기를 꺼려하거나, 혹 재능과 학문을 지녀 사람들에게 卑小하기를 꺼려하거나 혹 年老齒尊(년노치존)하여 사람들에게 비소하기를 꺼려하거나, 도에 있는 경우에 혹 몇 권의 丹經(단경)을 기억한 것으로 스스로 얻은바가 있다하여 사람들에게 卑小하기를 꺼려하거나, 혹 몇 단계 공부를 배웠다고 스스로 도를 가졌다고 자부하여 사람들에게 卑小하기를 꺼려하거나 혹 隨心任性(수심임성)하여 高傲(고오: 높히고 교만함)하여 거리낌이 없어 사람들에게 卑小하기를 꺼리거나 혹 급히 얻으려고 오래 인내하지 못하고 사람들에게 卑小하기를 꺼리거나하며, 다시 한 종류의 詭詐(궤사)한 무리가

41) 입으로는 맞다고 하나 마음으로는 아니라고 하는 것을 말한다.

誠心으로 가르침을 받아야 함을 알지 못하고 오히려 조사의 法言을 훔쳐서 東西로 다니면서 혼란된 말과 어지러운 강의로 끌어들이려는 말을 하거나, 혹 師心을 도용하여 바람과 그림자를 잡는다하며 과장된 말을 하는 이와 같은 무리들은 모두 自高自大한 자들로서 自卑 自小하여 性命으로 대사를 삼을 수 없는 것이다.

특히 性命 대도가 세간에서 희유한 일인 줄을 알지 못하니 어찌 自高 自大한 망상을 부리지 않을 수 있겠는가? 또 어찌 自高 自大한 자가 가볍게 얻을 수 있겠는가?

내가 진심으로 학도자에게 속히 高大關口(고대관구)를 타통하여 일체의 자만과 자족, 그리고 傲氣(오기)와 雄心(웅심)을 잡아서 한 칼에 잘라 버리고 至卑 至小한 데서부터 한 걸음씩 實實落落(실실락락) 배워나가기를 바라는 바이다.

다만 應世(응세: 세상일에 응함)에 재앙이 없다면 또한 학도에 반드시 이익이 있을 것이다. 그렇지 않고 自高 自大하여 사람들에게 卑小(겸손하여 자신을 낮춤)하지 못한다면 누가 高大한 일을 와서 말해 주겠는가? 망상으로 도를 밝히기는 어려운 것이다.

31. 장식관(粧飾關)

修真大道

혹 사람이 웃으면서 하는 말이 두려워 반드시 衣巾(의건)[42]을 아름답게 꾸미고, 몸이 추울 까봐 의복을 많이 장만하고, 아름답게 보이려고 장식을 하거나 머리에 구리로 된 장식을 하거나, 사람의 이목을 눈부시게 하여 떠들썩하게 공양을 받거나, 혹 閉關(폐관)[43]하여 坐圜(좌환)[44]한다고 하며 명예를 끌어당기려 한다.

讀通關文

「道德經」曰：「田甚蕪，倉甚虛。服文采，帶利劍。

---

42) 의건: 옷과 머리싸개로 고대 두건의 하나.
43) 폐관: 일정한 기간 동안 일체의 접촉을 끊고 독거수행을 하는 것을 말함.
44) 좌환: 人事를 모두 끊고 오직 참선타좌만을 하는 것.

厭飮食，財貨有餘，是謂 盜竽非道也哉。」

「南華經」曰：「凡外重者內拙。」

孟子曰：「令聞廣譽施於身，所以不願人之文繡也。」

凡此皆言其修道者，決不可務外失內，棄真以從假也！

蓋性命之學，真著實用之事，一些虛假入不得，一毫做作用不著。

稍有虛假做作，不但不能修性命，而反有以壞心地。故自古修真上士，以性命為重，一衲一瓢，蓬頭跣足，隨緣度日，不愛華美，並無些兒妝飾；大智若愚，大巧若拙，和光同塵，與庸俗為伍，使俗眼不識耳。

昔慧能大士　隱於四會獵人之中，道光禪師棄僧還俗，以了大事，重陽帝君 歇宿於活死人墓，長春 大起塵勞，紫清把茅蓋頂，三豐衣破鞋穿，皆系為性命大事，置色身於度外，而不在色身上打點妝飾也。

又如咸陽 張瘋仙 隱跡於農夫之內，涅中 張睡仙身臥於冰灘之旁，白石 梁仙翁 打水運漿以混俗，我仙留老師背河打樵以磨煉。

以上群真，無非明裏攻苦，暗中用功，何嘗莊嚴身體，修飾外貌？

特以所重者在內，所輕者在外，顧其真而棄其假也。

世間糊塗學人，所重者在外，所輕者在內，認其假而棄其真，事事與古人相反。或怕人笑話，而必衣巾華美；或恐懼凍著，而必多衣多服；或妝模做樣，丫髻銅箍；或衲絛異樣，大搖大擺；或耀人耳目，哄人供養；或坐圜閉

關，沽名釣譽

如此行藏，只在假事中做工夫，何嘗在性命上用心思？認其假而務其假，妄冀得真，如海底撈月，鏡中摘花，終落於空！

吾勸真心學道者，速將妝飾關口打通，斂華就實，粗衣破裳，本本分分，淡淡泊泊，以性命為重，以道德為貴，反邪歸正，事事落實，方有進益。

否則，以無為有，以虛為實，務外失內，棄真從假。妄想明道，難矣！

勸真心學道者

도덕경 曰 "밭이 황폐하고 창고가 비었는데 옷은 화려하고 허리에 칼을 차고, 맛없는 음식은 싫어하고 財貨(재화: 돈)는 남아도는 이런 것으로 도를 삼는다면 도가 아닌 것이다"라고 했고,

남화경 曰 "밖을 중히 여기는 자는 내면이 졸렬하다"고 하였는데,

이것은 모두 수도자는 결단코 밖에 힘써 안을 잃어버리거나 참을 버리고 거짓을 쫓아서는 안 됨을 말한 것이다.

性命의 학은 진실로 실용적인 일에 착수하는 것으로

하나의 거짓이라도 들어오게 하면 안 되고 한 터럭만큼이라도 작용하여 달라붙으면 안 되는 것이다.

조금이라도 虛假(허가: 헛되고 거짓 됨)의 작용이 있으면 다만 性命을 닦을 수 없을 뿐 아니라 오히려 心地(심지)가 훼손된다. 고로 자고로 진리를 닦는 上士는 性命을 귀중히 여기고 한 벌의 옷과 한 개의 표주박으로 蓬頭洗足(봉두세족)45)하고 인연 따라 세월을 보내고 華美(화미: 아름다운 꽃)를 좋아하지 않고, 아이처럼 장식하지 않고 大智(대지: 큰 지혜)가 있어도 愚(우: 어리석음)같이 하고 大巧(대교: 큰 재주)라도 졸렬한 것과 같이 하고 화광동진46)하여 庸俗(범용: 범부나 속자)과 짝이 되고 속안으로 알지 못하게 하여야 한다.

옛적에 혜능대사가 四會(사회)에서 사냥하는 사람들 속에 숨은 것 같고, 도광선사가 스님을 버리고 환속하여 대사를 마친 것 같고, 중양제군이 活死人墓(활사인묘)47)에 머물면서 쉰 것 같고, 장춘이 크게 塵勞(진로)를 일으킨 것 같고 자청이 풀을 뽑아 지붕위에 덮은 것 같고, 삼봉이 옷이 헤지고 신이 뚫린 것 같은 것은 모두 성명의 대사를 위하여 육체를 도외시 한 것으로

45) 봉두세족: 흐트러진 머리털이나 발을 깨끗이 닦음.

46) 화광동진: 자신의 智德(지덕)과 才氣(재기)를 감추고 속세와 어울리는 것.

47) 북파의 창시자인 왕중양의 일화에서 나온 말로서 일찍이 중양진이 감하교에서 종리권과 여순양 진인을 만나 비결을 전수받은 후에 남시촌에 한 무덤을 지어 위의 명패에다 "王害風靈位(왕해풍영위"라고 써놓은 다음 명패 아래의 땅을 몇 장 판 다음 혼자 그 안에 들어가 2년 정도를 머물면서 공부하였는데 그는 스스로 이곳을 활사인묘라고 불렀다.

色身(색신)을 장식하는데 있는 것이 아니다.

또 함양 장풍선은 농부의 집에 자취를 숨겼고, 열중 장수선은 몸을 얼음 옆에 눕혔고, 백석 량선옹은 물레방아를 돌리면서 混俗(혼속: 세속과 섞여 삶)하였고 나의 선유 노사는 등에 땔감을 지고 연마하였다.

이상의 羣眞(군진: 여러 진인)은 밝음 속에서는 苦功(고공: 각고의 노력)하고 어두운 속에서는 用工(용공)하였으니 어찌 신체를 장엄하고 외모를 꾸미었겠는가?

특히 중하게 여긴 것은 內이고 가볍게 여긴 것은 外이며 그 眞(진: 참된 것)을 돌아보고 그 假(가: 거짓)는 버린 것이다.

세간의 호도학인이 중요시하는 것은 外이고 가볍게 여기는 것은 內이며 그 假는 인정하나 그 眞은 버리는 것이다. 일마다 고인과는 상반되며 혹 사람이 웃으면서 하는 말이 두려워 반드시 衣巾(의건)을 아름답게 꾸미고 혹 몸이 얼을 까봐 반드시 의복을 많이 장만하고, 혹 아름답게 보이려고 장식을 하거나 머리에 구리로 된 장식을 하거나 혹 사람의 耳目이 눈부시게 하여 떠들썩하게 공양을 받거나, 혹 閉關(폐관)하여 坐圜(좌환)하며 명예를 끌어당긴다.

만일 이같이 行藏(행장: 내력, 비밀, 내막 행적)한다면 단지 假事(거짓된 일) 중에 공부를 짓는 것이니 어찌 性命上에 心思(심사)할 수 있겠는가? 그 假를 인정하여 假에 힘쓰고 망령되게 眞을 얻기 바라니 마치 바다밑바닥에서 달을 찾으며 거울 속에서 꽃을 따려고 하지만 끝내는 공망에 떨어질 뿐이다.

내가 진심으로 학도자에게 속히 粧飾關口(장식관구)를 타통하여 斂花(감화: 화려함을 거둠)하여 실제에 힘쓰며 누더기 옷이나 찢어진 옷으로 본분을 삼고 담박하게 하여 性命을 귀중히 여기고 도덕을 귀하게 여기기를 바라는 바이다. 反邪歸正(반사귀정)[48]하고 일마다에 실제적이라면 참으로 진보가 있을 것이다.

그렇지 않으면 無로 有를 삼거나 虛로 實을 삼거나 外에 힘쓰고 內를 잃어버리고 眞을 버리고 假를 쫓게 되는 것이니 망상으로 도를 밝히기는 어려운 것이다.

---

48) 반사귀정: 삿됨을 버리고 바름으로 돌아오는 것.

32. 가지관(假知關)

修真大道

학도에는 반드시 眞知確見(능지확견)이 중요하니 알지 못하면서 안다고 하면 대사를 그르치게 된다.

讀通關文

至聖曰：「知之為知之，不知為不知，是知也。」

老祖曰：「知不知上，不知知病。」

紫陽真人曰：「縱識朱砂與黑鉛，不知火候也如閑。大都全藉修持力，毫髮差殊不結丹。」

緣督子曰：「學道之士，得內外藥物之真，兩段作用之全，合大造化，方得所傳。苟有毫髮差殊，未免天地懸隔。」

此皆言學道必須要真知確見，而不可以不知為知，有誤大事也。

夫學人尋師訪友者，以其不知而欲求其知也。

求知必要知其何者是性？何者是命？何者是陰陽？何者是五行？何者是先天？何者是後天？何者是下手？何者是休歇？何者是有為？何者是無為？何者是鍛煉？何者是溫養？何者是接命？何者是了性？自始自終，大徹大悟，絕無一點疑惑，方是四通八達，真知確見，而行持無差矣。

倘知性不知命，知命不知性，知陰陽而不知五行，知後天而不知先天，知下手而不知休歇，知有為而不知無為，知鍛煉而不知溫養，知接命而不知了性，總不謂知道。既不知道，焉能行道？

蓋性命之學，知的一分，行的一分；知的十分，行的十分。未有不知而能行者，是以修道者，貴乎先求其知也。

但求知須要先知的自己有知有不知，果是實實知的此一件事，方可云已知之。

若稍有些兒疑惑，似是而非，不謂是知。再當求人開明，心地豁亮，疑惑盡釋，方謂是知。

萬不可以不知為知，耽誤自己。

世間糊塗學人，不知性命是什麼，修行是怎樣。學此旁門做作，曲徑擺弄，糊裏糊塗，自謂知道，冒然下手，非徒無益，而反受害。

更有一等造孽漢，以無為有，以虛為盈，不辨是非，不究邪正，以假作真。

自己受傷，明知有錯，尚裝高人。更將錯路又去教人，使人又錯，陰惡尤甚！

亦有親近明師，耳聽幾句話頭，不曉細嘗滋味，以記話頭為知，便在人前賣弄。或有看過幾卷丹經，循行數墨，隨心猜量，無頭無尾，亦謂有知。縱有明師在前，不求印證。如此等類，俱是以不知為知，是謂假知，而非真知。古今學人蹈此轍者，不可枚舉。

嗚乎！性命之事為何事？而乃如是荒唐，自欺欺人耶！殊不知知徹，方能行徹，竭力審辯，細心追求，猶恐知之不到，行之不通，必要求師，而況不知自裝其知者乎！

吾勸真心學道者，速將假知關口打通，把自作聰明心腸掃去。未知者急求其知，已知者更求深知。

性命事大，至道幽微，必須極深研　幾，愈知愈入，必到水盡山窮，見得底落而後已。

若假裝高明，以性命為兒戲。未知者終不知，稍知者難深知。妄想明道，難矣！

勸真心學道者

至聖 曰 “아는 것을 안다고 하고 모르는 것을 모른다하는 이것이 바로 아는 것이다”고 하였고,

老祖 曰 “알면서도 모른다고 하는 것이 으뜸이 되고,

모르면서 안다고 하는 것을 病이라 한다."고 하였고,

자양진인 曰 "설령 주사와 흑연을 안다고 해도 火候(화후)를 알지 못하면 한가로울 뿐이라. 대도는 전부 修持力(수지력)을 빌려야 하니 터럭이라도 어긋나면 丹을 맺지 못한다."고 하였다.

연독자 曰 "도를 배우는 사람은 內外 藥物(약물)의 眞과 兩段作用(양반작용)의 전부를 얻어 대 조화와 합하여야 비로소 전한 바를 얻는 것이다. 만약 터럭이라도 어긋나면 천지가 懸隔(현격: 멀리 떨어짐)함을 면할 수 없는 것이다"라고 하였다.

이것은 모두 학도에는 반드시 참을 알아 확신하는 것이 필요한 것으로 알지 못하면서 안다고 하면 대사를 그르치게 된다.

무릇 학인이 스승을 찾고 도반을 찾는 것은 모르는 것을 구하여 알고자 하기 때문이다.

알려고 하려면 반드시 무엇이 性이고 무엇이 命이며 무엇이 陰陽이며 무엇이 五行이며 무엇이 先天이며 무엇이 後天이며 무엇이 下手[49]이며 무엇이 쉬는 것이며 무엇이 有爲[50]이며 무엇이 無爲이며 무엇이 단련이며 무엇이 溫養(온양)이며 무엇이 接命(접명)[51]이며 무엇

---

49) 하수; 공부에 처음 착수하는 것.

50) 유위: 혜명경 주석에 靈機(영기)를 쟁탈하는 有爲 공부가 있다고 하였는데, 여기서 영기란 淫機(음란한 기틀)로 오르가즘을 말한다고 본다.

51) 접명: 내단 수행을 통해 환정보뇌하여 신체가 건강한 상태에 이르고 수명을 늘려 장생하는 것.

이 了性인지 처음부터 끝까지 대철대오(아주 확실하게 깨달음)하여 절대로 한 점의 의혹이 없어야 비로소 사통팔달(막힘이 없음)하고 참된 앎을 확신하여 行持(행지: 수행을 유지함)에 어긋나지 않게 된다.

만약 命은 아나 性을 알지 못하고 음양은 아나 무위를 알지 못하고 단련은 아나 온양을 알지 못하고 접명은 아나 了性은 알지 못한다면 그것은 도를 안다고 할 수가 없다. 이미 도를 알지 못하면 어떻게 도를 행하겠는가?

性命의 學은 一分을 알면 一分을 행하는 것이고 十分을 알면 十分을 행할 수 있다. 알고 있으면 능히 행한다는 것은 바로 수도자가 먼저 그 아는 것을 귀히 여기는 것이다.

단 알고자 하면 모름지기 자기의 知가 不知한 것을 알아야 한다. 과연 實實(실실)로 이 한 건의 일을 안다면 바야흐로 이미 안다고 할 수 있는 것이다.

만약 이것에 의혹이 있다면 맞는 것 같으나 틀린 것이니 바로 안다고 할 수 없는 것이다. 다시 求人開明하여 心地가 豁亮(활량)하여 의혹이 다 풀어지면 비로소 안다고 할 수 있다.

만일 不知(알지 못함)하면서 안다고 하면 안 되는 것이니 자기의 그르침을 짊어져야 한다.

세간의 호도학인이 性命, 이것이 무엇인지를 모르고 수행이 어떤 것인지 모르고 방문을 힘써 배워 잘못된 길로 가고 정신도 모호하면서 스스로 도를 안다고 하며 홀연히 下手하니 비단 무익할 뿐만 아니라 오히려 해를 입는다.

다시 한 종류의 造孼漢(조얼한: 얼토당토 않는 사람)이 있는데 無로 有를 삼고 虛로 盈을 삼고 시비를 분별하지 않고 邪正도 궁구하지 않고 거짓을 참으로 삼는다.

자기가 상함을 받으면 밝게 잘못이 있음을 알고 만약 高人이라 하며 다시 잘못된 길을 가리키며 또 사람을 가르친다고 가서 사람들로 잘못되게 하니 陰惡(음악: 음하고 악함)이 더욱 심한 것이다.

또한 친근한 明師(명사)가 있어 귀로 몇 마디 말을 듣고서 세미한 滋味(자양분 되는 맛)를 깨닫지도 못하면서 화두를 외워가지고 안다고 하고 곧 사람들 앞에서 돈을 요구하거나 혹 몇 권의 丹經을 읽은 것 가지고 循行數墨(순행수묵)하고 隨心(마음에 떠오른 생각)으로 헤아리거나 無頭無尾(무두무미)하면서 또한 안다고 하니 설령 明師가 앞에 있어도 인증을 구하지 않으니 이와 같은 무리들은 모두 알지 못하면서 안다고 하는 것이다. 이것은 假知로 眞知가 아닌 것이다. 고금의 학인이 이와 같은 전철을 밟은 사람이 부지기수 이다.

오호라! 性命의 일이란 무슨 일인가? 이와 같이 황당하여 자기도 속고 남도 속이니 특히 투철하게 알아야 비로소 투철하게 행할 수 있는 것을 알지 못하니 힘을 다해 세밀히 분별하고 세심하게 추구한다 해도 오히려 아는 것을 이르지 못하고 行하여도 통할지 못할 까 두려운 것이다. 반드시 明師가 필요한데 하물며 알지도 못하면서 스스로 안다고 뽐내는 것이랴?

내가 진심으로 학도자에게 속히 假知關口(가지관구)를 타통하여 스스로 총명하다는 마음을 없애버리고 알지 못하는 것은 급히 구하여 알아야 하고 이미 아는 것은 다시 구하여 깊이 알아야 한다.

性命의 일은 크고 至道는 幽心(유심)하니 반드시 極深研幾(극심연기)하여 더욱 알고 더욱 들어가면 반드시 물이 다하고 산이 다하는데 이르러 그 바닥을 보게 될 것이다.

만약 거짓으로 고명하다고 꾸미고 性命을 아이들 장난으로 여긴다면 알지 못하는 것은 끝내 알지 못하고 조금 아는 것도 깊이 있게 알기는 어려운 것이다. 망상으로 도를 밝히기는 어려운 것이다.

33. 음악관(陰惡關)

修真大道

말로 사람을 다치게 하거나 혹 일하는데 거짓이 있을 때 귀로 들어도 못들은 것 같이 하고 눈으로 보아도 보지 못한 것 같이 하여 모두 사람에 따라 응대하고 허물이 있어도 마음에 두지 않아야 한다.

讀通關文

「易」曰：「同人於野，亨。」

至聖曰：「躬自厚而薄責於人，則遠怨矣！」

老祖曰：「道沖而用之，或不盈。」

此皆言持身應世，須要性情和平，而不可暗藏陰惡，有妨於道也。

夫學道之人，原因不好欲學好，有惡欲去惡也。但學好去惡，尤貴無心，最忌有心

無心則無我，無我則無人，無人無我，人即是我，我即是人，人我兩忘　雖人有淩辱也不知，人來欺哄也不知，人來戲謔也不知，人故加害也不知，耳聞　譭謗也不知，身遭大難也不知。

一切外遇，逆順境界，皆以無心應之,不結仇結冤，處於無事而已。

即如同堂學事，善惡賢愚不一。一人一性，百人百性，怎合我意？

或言語有傷，或行事有偽。耳聞如不聞，眼見如不見，皆當隨人應過而不記較。

又如師尊教訓指摘斥喝，必有過犯，更宜急速改去，加倍留心。況真師教人，揀選良材，果是志士，分外磨煉，以添志氣。若是廢材，聽其自便，置於不問而已。故學道者，不論應世從學，皆要不起私心，常存公心，方有進益。

世間糊塗學人，只要人順己，自不去順人。只要人奉承，不喜人直言。

稍有觸犯，即便不快。忘人大恩，記人小怨。陰毒藏於心胸，累年積月不能放過。雖外而巧言令色，內而暗伏鋒芒，不至報復而不已。

即或自有過咎，師友指摘規戒，不知自悔。明則強辯是非，暗則譭謗結冤，陰毒無比。

便是 匪人，絕不思性命大道，豈許非人所知，陰毒所得？所謂「嗔不除，志不改，墮入生死輪回海，」可不悲哉！

吾勸真心學道者，速將陰惡關口打通，把生平嗔恨毒氣，昏愚惡念，一概除去，和平應物，事事讓人。擔的重，受的辱。從大火坑中鍛煉，在爭勝場內掙出，萬有皆空，一毫不納，終久得遇真師，提出苦海。

否則，一言一語，不能受的，磕著撞著，便生煩惱，蛇蠍積胸，蜂虻滿肚。妄想聞道，難矣！

勸真心學道者

역 曰 "同人(동인)[52]이 들판에 있으니 亨(형통)하다" 고 하였고

至聖 曰 "몸소 自厚(자후: 스스로 덕을 두터이 함)하며 사람을 야박하게 책망하지 않으면 원망이 멀어진다."고 하였고

老祖 曰 "道冲而用之(도충이용지)하나 혹 가득차지 않음이라"하였는데

52) 주역의 천지비괘 다음에 오는 괘로 동인인데 군자가 밖에 있고 소인이 안에 있으면 나라가 소인들 때문에 어지러우니 재야에 뜻을 같은 이들이 모이게 된다.

이것은 모두 持身(지신)하여 應世(세상에 처하는 처세)해야 함을 말한 것으로 모름지기 性情(성정)이 화평하여 暗藏陰惡(암장음악)한다 해도 도에 방해가 있어서는 안 되는 것이다.

무릇 학도하는 사람이 학문을 좋아하지 않는 이유는 惡으로 향하고자 하는 惡이 있기 때문이다. 단 學을 좋아하고 惡을 싫어해야 하며 더욱 無心을 귀하게 여기고 有心을 가장 꺼린다.

無心이면 無我이고 無我이면 無人이니 無人하고 無我해야 한다. 人은 즉 我로 我이면 즉 人이라. 人我를 모두 잊으면 비록 사람이 능욕함이 있어도 알지 못하고 사람이 모두 속이고 떠들어도 알지 못한다. 사람이 와서 희롱하고 멸시해도 알지 못한 체 하고 사람이 고의로 해를 가해도 알지 못하고 귀로 훼방을 들어도 알지 못하고 몸이 大難(대난)을 만나도 알지 못한다.

일체 밖으로부터 逆順(역순)의 경계를 만나도 다 無心으로 응하여 원수의 마음을 맺지 않고 無事(일 없음)한데 처할 뿐이다.

예를 들면 同堂(같은 학교)에서 같이 배우는데도 善惡賢愚(선악현우)가 하나같지 않고 一人이 一姓이고 百人은 百姓인데 어찌 모두가 나의 뜻에 합하겠는가?

혹 말로 상함이 있거나 혹 일을 처리함에 거짓이 있을 때 귀로 들어도 못들은 것같이 하고 눈으로 보아도 보지 못한 것 같이 하여 모두 사람에 따라 응대하고 허물이 있어도 계산하지 않아야 한다.

또 師尊(사존)으로부터 교훈 중에 잘못을 지적받아 잘못이 있으면 마땅히 급히 고치고 마음에 명심해야 하거늘 하물며 眞師께서 사람을 가르치실 때 우수한 인재를 뽑아 가려 과연 志士이면 따로 磨煉(마련)하여 志氣(지기)를 보태게 하고 만약 못쓸 인재라면 그가 하는 대로 놔두고 불문에 붙일 뿐이다. 고로 학도자는 세상에 응하거나 학문을 따르는 것을 막론하고 다 사심을 일으키지 말고 항상 공심이 있어야 비로소 진보가 있는 것이다.

세간의 도를 좋아하는 학인은 단지 사람이 자기를 따르게 하고 자기가 順人하려고 하지 않는다. 단지 사람이 자기를 奉承(봉승: 잘 받들고 따라줌)하기를 바라고 사람에게 직언하기를 좋아하지 않는다.

조금이라도 거스르면 곧 불쾌하여 사람의 큰 은혜를 잊고 사람의 작은 원망만을 기억하여 陰毒(음독)을 심장 속에 감추고 해를 거듭 쌓아 용서하지 않는다. 비록 밖으로는 巧言令色(교언영색)[53]하나 안으로는 남모르게 칼을 숨기고 있어 보복하지 않으면 결단코 끝내지 않는 것이다.

혹 스스로 잘못을 저지른 것을 師友(스승과 도반)가 規戒(규계: 지켜야 할 규정)로 지적하면 스스로 반성할 줄 모르고 밝은 데서는 시비를 강변하고 어두운 데서

53) 남의 환심을 사려고 아첨하는 교묘한 말과 보기좋게 꾸미는 얼굴빛.

는 훼방하여 원수를 짓는 것이니, 그 음독을 비교할 수 없다.

곧 이 사람은 잘못된 사람으로 절대로 性命의 대도를 생각하지 않으니 누가 잘못된 사람에게 알게 허락하겠는가? 음독을 얻어 이른바 화냄을 버리지 못하고 태도도 바꾸지 않아 마침내 생사윤회의 바다로 들어가는 것이니 어찌 슬프지 않겠는가?

내가 진심으로 학도자에게 속히 陰惡關口(음악관구)를 타통하여 평생 嗔恨毒氣(진한독기)와 昏愚惡念(혼우악념)을 잡아서 한 번에 다 제거하여 화평한 마음으로 應物(사물에 대응함)하고 일마다 사람에게 양보하고 욕됨을 받아들여 큰 불구덩이 가운데서 단련하고 시끄러운 승부의 세계에서 나와 萬有가 다 空으로 한 터럭도 받아들이지 않아 끝내 오래되면 眞師(진사)를 만나게 되어 고해에서 벗어나는 것이다.

그렇지 않고 한마디 말도 받아들이지 못하고, 괴로워하여 번뇌가 생긴다면 蛇蝎(사갈; 뱀이나 전갈)을 가슴에 쌓고 배속에 이가 들끓을 것이니 망상으로 도를 듣기는 어려운 것이다.

34. 탐주관(貪酒關)

修真大道

불가에서 술을 첫째가는 계율로 삼은 것은, 술로 인한 해가 가장 크기 때문이다.

讀通關文

孟子曰：「禹惡旨酒，而好善言。」

呂祖曰：「酒色財氣四堵牆，人人俱在裏邊藏。有人跳出牆兒外，便是長生不老方。」

此皆教人不可貪酒，而壞正事也。

蓋酒為四害之首，一貪於酒，酒醉性迷，色心於此而起，財念於此而生，氣性於此而發。財色與氣，皆由酒起，喪德敗行.

亦因於酒，甚至任性亂行，蹈於水火而不知，陷於刀兵而不曉。古來多少聰明良材，英雄豪傑，往往皆遭此難，自喪性命；亦有性格良善，自有把持，貪酒不至亂，色與財氣不能染者。雖不亂不染，而神昏氣促，濕熱薰蒸，津液涸而氣血傷，無益有損。

故佛家以酒為首戒，蓋因為害最大也。

世間糊塗學人，借祖師「酒肉穿腸道在心」之語，「不忌腥葷不斷酒」之言，而便貪酒無厭，日在醉鄉，昏昏沈沈，顛顛倒倒，縱性而行。或酒醉而失言傷人

或酒醉而記仇鬧事；或酒醉而拿刀弄棒；或酒醉而赤身露體，信口亂說；或酒醉而倒街臥巷，廉恥不顧；或酒醉而嘔吐傷氣，神魂不安；甚至日久造作成病，飲食不入，至死不忌。亦有專心慕道，諸多偏病皆能去的，惟於此糟粕之味，卻不能戒。

噫！修真之士，務要拔去曆劫根塵，輪回種子。酒不過口頭滋味，外來之物，不是曆劫帶來之根。於此小病，終身且不能去的，如何能拔去曆劫輪回種子？

如此之輩，豈不是以小害大，自尋死路耶？

況此酒之一物，不比飲食湯水。飲食數日不進，即便餓壞，若酒終身不用，有何傷事？如曰解渴，湯水甚便，何必用酒？

到底是貪酒之病深沈，不肯醫治耳！

吾勸真心學道者，速將貪酒關口打通，把好酒的一番意念，用在盡心窮理工夫上，莫被麴魔攪撓。雖酒為小節，

能壞大事，狠力除去，其益甚多。

否則，貪酒無厭，醉生夢死，日在混沌之鄉，常居迷悶之網。妄想明道，難矣！

勸真心學道者

맹자 曰 “禹(우 임금)는 술을 싫어하고 착한 말하는 것을 좋아 한다”고 하였고

呂祖 曰 “酒色財氣(주색재기)의 4담장에 사람마다 모두 속으로 숨는데 담 밖으로 뛰어넘는 사람이 있으니 곧 이것이 長生不老方(장생불로방)이라” 말씀하였다.

이것은 모두 사람에게 술을 탐하여 正事(정사: 올바른 일)를 부수지 말 것을 가르친 것이다.

대개 술이란 4가지 해로움 중에서 첫 번째로 한번 술을 탐하면 술에 취해 성품이 혼미해져서 色心(여자를 탐하는 마음)이 여기에서 일어나고 財念(재물에 대한 생각)이 여기에서 생겨나며 氣性(기질의 성)이 여기에서 일어나는데 財色과 氣과 다 술로부터 일어나고 德을 해치고 行을 패하게 한다.

또한 술로 인하여 심지어는 任性(임성: 성질에 맡김)으로 亂行(난행)하여 水火를 밟아도 알지 못하고 刀兵(도병)에 빠져도 깨닫지 못한다. 고래로 많고 적은 총명한 良材(훌륭한 인재)나 영웅호걸도 왕왕 모두 이러한 어려움을 만나 날마다 性命을 상하였고 또한 성격이 선량하여 스스로 절제함이 있어 貪酒(탐주: 술을 탐함)해도 어지러움에 이르지 않고 色과 財氣가 능히 물들지 못하게 하는 사람도 비록 不亂不染(불난불염)하여도 神이 혼미해지고 氣가 促(촉: 빠르고 불규칙함)하고 濕熱(습열)이 薰蒸(훈증: 삶고 찜)하고 진액이 마르고 氣血이 상하니 무익하고 손해만이 있을 뿐이다.

고로 불가에서는 酒를 첫째가는 계로 삼은 것은 대개 술로 인한 해가 가장 크기 때문이다.

세간의 호도학인이 조사께서 酒肉(주육: 술과 고기)으로 내장을 채우나 도가 마음에 있다고 하는 말과 비린내 나는 것을 금하지 않고 술도 끊지 않는다는 말을 빌려서 곧 貪酒(탐주)를 싫어하지 않고 날마다 醉鄕(취향)에 있어 혼혼침침하고 전전도도하며 성질을 따라 행하거나 혹 술에 취해 실언하여 사람을 다치게 한다.

혹 술에 취해 싸워서 원수진 일을 기억하거나 혹 술에 취해 칼이나 몽둥이를 휘두르거나 혹 술에 취해 옷을 벗어 발가벗거나 호언장담하며 횡설수설하거나 혹 술에 취해 길바닥에 드러누우면서 수치심도 없고 혹 술에 취해 토하면서 氣를 상하고 神魂(신혼)이 불안하거나 심지어는 날이 오래도록 일에 빠져 병이 되어 음식도 먹지 못하고 죽게 되도 금하지 않거나 또한 전심으로 도를 사모하면서 대부분의 병은 다 버렸지만 오직 이 조박한 맛은 오히려 지키지 못한다.

오호라 修眞하는 사람은 힘써 역겁의 根塵(근진)인 윤회의 종자를 뽑는데 힘써야 하는데 술은 불과 입의 맛으로 밖에서 온 물건으로 이것은 역겁의 쌓아 온 根塵도 아닌데, 이러한 작은 병조차도 끝내 버리지 못하니 어떻게 역겁의 윤회종자를 뽑아 버릴 수 있겠는가?

이와 같은 무리들이야 말로 어찌 小로 大를 해치며 스스로 죽음의 길을 찾는 것이 아니겠는가?

하물며 이 술이란 한 물건은 음식과 湯水(탕수: 뜨거운 국물)에 비교할 것이 아니니, 음식은 며칠을 굶으면 배고파 죽지만, 술은 종신토록 먹지 않는다고 어찌 상하는 일이 있겠는가? 만일 목이 말라서 해갈하려고 한다면 물이 한결 편한데 하필 술을 마실 필요가 있겠는가?

마침내 貪酒(술 중독)의 병이 깊어져도 의학으로 치료하려고도 않는 것이다.

내가 진심으로 학도자에게 속히 貪酒關口(탐주관구)를 타통하여 술을 좋아하는 한 생각을 붙잡아 盡心窮理(진심궁리)공부에 쓰고 마귀에 휘둘려서는 안 된다. 비록 술이 작은 일이나나 능히 大事를 부수는 것이니 힘을 다해 제거하면 그 이익이 매우 많은 것이다.

그렇지 않고 貪酒하기를 싫어하지 않고 취생몽사하며 날마다 혼돈의 고향에 있어 늘 迷悶(미민: 번민)한 그물에 머물러 있으니 망상으로 도를 밝히기는 어려운 것이다.

35. 박고관(怕苦關)

修真大道

苦(고: 괴로움)라는 한 글자는 바로 수도자의 병을 치료하는 良藥(양약)이다. 오직 고통을 겪는 것이 바로 心身을 단련하고 큰 병을 치료한다.

讀通關文

「中庸」曰：「人一能之，己百之；人十能之，己千之。果能此道矣，雖愚必明，雖柔必強。」

太古曰：「睡了一時，死了一時；睡了一日，死了一日；日日有功無睡，千日便了事也。」

諺云：「不下苦中苦，難為人上人。」

此皆言大好之事，必須勤苦而後成也。

夫天下最大之事，須最苦之功，日久而方成，

特以苦之大，成之大也。而況性命大事，豈有不苦而成者哉？

苦之一字，為修道者治病之良藥！惟能苦的，方能磨煉的身心，方能調治的大病。故必外而積功行，內而煉意念，勞其筋骨，餓其體膚，空乏其身，處處行功，事事努力，修橋補路，損己益人，忍辱受垢，隨地方便，人好的，我不好；人愛的，我不愛；人難受的，我能受；人難過的，我能過。把有生以來習染事務，一概決去，此外苦也

內而整頓精神，堅固志氣，除去情欲，掃卻妄念，諸般煩惱、一切無明，狠力翦滅，不能去而必欲去，不能除而必欲除，只是一個求道的真心在內。須臾不離，其餘皆不受納，是內苦也。

如此苦去，內外如一，方是真苦，方能治的大病。

昔釋迦雪山修煉，六祖四會用功，邱祖磻溪磨性。如諸聖賢，皆天縱之姿，還要在大苦中度出。而況後世學人，皆中下之流，豈有不苦而成道哉？

世間糊塗學人，不知苦中生甜之樂，要自在得實，安閒成道。聞說下苦，即便生愁；聞說力勞，即便作難；日間惜力養膘，飽食閑浪；夜裏綿被厚褥，長眠大睡。

一些利人之事不做，一點用力之處不行，無數毛病不改。或看幾部丹書，或念幾卷經典，虛裝有道；或雲遊乞化，飽食暖衣，即為本事；或坐寺居觀，住持焚修，不受

飢寒，以為消交。如此等類，絕不思拋離父母、丟棄妻子，所為何事！

若以出家為衣食，與俗人何異？何必累十方債賬，豈不多此一事？

吾勸真心學道者，速將怕苦關口打通，立一個苦死不回的念頭。腳踏實地，勇猛前進，把性命二字貼在額顱上，時時刻刻留心。大凡有益之事盡力做去，大凡無益之事盡力棄去。自己苦行以外，聽師指教，一一如命，莫生怠心，日夜勤勞，久而不廢，終得實惠。

否則，懼怕辛苦， 逡畏不果 ，苟延歲月。妄想聞道，難矣！

勸真心學道者

중용 曰 "人이 하나에 능하면 百을 다스리고 사람이 열에 능하면 千을 다스릴 수 있으니 과연 이 도가 그러한 것으로 비록 어리석은 사람이라도 밝아지고 유약해도 반드시 강해진다"고 하였고,

태고 曰 "한 시간을 잠자면 한 시간을 죽는 것이고, 하루를 잠자면 하루를 죽는 것이다. 그러므로 날마다 功을 베풀고 잠자지 않으면 천일이면 곧 바로 일을 끝맺을 수 있다"고 하였고,

諺(언) 曰 "苦中의 苦를 격어내지 않는다면 上上人(상상인)이 되기 힘들다"고 하였는데

이것은 모두 大好(대호: 아주 좋은 일)한 일은 반드시 勤苦(근고: 부지런히 힘씀)한 이후에야 이루어진다는 것을 말한 것이다,

무릇 천하의 대사는 반드시 最苦(최고: 가장 큰 괴로움)를 통해 이루어지는 것으로 날이 오랜 다음에 이루어진다.

특히 苦가 크면 이룸도 큰 것인데 하물며 性命의 일이겠는가?

苦라는 한 글자는 바로 수도자의 병을 치료하는 양약인 것이다. 오직 苦를 겪는 것이 心身을 단련하는 것이며 大病(대병: 큰 병)을 치료하는 것이다. 고로 밖으로는 功行을 쌓고 안으로는 意念(의념)을 단련한다. 그 筋骨(근골)을 피로케 하고 그 몸을 주리게 하며 처처에 行功하고 사사에 노력하며 다리나 길을 수리하고 損己益人(손기익인: 자신을 희생하여 다른 사람에게 이익이 되게 함)하며 모욕을 참고 받아들이며 방편을 따라 사람에게는 좋게 하고 자기에게는 좋지 않고 사람을 사랑하고 나는 사랑하지 않고 사람들이 겪는 어려운 것을 나는 능히 견뎌내고 사람이 통과하기 어려운 것을 나는 능히 통과하고 태어난 이래로 사무에 억매인 것을 잡아서 한 번에 소멸해버리는 것인데 이것은 모두 外故(외고: 밖으로 인한 것)에 속한다.

內로는 정신을 정돈하고 志氣를 굳건히 하고 情慾(정

욕)을 제거하고 망념을 소제하고 모든 번뇌와 일체의 無明을 힘을 다해 잘라 없애고 제거되지 않는 것도 반드시 제거해야 한다. 다만 한 개의 구도적인 진심만 안에 있어 잠시도 여의지 않아야 한다. 그 나머지는 모두 받아들이지 않는 것이니 이것이 內故(내고: 내부로 인한 것)인 것이다.

이러한 苦를 버려서 內外가 하나가 되면 바야흐로 眞苦도 물리치고 큰 병도 치료하는 것이다.

옛적에 석가께서 설산에서 수련하였고, 육조는 사회에서 用功하였고 구조는 磻溪(반계)에서 性을 연마하였는데 이러한 모든 성현은 다 天從之姿(천종지자)인데도 다시 大苦가운데서 초탈하신 것이니 하물며 후세학인들은 모두 中下의 부류로 어찌 苦를 통하지 않고 이룰 수 있겠는가?

세간의 호도학인이 苦중에서 甘(감)인 樂이 生하고 자재하여 보배를 얻어야 하는 줄을 모르고 어떻게 편안하게 도를 이루겠는가? 이러한 苦를 말하는 것을 들으면 곧 근심이 생기고 이러한 힘을 들여야 함을 들으면 곧 어렵다 한다. 낮에 힘을 써서 허리힘을 기르지 않고 음식을 배불리 먹고 밤에는 좋은 이불로 편안하게 오래 자려고 한다.

하나도 사람에게 이익 된 일을 하지 않으며 조그만 힘을 써서 행하지 않고 무수한 나쁜 버릇도 바꾸지 않거나 혹은 몇 권의 丹經을 보거나 혹은 몇 권의 경전을 외운 것 가지고 겉만 번지르 하게 도가 있다하고 혹 雲遊乞化(운유걸화)[54]하며 배부르고 따듯한 옷으로 기본을 삼거나 혹 절에 앉아 주지로 행사하면서 춥고 배고픈 줄도 모르고 세월만 보내니, 이와 같은 무리들은 절대 부모를 떠날 생각도 않고 처자도 버리지 않고 무슨 일이 되겠는가?

만약 출가를 의식주를 위한 것이라면 속인과 무엇이 다르겠는가? 어떻게 십만의 부채를 갚겠으며 어찌 이 일뿐이겠는가?

내가 진심으로 학도자에게 속히 怕苦關口(박고관구)를 타통하여 하나의 苦死(죽음과 같은 고통)에 처하여도 생각을 돌이키지 않고 脚踏實地(각답실지: 몸소 행하는 것이 착실함)하여 용맹전진으로 性命이란 두 글자를 이마위에 매달아서 시시각각에 마음에 두기를 바라는 바이다. 크게 유익한 일은 힘을 다해 힘쓰고 크게 무익한 일은 힘을 다해 버려서 자기의 苦行 이외에 스승의 가르침을 받들고 하나하나 命한 것 같이 하고 게으른 마음을 피우지 않아서 낮과 밤으로 부지런히 하고 오래 되도 그만두지 않으면 끝내는 실속을 얻게 될 것이다.

그렇지 않고 괴로운 苦를 두려워하고 능욕을 두려워하며 진실로 세월만 보내고 있으니 망상으로 도를 듣기는 어려운 것이다.

---

54) 구름처럼 떠다니며 걸식하면서 수행하는 것.

36. 불신관(不信關)

修真大道

信이란 한 글자는 그 이치가 가장 진실하고 그 힘이 가장 크므로 능히 천지를 감동시키고 神明(신명)을 통하게 하고 生殺(생살)을 바꾸고 생사를 묶어 성현이 되고 仙佛이 되게 하니 수도자에게는 지극한 보배가 된다.

讀通關文

「道德經」曰：「上士聞道，勤而行之；中士聞道，若存若亡；下士聞道，大笑之。」

「金剛經」曰：「善男子，善女人，發阿耨多羅三藐三菩提心，應如是住，如是降伏其心； 阿耨多三藐三菩提心，即華言無上正等正覺心，乃信心也。」

「易」曰：「中孚豚魚，吉。」

「中庸」曰：「誠者，物之終始，不誠無物。是故君子，誠之為貴。」

三教聖人垂訓，皆以誠信為修道之本也。

夫信者，非言語之信，非信息之信，乃真心實意之信。

信之一字，其理最真，其力最大，能以感天地，通神明，轉生殺，扭生死，為聖為賢，作佛作仙，為修道者第一至寶。

學者認定此一字，緊抱心胸，須臾不離，則大本已立，不動不搖，不更不變，從此進步，可以聞道，可以行道，可以了性，可以了命。古來仙真，那個不從信中著脚？那個不從信中成道？

但信不是懸虛妄想，不是打夥講談，乃是一心在道，別無二意。念茲在茲，朝斯夕斯，時刻不忘之義。

非視性命為一大事者，不能信；非視天下如　敝蹝者不能信；非富貴不能淫，貧賤不能移，威武不能屈者，不能信；非俯視一切，萬有皆空者，不能信；非至死不變，吉凶患難置於度外者，不能信。

若方寸之中稍有一毫疑慮，稍有一些懈怠，俱不為之信。可知真信是誠一不二、與日俱進、與時偕行之功。能如此者，日有所進。若反此者，枉度歲月。

但信又要辨其是非，分其邪正。世間有誤入旁門外道，持守終身，固執不，至死不變者，何嘗不是信！

然信之非正，反為信害。故學道者貴乎信，尤貴乎信得其正，方是真信於道矣！

世間糊塗學人，信道不篤，一日十二時中，萬起萬滅。任其群魔反亂，未嘗一刻把道放在心上

或無事之時，忽然想起翻弄書卷，未曾玩味，卻又想起別事，被鬼怪將心扯去

亦有學人，一時整頓剛氣，勇猛精進，辨別理義，尋師訪友，久而不遇，便生怠心。或有稍聞些子香風，不見速效，便生疑惑，逡巡不前；或有入於岐路，造作成病，不悔自錯，反以丹經為虛妄。如此等類，不可枚舉。不能信道，焉能知道？

吾勸真心學道者，速將不信關口打通，認定性命，一概邪心邪事掃去，另立起個金剛志氣，實實落落向前。

不管他得力不得力，學成學不成，至死方休，暗中自有鬼神扶持，終有好事。

否則，今日作此，明日作彼，忽然而前，忽然而後。或信或疑，主宰不定。妄想明道，難矣！

勸真心學道者

도덕경 曰 “上士(상사)는 道를 들으면 부지런히 실천하고，中士는 道를 들으면 若存若忘(약존약망: 하는 듯

마는 듯 함)하고 下士는 道를 들으면 크게 비웃는다"고 하였고

금강경 曰 "선남자 선여인이 아뇩다라삼막삼보리심을 발했으면 이와 같이 머물고 이와 같이 그 마음을 降伏(항복) 받아야 한다."고[55] 하였는데, 아욕다라삼막삼보리심이란 즉 중국말로 하면 無上正等正覺心(무상정등정각심)으로 바로 信心을 말씀하신 것이다.

易 曰 "中孚卦(중부괘)에 "豚魚(돈어: 돼지와 물고기)까지 믿음이 미치면 吉하다"고 하였고

중용 曰 "誠이란 物의 終始(시종: 시작과 끝)이며 不誠이면 無物이니 이런 까닭에 군자는 誠을 귀하게 여긴다."고 하였다.

3교의 성인께서 垂訓(수훈: 가르침을 내리심)하심은 다 誠信(성신)으로 수도의 근본을 삼았다.

무릇 信이란 언어를 말하는 것이나 소문에 의한 믿

---

55) 금강경 제3장의 "대승정종분"이 금강경의 핵심이라고 보는데 여기서 필자의 견해를 말하려고 한다. 아뇩다라삼막삼보리심을 發한다는 것은 바로 우리 안에 본래 주인공을 내가 자각한다는 것으,로 화두타파하여 견성하면 찾을 수 있는 것이다. 이 본래의 주인공이 눈을 떠야 비로소 그 반야력이 자신의 가짜마음과 싸우게 된다. 그래서 마음을 항복받아야 한다고 하였고, 또 선남자 선여인이 이 보리심의 종자(因)를 발하는 것으로 보살은 이미 이 씨앗이 발하였으므로 여기서 선남자 선여인이라고 하였다. 이 보리심의 공능에 의해 점차로 五眼이 점차로 열리게 되는데 이 눈에 의해 자신 안에 있는 구류중생을 알거나 보게 된다. 그래서 구류중생(자성중생)이란 문제가 나오고, 이 구류중생이 내안에서 작용하는 것이 바로 四相이 된다. 이 사상 즉 아상 인상 중생상 수자상은 우리의 마음속에서 작용하는 것이며 바깥의 모든 현실의 문제도 이 사상의 문제라 본다.
이 구류중생이 보리심의 증장에 의해 보리심(진공묘유)과 하나가 되는 것이 멸도받는 것이라 본다. 그러므로 이 대승정종분은 보리심이 발한 다음이라야 알 수 있는 내용이라고 본다.

음이 아니라 이것은 眞心과 實意의 믿음인 것이다.

信이란 한 글자는 그 이치가 가장 진실하고 그 힘이 가장 크므로 능히 천지를 감동시키고 神明을 통하게 하고 生殺을 바꾸고 생사를 묶어 성현이 되고 仙佛이 되게 하니 수도자에게는 제일의 至寶(지보)가 된다.

학자가 이 한 글자를 인정하여 가슴속에 깊이 품어 잠시도 떨어지지 않으면 큰 근본이 이미 세운 것으로 동요가 없어 다시는 변하지 않으며 이로 쫓아 진보하여 聞道(문도)하고 行道하며 了性하고 了命할 것이니 예로부터 先眞(선진)이 어찌 信中에 뜻을 두고 따르지 않았으며 어찌 信中을 따라 도를 이루지 않았겠는가?

단 信이란 이것이 헛된 망상이 아니며 이것은 말로 해서 되는 것도 아니다 이는 바로 一心이 道에 있을 뿐 별다른 두 가지의 뜻이 없이 오로지 도만 생각하여 아침에도 이것뿐 저녁에도 이것뿐으로 시시각각에 잊어버리지 않는 것이다.

性命을 제일의 대사로 보지 않는 사람은 믿을 수 없고 천하를 다 놓아버려야 한다고 보지 않는 사람은 믿을 수 가 없는 것이다. 부귀해도 淫(음)하지 않고 빈천해도 뜻을 옮기지 않고 威武(위무: 힘으로 협박함)에도 굴복하지 않는 사람이 아니라면 믿을 수 가 없고 일체를 내려다보고 萬有(만유)가 다 空이라고 보지 않는 사람은 믿을 수가 없고 죽게 되도 변하지 않고 길흉도 도외시 하지 않는 사람은 믿을 수가 없는 것이다.

만약 方寸(방촌: 마음속)가운데 조금이라도 한 터럭의 의심이 있고 조금이라도 게으름이 있는 사람은 믿을 수가 없는 것이다. 이로써 가히 眞信(진심)이란 바로 誠一不二(성일불이)하며 날마다 함께 나아가며 時(시: 때)와 더불어 행하는 功이다. 능히 이와 같은 사람이라면 날마다 진보가 있고 만약 이와 반대일 것 같으면 허송세월만 보낼 것이다.

단 信이란 또 시비하는데 분별이 필요하고 正邪(정사)를 가려야 한다. 세간에는 사람을 그르치는 방문외도가 있는데 종신토록 지키는 것만 유지하고 고집으로 변화하지 않고 죽을 때 까지 변화하지 않는 자가 있으나 어찌 이것을 信이라고 말하지 않을 수가 있겠는가?

그러나 信이 바르지 않다면 오히려 信害(신해)가 된다. 그러므로 학도자는 더욱 信이 그 正을 얻는 것을 귀히 여기니 바야흐로 이것이 도에서 말하는 眞信(진신)인 것이다.

세간의 호도학인은 信道가 돈독하지 않아 하루 12時중에 萬起萬波(만기만파: 쉴 새 없이 파도처럼 마음이 요동함)하고 그 뭇 마귀의 반란에 맡겨 일찍이 한시라도 도를 마음에 붙잡지 못하는 것이다.

혹 아무 일이 없을 때 홀연히 책 몇 권을 해석해 보려는 생각이 일어나도 玩味(완미: 글의 의미를 씹어서 맛 봄)할 수가 없어 오히려 다른 일에 대한 생각이 일어나거나 鬼怪에게 마음이 찢겨짐을 입는 것이다.

또한 학인이 일시에 剛氣(강기: 강직한 기개와 도량)를 정돈하여 용맹정진하고 理義(이의)를 이해하려고 師友를 방문하지만 오랜 동안 서로 만나지 않아 오히려 게으른 마음이 생기거나 혹 조금이라도 어떠한 香風(향풍)을 들으면 속효를 보지 못한다고 해서 곧 의혹이 생겨 돌아다니면서 나아가지 못하거나 혹 갈래 길로 들어가 조작하여 病이 생기면 스스로의 잘못을 반성하지 않고 오히려 丹經이 허망하다고 하는 이러한 무리들을 다 일일이 열거할 수 가 없다. 도를 믿지 못한다면 어떻게 도를 알 수가 있겠는가?

내가 眞心으로 학도자에게 속히 不信關口(불신관구)를 타통하여 性命을 인정하고 한 치레 邪心과 邪事를 없애버리고 따로 金剛志氣(금강지기)를 세워 實實落落(실실락락) 앞으로 나아갔으면 하는 바이다.

다른 사람이 得力(득력: 공부를 하여 힘을 얻음)했는지 得力하지 못했는지 그리고 학문을 이루었는지 이루지 못하였는지에 대해 관여하지 안했으면 하는 바이며, 至死(지사: 마음이 죽음)하여 비로소 쉰다면 남모르게 자연히 귀신의 도움이 있어 마침내 좋은 일이 있을 것이다.

그렇지 않고 오늘은 이것을 하고 다음날은 저것을 하고 갑자기 앞으로 가다가 홀연히 뒤로 가거나 혹 信하거나 혹 불신하거나 主宰(주재)가 정해지지 않으니 망상으로 도를 밝히기는 어려운 것이다.

37. 무주관(無主關)

修真大道

진정한 주재가 없으면 혼란스러움에 빠져 삿됨과 바름을 알지 못하고 참과 거짓을 구분치 못하게 되니 본래 생명을 구하고자 한 것이 오히려 죽음을 재촉하게 된다.

讀通關文

「易」曰：「擬之而後言，議之而後動，擬議以成其變化。」

「中庸」曰：「言前定則不跲，事前定則不困，行前定則不疚，道前定則不窮。」

皆言凡有作為，貴乎先有主宰定見也。

夫學道之人，先要自己有主宰，有主宰，認定性命，則真心發現。真心發現，自然世事不能染，恩愛不去戀，名利不去貪，一切身外之事，不掛胸懷，專心致志.

艱難也能受，困苦也不知；以之窮理而理可窮，以之聆教而教可聆

蓋以主宰在內，而外物不能惑也。但立主宰須辨的真假兩途.

真主宰有益於性命，假主宰有害於性命，若不分真假，誤躐旁門，入於假途，索隱行怪，百般做作，無益有害。

究是無主宰，不名有主宰。故必先細心辨別，實實認得正路，然後在正路上立定主宰，一心一意行去，步步有益，日日見功。所謂能謹於始，自全於終也。

「易」曰：「不出戶庭，無咎。」蓋言預有定見耳。

世間糊塗學人，雖曰為性命，其實不知重性命，亦不知性命之事是何事。看的輕，視的易，模模糊糊，直然要了性命，沒有一定主宰，

只聽梆聲。今日學此，明日學彼，朝去拜李，暮去拜王，裝下一肚皮古董雜貨，隨意做作。及至受傷，無法醫治，悔之晚矣！

或有見些幻景假像，認為效驗，不辨是非，誤了前程；或遇真師，無有長久念頭，忽來忽去。原其故，皆是無有真正主宰，所以懸虛不實，虛度歲月，空空一世。

吾勸真心學道者，速將無主關口打通，拿定主宰，先窮

其理，日夜用心，鑽研實義，嘗探趣味，不拘年月，愈久愈力。鑽研來，鑽研去，鑽研出個眉眼，確有所知。

自然主宰愈牢，智慧愈開。從此捉定這個主宰，時刻不放，再求師印證，細撥火候，指示運用，方能得真。

即或誤入岐路，做的不妥，心有疑惑，不妨求教高明，直告無隱。審問破疑，雖不得真，亦可免禍

否則，無有真正主宰，乃亂乃萃，不識邪正，不分真假，無有一定主宰，本欲求生，反而促死。妄想成道，難矣！

勸真心學道者

주역 曰 "擬(의: 헤아림)한 다음에 말하고 말한 後에 動한다. 擬議(의의)하여 그 변화를 이룬다."고 하였고

중용 曰 "말하기 전에 定하면 넘어지지 않고 사전에 定하면 곤란하지 않으며 행하기 전에 定하면 흠이 없고 말하기 전에 定하면 궁색하지 않다."고 한 것은

모두 일을 실행하기 전에 먼저 定見(정견: 뚜렷한 주관)으로 主宰(주제)해야 한다는 것을 말한 것이다.

학도하는 사람은 먼저 자기를 주재하는 것이 필요하고 주재하고 다시 性命을 인정하면 眞心이 발현하고 진심이 발현하면 자연히 세상일에 물들지 않게 되고 은애에 끄달리 지 않고 명리에 탐욕을 내지 않고 일체의 몸 밖의 일을 가슴속에 품지 않고 專心致志(전심치지: 온 마음을 다 기울이다)하여야 한다.

어려움도 다 받아들이고 곤고하고 괴로워 알지 못하고 이로써 이치를 궁구하여 가르침을 들으면 가르침을 깨달을 수 있는 것이다.

대개 주재함이 안에 있으면 外物이 미혹시킬 수 가 없다. 단 주재를 세우는 데는 반드시 眞假(진가)의 두 길을 분별하여야 한다.

참된 主宰는 性命에 유익하고 거짓 주재는 性命에 해로운 것이다. 만약 眞假(진가: 참과 거짓)를 나누지 않고 잘못 방문으로 걸어가 거짓된 道로 들어가서 괴이한 行을 찾아 갖가지로 힘쓴다면 무익하고 유해할 뿐이다.

마침내 이것은 주재가 없는 것으로 주재가 있다고 말하지 않는다. 고로 반드시 먼저 세심히 변별하고 실다운 바른 길을 알고 난 연후에 바른 길에 있으면서 주재를 세우고 한 마음과 한 뜻으로 행하면 걸음마다 유익하고 나날이 功이 나타나는 것이니 이른바 능히 처음을 신중히 하면 자연히 끝이 온전해진다는 것이다.

주역 曰 "戶庭(호정: 집 마당)을 나가지 않아도 허물이 없다"고 하였는데 이것은 미리 정견이 있음을 말한 것이다.

세간의 호도학인이 비록 性命을 위한다고 하지만 그

러나 실제로는 성명이 귀한 줄을 알지 못한다. 또한 性命이 어떠한 일인지도 알지 못하고 가볍고 쉽게 보고 모호한 상태이면서도 性命을 바로 깨달았다고 하나 반듯이 주재는 없다.

다만 무슨 소리만 들으면 오늘은 이것을 배우고 다음 날에는 저것을 배우고 아침에는 李(이)에게 절하러 가고 저녁에는 王(왕)에게 절하러 가면서 옷 안에 귀중한 雜貨(잡화)를 넣어서 뜻에 따라 바치지만 마침내는 몸이 다치게 되면 치료할 의사도 없는 것이니 후회한다 해도 늦게 된다.

혹 幻景(환경: 환상)이나 假象(가상: 거짓된 모습)을 보고 효험이 있다고 알아 시비도 분별하지 않으므로 앞길을 그르치는 것이다. 혹 眞師를 만났어도 장구한 생각이 없으므로 진사는 홀연히 왔다가 홀연히 가버리시니 처음과 같아지니 이것은 진정한 주재가 없는 까닭에 허망한 것을 쫓아 실답지 않고 허송세월할 뿐으로 일생을 헛되이 보내는 것이다.

내가 진심으로 학도자에게 속히 無主關口(무주관구)를 타통하여 주재를 바로 잡고 먼저 그 이치를 궁구하고 낮과 밤으로 마음을 써서 실제적인 뜻을 깊이 있게 연구)하고 취미를 찾아 맛보고 세월에 구애받지 않고 더욱 오래 힘쓰고 깊이깊이 궁구하고 또 하여 확실히 아는 바가 있기를 바라는 바이다.

그러면 자연히 주재가 더욱 견고하고 지혜가 더욱

열리니 이로 좇아 주재를 잡아 定하고 시각에 놓지 않고 다시 스승에게 인증을 구하여 세밀히 火候를 다스리고 운용을 지시받아야 비로소 眞을 얻게 되는 것이다.

혹 잘못 岐路(기로)로 들어가 힘쓰지만 마땅치 않아 마음에 의혹이 있으면 고명한 분을 찾아 가르침을 구하는 것을 싫어하지 않으면 곧바로 告하여 숨기는 것이 없이 살펴서 묻고 의심을 깨주는 것이니 비록 眞은 얻지 못해도 또한 禍는 면할 수 있다.

그렇지 않고 진정한 주재가 없으면 亂이 이에 모이며 正邪(정사)를 알지 못하고 眞假를 구분치 못하고 일정한 주재도 없는 것이니 본래 求生하고자 한 것이 오히려 죽음을 재촉하는 것이니 망상으로 도를 이루려고 하는 것은 어려운 것이다.

38. 속효관(速效關)

修真大道

오래 쌓인 묵은 습기는 세월을 인내하는 苦功(고행)만 가지고는 효과를 볼 수가 없다. 한 터럭의 陽氣(양기)도 다 소모되지 않으면 죽지 않는 것인데 한 터럭의 陰氣(음기)도 또한 다하지 않으면 신선이 될 수 없다.

讀通關文

「聖經」曰：「格物而後知至，知至而後意誠，意誠而後心正，心正而後身修。」

「道德經」曰：「大器晩成。」

上陽子曰：「大修行人，盡將平時憂愁思慮難苦之心，執著貪愛之念，倏然脫去，無一毫牽掛之念。直要行如枯木，心若死灰。」

古仙曰：「言語不通非眷屬，工夫不到不方圓。」

又曰：「還丹在一時，煉己須十月。」

此皆言修道必須循序而進，漸次用功，日久方得，不可躐等而求，急欲見效也。

夫性命之學，長生久視之道。長生久視必須有長久之志，長久之行，年深日遠，功力不廢，方能濟事，非一朝一夕而能成。

蓋以人從無始劫以來，罪積如山，孽深似海，現世帶來劫劫根塵，輪回種子，與夫秉受後天五行偏氣，習染塵垢，千妖百怪，亂亂紛紛，迷我元神，耗我元氣，盜我元精。將先天真物，消化將盡，一身純陰，所存者，一些微陽，亦隱而不彰。

若欲拔盡曆劫輪回根塵種子，化去後天五行偏氣，

積習舊染。非耐的年月、下的苦功而不能見效。蓋以一毫陽氣，不盡不死；一毫陰氣，不盡不仙。

故祖師設返還之道，教學者從實地上做工夫，步步出力，時時勤行，漸次用功，斯必至於陰氣化盡，陽氣純全而後已。所謂陰氣者，即根塵偏氣習染之陰.

所謂陽氣者，即元神元氣元精之陽，試思去此陰還此陽，豈是容易而能去，等閒而能還哉？

是道也，不但行持維艱，即欲明的陰陽，亦非易事。

世間糊塗學人，方入門戶，即想口訣，未曾學事，即想

成道，經書不究，功德不行，即遇明師，妄想順手取寶。殊不知連城之璧，非可易得。子母之珠，最難尋求

修真妙道如璧如珠，必須下的工夫，耐的年月，方能見效，豈可儻然而得？亦有儻然而得者，不是旁門，必是曲徑。旁門曲徑見效易而成功難，久而必受其害。若夫真正大道，修的是先天無形之氣，見效難而成功易，久而必得其益。

況聞道者小聖人，成道者大聖人。欲作聖人，必要祖上有大德，自己前劫有功行。今生早遇明師，得聞大道。

若祖上缺德，自己少行，如何得聞聖人之道？如何得到聖人之位？

然既為學人，須當先盡人事，志誠下苦，真心聆教。行的一步有一步之益，行的十步有十步之益。即或今生今世，於大事不明，宿根已栽，來生可望。

吾勸真心學道者，速將速效關口打通，立起經久不已之志，聞一善言，見一善行。即便留心採取，習玩丹經，親近明師，在切身現在處下工夫學去。縱然不能完成大道，卻異常人，不於苦海作活計矣！

否則，不立長久志，不存永遠心，急欲見功，輕視懈怠，本欲上天，反墮於坑。妄想知道，難矣！

勸真心學道者

성경 曰 "格物(격물) 이후에 知에 이르고 知에 이른 후에 意誠(뜻이 정성됨)하고 意誠한 후에 心正(마음이 바르게 됨)이며 心正한 후에 身修(몸이 닦아짐)이라"고 하였고

도덕경 曰 "大器晩成(대기만성: 큰 그릇은 늦게 이루어짐)이라" 하였고

상양자 曰 "대 수행인은 평소에 우수, 사려, 艱苦(간고)한 마음을 다하고, 貪愛(탐애)에 집착하는 마음을 다 버리고 한 터럭의 끄달리는 마음도 없어 곧바로 모습이 고목과 같고 마음은 식은 灰(재)같아야 한다."고 하였고

古仙 曰 "언어가 불통하면 권속이 아니요 공부가 方圓(방원)이 아니면 이르지 못한다."고 하였고

또 曰 "還丹(환단)은 한 때에 있고 煉己(연기)는 10월이 필요하다"고 하였는데,

이것은 "모두 수도는 반드시 순서에 따라 나아가고 점차로 용공하여 날이 오래면 바야흐로 얻는다."고 한 것으로 급하게 올라서 구하거나 급하게 효과를 보례해서는 안 된다는 것을 말한 것이다.

무릇 性命의 학문은 長生久視(장생구시)의 도로 장생구시는 반드시 장구한 뜻과 장구한 실행이 있어야 한다. 年이 깊고 날이 오래 되도 功力을 그만두지 않아야 비로소 일을 이루는 것으로 하루아침에 이루어지는 것이 아니다.

사람은 무시겁래로 죄를 산같이 쌓았고 죄 깊음이 바다와 같고 현세에 쌓은 劫의 根塵(근진)인 윤회종자를 부부가 받아들이고 후천 五行의 偏氣(편기: 치우친 기)가 塵垢(진구)에 물들어 千妖百怪(천요백괴)로 亂亂紛紛(난난분분)하여 나의 元神을 미혹하게 하며 나의 元氣를 소모하며 나의 元精을 훔치니 장차 선천의 眞物은 소멸되어 장차 다하면 이 한몸은 純陰(순음)일 뿐이니 단지 남아 있는 하나의 微陽(미양: 미약한 양기) 마저도 또한 숨어서 나타나지 않게 되는 것이다.

만약 역겁의 윤회 根塵(티끌)인 종자를 다 뽑고자 한다면 후천 오행의 偏氣(편벽된 기)를 변화시켜야 한다.

오래 쌓인 옛날의 습기는 年月을 인내하는 苦功만 가지고는 효과를 볼 수가 없다. 대개 한 터럭의 陽氣가 다하지 않으면 죽지 않는 것인데 한 터럭의 陰氣도 다하지 않으면 신선이 될 수 없는 것이다.

고로 조사께서 返還(반환: 본래이 자리로 되 돌림)의 도를 설치하셔서 학자에게 가르친 것은 實地(실제적인 자리)를 따라 공부하여 걸음마다에 힘을 쓰고 시시로 勤行(근행: 부지런히 행함)하고 점차로 用功하면 반드시 陰氣가 다 변하여 陽氣가 純全(순전)한 때가 이른다는 것이다.

이른바 陰氣란 즉 根塵 偏氣가 陰에 習染(습염)된 것이다. 이른바 陽氣란 즉 元神 元氣 元精의 陽으로 이러한 陰을 버리고 이러한 陽을 돌아오게 하는 것이나 어찌 이것을 쉽게 버릴 수 있겠는가?

이 도는 行持(행지: 수행을 계속 유지함)하기 어려울 뿐 아니라 음양을 밝히는 것도 쉬운 일이 아니다.

세간의 호도학인이 바야흐로 문호에 들어가면 곧 口訣을 생각하고 學事(학사)는 거들떠보지 않고 곧 成道만 생각하고 經書(경서)를 연구하지 않고 공덕도 行하지 않으면서 明師를 만나면 망상으로 보물을 취하고자 하나 連城(연성: 귀중함)의 보물은 쉽게 얻을 수 있는 것이 아니며 子母의 珠는 가장 찾아 구하기가 어려운 것인 줄을 알지 못한다.

修眞하는 묘도는 옥이나 구슬과 같은 것으로 반드시 낮추는 공부로 세월을 견뎌내야 비로소 효과를 볼 수 있는 것이다. 어떻게 당연히 얻을 수 있으며 또한 당연히 얻는 것은 방문이 아니면 반드시 曲徑(곡경: 구부러진 길)에도 효과는 쉽게 볼 수 있으나 성공은 어려운 것으로 오래되어야 반드시 그 이익을 얻을 수 있는 것이다.

하물며 聞道者(도를 들은 사람)는 작은 聖人이요 成道者(도를 이룬 사람)는 큰 聖人이니 성인이 되고자 하면 반드시 조상의 大德(대덕)이 있어야 하며 자기의 전생에 功行이 있어야 금생에 일찍 明師를 만나 대도를 들게 되는 것이다.

만약 조상의 덕이 없으면 자기의 작은 行으로 어떻게 성인의 도를 들어 얻을 수 있으며 어떻게 성인의 지위에 오를 수 있겠는가?

그러나 배우는 사람은 먼저 人事를 다하며 志誠(지성)으로 괴로워도 힘쓰며 진심으로 가르침을 들으며 한 걸음에는 한 걸음 유익을 행하며 열 걸음에는 열 걸음의 유익을 행하면 혹 금생에 大事를 이루지 못한다 해도 숙근을 이미 심었으므로 내생에는 가히 바랄 수 있는 것이다.

내가 진심으로 학도자에게 속히 速效關口(속효관구)를 타통하여 오래 되어도 그만두지 않는 뜻을 일으켜 하나의 착한 말을 듣거나 하나의 착한 일을 보면 즉 마음에 갈무리 하여두고 丹經을 음미하여 익히고 明師를 친근히 하여 몸이 현재의 곳에서 공부하여 나간다면 설령 대도를 완성하지 못한다 해도 도리어 일반인과는 달라서 苦海에서 살려고 하지 않는다.

그렇지 않고 장구한 뜻을 세우지 않고 영원한 마음이 없고 급히 功을 효과를 보려고 하며 경시와 해태한다면 본래 하늘로 오르려고 한 것이 오리려 구덩이에 빠지고 마는 것이니 망상으로 도를 알려고 하는 것은 어려운 것이다.

39. 조심관(粗心關)

修真大道

이것을 말한다면 諸天(제천)및 사람이 모두 놀래고 의심할 것이니, 그 놀래고 의심한다는 것은 몸 안도 아니고 몸 밖도 아닌 것인데 장차 어느 곳을 찾아야 하는가?

讀通關文

至聖曰：「學而不思則 罔，思而不學則 殆。」

又曰：「溫故而知新。」

孟子曰：「心之官則思，思則得之，不思則不得。」

「悟真」曰：「俗語常言合聖道，宜從其內細尋討。若將日用顛倒求，大地塵沙盡成寶。」

「古經」云：「識得一，萬事畢；使的二，去處是；認得三，不索參。」

此皆教學者細心窮理，必須真知灼見，而不可粗心了事也。

性命之學至重至大，不比世間尋常小事，

可以將就而作。稍有差錯，欲求長生，反而促死，豈可輕易？

故欲了性命，先要究明性命之理，然後好作性命之事。性命之理，非身內有形有質之物，亦非身外至重至濁之物。說到此處，

諸天及人，皆當驚疑。其驚疑者，非身內，非身外，將在何處捉摸乎？

自古旁門三千六百，曲徑三百六十，各分枝葉，自拈門戶，以訛傳訛，以盲引盲，分枝楂葉，愈久愈多，

奇奇怪怪，滿耳梆鈴，罩眼蜂虻。有絕不經見，絕難想到，出人意外之事；有絕不似道者，僅可以哄愚迷，而不能哄明智。至於似是而非，似乎道而不是道，不是道而卻似乎道。不但愚迷者信之，即明智者亦被瞞過。一入網中，終身難出

即如丹書所言「陰陽五行」、「元精元氣」等語，采戰家以陰陽為男女，愚迷者信之，明智者必不信；

工夫家以氣之一呼者為陽，一吸者為陰，愚迷明智者皆信之.

有人言五行是心肝脾肺腎，愚迷者信之，明智者必不

信；有人言五行是精神魂魄意，愚迷明智者皆信之；有人言元神是思慮之神，元氣是呼吸之氣，元精是交感之精，愚迷者信之，明智者必不信；

有人言元神居天穀，元氣在氣海，元精在丹田，愚迷明智者皆信之。

又如丹書所言性命玄牝黃庭等象，有人言腎氣為命，心神為性，愚迷者信之，明智者必不信.

有人言窮通壽夭為命，賢愚善惡為性，愚迷明智者皆信之；

有人言元牝在生門，黃庭在頭腦，愚迷者信之，明智者必不信；

有人言元牝是咽喉，黃庭在臍輪，愚迷明智者皆信之。

又如丹書所言清淨虛無，鍛煉金丹之說：有人言修煉內丹必須清清淨淨，空虛無物；外丹必須採取藥物，煅煉熟成；內丹修養以了性，外丹服食以接命，不論愚迷明智者皆信之。

凡此似是而非之旁門，最易惑人。

古今多少聰明良材，英雄志士，皆被瞞過，碌碌一生，終無歸結。殊不知修真大道，

所修者先天真一之祖氣，此氣恍惚杳冥，曰「希」，曰「夷」，曰「微」。視之不見，聽之不聞，搏之不得。然雖不見不聞不得，其實至無而含至有，至虛而含至實，

生天地，含陰陽，包五行，萬理俱備，萬象皆該。

非可於身內求，非可於身外尋，乃在虛無中來者。性命

於此寓，生死於此寄，仙佛於此成，

爐鼎於此安，藥物於此采，火候於此運，四象於此和，五行於此攢，金丹於此成，

聖胎於此結；逆運陰陽在此，竊奪造化在此，超凡入聖在此。至於玄牝門、玄關竅、黃庭、土釜，無不在此，

所謂「得其而萬事畢」者即此。這一些天機秘密，天地鬼神不可得而測度，豈是等閒而知？容易而曉？

惟有大智大慧者方能知，惟有大功大德者方能曉，

惟有大力大苦者方能學，惟有大志大量者方能進，惟有細心追求，耐的久遠，下的工夫者方能得

況修持有法則，作用的火候，工程有次序，節節不一，隨時變通。雖要自己鑽研，還求明師指點

至若丹經萬卷，多是以有象比無象，以有形喻無形，豈是粗心可以會悟，大意能以見真哉？

世間糊塗學人，用不的心思，下不得苦功，耐不得年月，一言半語，即要通徹，似是而非，便欲成道

認其比象，而不追究實意，記其話頭，而不細嘗滋味。無怪乎見偽書即作偽事，遇旁門即走旁路。不辨真假，不論是非。只說門門有道，書書演真，冒作亂為，自招其禍

凡此皆是粗心而不細心之故。吾勸真心學道者，速將粗心關口打通，細心鑽研，把道理撥去一層入一層，悟了一條進一條，須要分開邪正，辨出是非，見的理之精髓，知的道之肯綮。自己心中了然，實實信得過，一理貫通，見的天上地下萬事萬物皆是如此。左之右之，前之後之，道

氣盈滿，方是真知真見，大悟大徹，不被執相著空之事所惑矣！

否則，不能細心鑽研，粗心了事，知的如此而實未見的如此，猶在恍惚疑似之間。妄想直登道岸，難矣！

勸真心學道者

至聖 曰 "배우나 생각하지 않으면 없는 것이요. 생각하나 배우지 않으면 위태로움이라"고 하였고.

또 曰 "溫故而知新(온고이지신)"[56]이라 하였고

맹자 曰 "心之官하면 곧 思요 思하면 얻게 되고 不思하면 얻지 못한다"고 하였고

오진 曰 "俗語(속된 말)와 常言(늘 쓰는 말)이 聖道에 합하니 마땅히 그 안을 좇아 세밀히 찾고 검토하라. 만약 일용으로 顚倒(전도: 거꾸로 뒤집음)하여 구하면 대지의 티끌 모래가 모두 보배가 되리라"고 하였고,

古經 曰 "하나를 얻어 알면 만사가 끝난다."고 한 것은

모두 학자가 세심히 궁리하여 반드시 眞知를 밝혀야 할 것을 가르친 것으로 粗心(조잡한 마음)으로 일을 마칠 수는 없는 것이다.

56) 옛 것을 배우고 익혀 새로운 것을 안다는 뜻.

성명의 學은 아주 중대하여 세상에서 늘 찾아 볼 수 있는 작은 일이 아닌 것이다.

장차 나아가 이루는데 조금이라도 어긋남이 있으면 장생을 구하려다 오히려 죽음을 재촉할 뿐이니 어찌 가볍고 쉽다고 할 수가 있겠는가?

고로 性命을 요달하고자 한다면 먼저 성명의 이치를 궁구하고 그런 연후에 성명의 일을 지어야 한다. 성명의 이치는 몸 안의 형체가 있거나 質(질)이 있는 물건이 아니며 또한 몸 밖의 重濁(중탁)한 물건이 아니다.

이것을 말한다면 諸天(제천) 및 사람이 모두 놀래고 의심할 것이니 그 놀래고 의심한다는 것은 身內도 아니고 身外도 아닌 것인데 장차 어느 곳을 찾아야 하는가?57)

자고로 방문에는 3,600 종류의 曲徑(곡경: 구부러진 길)이 있어 각기 분파를 내고 스스로 문호를 열어서 訛傳(와전: 잘못 전함)하여 말하고 맹인이 맹인을 인도하여 갈래를 나누어 더욱 오래 더욱 많아졌다.

기기괴괴한 소리를 귀와 눈에 가득 채우고 절대로 의외의 事를 절대로 생각할 수가 없으며 밝은 지혜로 분별하지 못하고 옳은 것 같으나 옳지 않고 도(道) 같으나 이것은 도가 아닌데 단지 어리석고 무지한 사람만 믿는 것이 아니라 즉 뜻이 분명한 사람도 거기에

57) 단경에서 자주 볼 수 있는 구절로 장삼봉 진인도 처음 화룡진인을 만나 順하면 사람이 되고 逆하면 仙이 된다는 구절을 듣고 깨달았다고 하였는데 다시 선천기를 얻는 데는 어려운 일이 있음을 알고 한탄하였다고 한다.

빠지니 한번 그물 속에 빠지면 종신토록 빠져나오기 힘든 것이다.

예를 들면 丹書에서 말하는 음양, 오행, 원정, 원기, 등의 말들을 採戰家(채전가)58)들은 음양을 남녀라 하는데 어리석고 우매한 사람은 그것을 믿고 지혜가 밝은 사람은 반드시 믿지 않는 것이다.

공부가는 氣가 한번 呼하면 陽이라 하고 한번 吸하면 陰이 된다고 하는데 우매한 자나 明智한 사람도 그것을 다 믿는 것이다. 어떤 사람은 五行이 바로 心肝脾肺腎(심간비폐신)이라고 하는데 우매한 사람은 그것을 믿고 지혜가 밝은 사람은 그것을 믿지 않는다.

어떤 사람은 五行이 바로 精神魂魄意(정신혼백의)라고 하는데 우매한 사람은 그것을 믿고 지혜가 밝은 사람도 그것을 믿는다. 또 어떤 사람은 元神은 思慮(사려)의 神이며 元氣는 호흡의 氣요, 元精은 交感(교감)의 精이라 하는데 우매한 사람은 그것을 믿고 지혜가 밝은 사람은 믿지 않는다.

또 어떤 사람은 元神은 天谷(천곡: 머리 중앙)에 머물며 元氣는 氣海(기해: 하단전)에 머물며 元精은 丹田에 있다고 하는데 우매한 사람은 그것을 믿고 지혜가 밝은 사람도 다 믿는다.

또 예를 들면 丹書에서 말하는 性命과 元牝(원빈),

58) 남녀의 교접을 통해 여자의 기를 취하여 자신에게 보충하는 수련가들을 말함.

그리고 黃庭(황정)등의 象(상)을 어떤 사람은 腎氣(신기)를 命이라 하고 心神(심신)을 性이라 하는데 어리석고 우매한 사람은 그것을 믿고 지혜가 밝은 사람은 불신한다.

어떤 사람은 窮通壽夭(궁통수요)59)를 命이라 하고 賢愚善惡(현우선악)60)을 性이라 하는데 우매한 사람이나 지혜가 밝은 사람도 모두 믿는다.

어떤 사람은 元牝은 生門에 있고 黃庭은 두뇌에 있다고 하는데 우매한 사람은 믿고 지혜가 밝은 사람은 반드시 불신한다.

어떤 사람은 元牝이 咽喉(인후: 목)이고 黃庭은 臍輪(배꼽)이라고 하는데 우매한 사람은 그것을 믿고 지혜가 밝은 사람도 그것을 믿는다.

또 丹書에서 말한바와 같이 清淨虛無(청정허무)로서 金丹을 단련한다는 설을 어떤 사람은 內丹을 수련하는데는 반드시 清清淨淨(청청정정)하고 空虛無物(공허무물)하여야 하고 外丹은 반드시 藥物(약물)을 採取(채취)하고 단련하여 성숙시켜야 한다. 그리고 內丹을 수양하여 了性하고 外丹을 服食(복식: 복용하는 것)하여 接命(접명)한다고 하는데 우해한 사람이나 지혜가 밝은 사람은 막론하고 모두 그것을 믿는다.

무릇 이것은 옳은 것 같고 방문이 아닌 것 같으나

59) 궁색하고 잘나가고 오래살고 일찍 죽는 것을 말함.
60) 현명하고 어리석고 착하고 악한 것을 말함.

가장 쉽게 사람을 미혹케 한다.

고금에 다소의 총명하고 훌륭한 인재나 영웅도 모두 지나친 교만으로 일생을 평범하게 보내 끝내 돌아갈 곳이 없었다. 특히 修眞(수진)의 도를 알지 못했다.

닦아야 할 것은 先天의 眞一之祖氣(진일의 조기)로 이 氣는 恍惚杳冥(황홀묘명)하여 希(희), 夷(이), 微(미)라 말하여, 보려 해도 볼 수 없고 들으려 해도 들을 수 없고 잡으려 해도 잡을 수 없는 것이다. 그러나 비록 不見, 不聞, 不得해도 그것은 실제로 至無이나 至有를 머금고 있고 至虛이나 至實을 머금고 있다.

천지를 낳고 음양을 머금고 오행을 싸고 萬理(온갖 이치)를 구비하고 萬象(만상)을 다 갖추고 있다.

가히 身內에서 구하거나 身外에서 찾을 수 있는 것이 아니다. 이것은 虛無中來(허무중래)[61]한 것으로 性命이 여기에 기탁하고 生死도 여기에 기탁하고 仙佛도 여기에서 이루어지는 것이다.

鼎爐(정로)도 여기에서 설치되고 藥物도 여기에서 채취하고 火候도 여기에서 운행하고 四象도 여기에서 和하며 五行도 여기에서 모이며 金丹도 여기에서 이루어진다.

聖胎도 여기에서 맺어지고 음양을 逆運(거꾸로 운행하는 것)하는 것도 여기에 있으며 조화를 훔쳐 빼앗는 곳도 여기이며 초범입성도 여기에 있으며 元牝門(원빈

---

61) 선천기는 虛無한 중에서 온다고 한다.

문), 元關竅(원관규), 黃庭(황정), 土釜(투부)도 여기에 있지 않음이 없는 것이다.

이른바 그 하나를 얻으면 만사를 끝난다는 것이 이것인 것이다. 이러한 天機秘密(천기비밀: 上天의 비밀)은 천지 귀신도 헤아려 얻을 수 없는 것인데 어찌 가볍게 알 수가 있겠으며 쉽게 깨달을 수가 있겠는가?

오직 큰 지혜가 있는 사람이라야 비로소 알 수가 있으며 오직 큰 공덕이 있는 사람이라야 비로소 깨달을 수가 있다.

그리고 오직 大力과 大苦가 있는 사람이라야 비로소 능히 배울 수가 있으며 오직 大志와 大力量이 있는 사람이라야 비로소 전진할 수 있으며 오직 세심히 추구하고 인내하며 오래하는 공부자라야 비로소 얻을 수 있는 것이다.

하물며 修持(수지)에는 법칙이 있으며 작용에는 火候(화후)가 있으며 工程(공정)에는 순서가 있어 각 단계마다 하나가 아니며 隨時變通(수시변통: 상황에 따라 변통함)하여야 한다. 비록 자기가 鑽硏(찬연)해야 하나 다시 明師의 지점을 받아야 한다.

丹經 만권에 이르러서는 대부분이 有象으로 無象을 비유했으며 有形으로 無形을 비유했으니 어찌 조잡한 마음으로 깨달아 이해할 수가 있겠으며 大意로 능히 眞을 볼 수가 있겠는가?

세간의 호도학인이 心思를 쓰지 않고 苦功도 하지

않고 年月도 인내하지 않고 일언반구로 通徹(통철)한다고 하나 옳은 것 같으나 잘못인 것이다.

곧 成道하고자 하여 비유로 한 象을 믿고 實意(실제적인 뜻)를 추구하지 않으면서 단지 화두를 기억하여 세밀하게 재미를 맛보지 않고 僞書(위서: 거짓된 책)를 보고도 괴이하게 여기지 않으며 곧 僞事(거짓된 일)를 짓고 방문을 만나면 旁路(곁길)로 달리며 眞假(참과 거짓)를 분별하지 않으며 시비를 가리지 않고 단지 문파마다 도가 있다고 말하며 책마다 眞을 말하고 있다고 하면서 맹목적으로 어지럽게 행하여 스스로 그 화를 부르는 것이다.

무릇 이러한 것은 모두 粗心으로 細心하지 않은 까닭에 나는 진심으로 학도하는 사람에게 속히 粗心關口(조심관구)를 타통하여 세심히 鑽硏(찬연)하고 도리를 파헤쳐 붙잡아 一層을 가면 一層을 들어가고 一條를 깨달으면 一條를 나아가 모름지기 正邪(정사)을 가르고 시비를 분별하고 이치의 精髓(정수)를 보고 도의 관건을 알아 자기의 마음속에 분명하게 깨달아 참되고 알차게 믿어 가서 한 이치로 관통하여 천상이나 지하의 만사만물이 다 이와 같은 줄 알았으면 한다. 左나 右, 前과 後에 道氣(도기)가 가득하고 충만하여야 비로소 眞知眞見(진지지견)하며 大悟大徹(대오대철)하여 執象(집상: 모양에 매임)이나 着空(착공: 공에 집착)의 일을 당하여 미혹되지 않는 것이다.

그렇지 않고 세심히 鑽硏(찬연)하지 않고 粗心(조심)으로 了事(료사: 일을 마침)하려고 하면 이 같은 것을 안다하나 실제로는 이 같은 것을 보지 못한 것으로 오히려 황홀과 유사한 경계에 있는 것이니. 망상으로 道岸(도안)으로 오르려고 하는 것은 어려운 것이다.

40. 허도관(虛度關)

修真大道

절대 허송세월하여 性命을 그르치지 않아야 하니, 옛날 사람은 촌음을 아껴 朝乾夕惕(조건석척)[62]하여서 한 때라도 헛되이 보내지 않았다.

讀通關文

至聖云：「後生可畏。焉知來者之不如今也？四十五十而無聞焉，斯亦不足畏也已！」

紫陽真人曰：「嗟夫！人身難得，光陰易遷，罔測修短，安逃孽報。不自及早醒悟，惟只甘分待終。若臨岐一念有差，墮於三途惡趣，則動經塵劫，無有出期。」

62) 아침부터 저녁까지 부지런히 힘써 일하다.

三豐真人曰：「拜明師，問方兒，下手速修猶太遲。」

此皆言學者須當年少時，及早勤學，而不可虛度歲月也。

夫日月易逝，光陰似箭，百年歲月，攸忽間耳。

世間萬般皆假，惟有性命是真。重性命者，須當逞年少力強之時，立定主意，勇猛向前，一念純真，尋師訪友，志誠學去，尋出個救命良方，以了出世因緣。

莫待氣敗神昏，筋骨衰疲，還不得元，複不得本，待時大化，豈不枉來世間一場？蓋年少力強之時，東奔西走，飢寒困苦，能以受的，神足氣旺，易於為力，前程悠遠，可以有造，

萬不可虛度歲月，打混過日，有誤性命。故古人寸陰是惜，朝乾夕惕，不使一時空空放過也。

世間糊塗學人，不知立志修持，貪戀世事，看不開名利，放不過衣祿，認假棄真，日謀夜算，醉生夢死，自惹煩惱，自生苦楚。

喜怒哀樂而俱有，貪嗔癡愛而皆全；無益處偏去用心，有益處反不著意；既不在聖賢經書上辨理.

又不於明師良友處聆教。只圖豐衣足食，打　夥成群，口說雜話，心生雜念，身行雜事，枉自錯過時光。異日閻王老子討要飯錢，將何支持？

絕不思歲不我與，一過不來，不以性命大事為重，而反幹身外傷身害命之事。是以有用之歲月，置於無用之地，豈不可悲哉？

吾勸真心學道者，速將虛度關口打通，將性命時時刻刻放在心上，一舉一動，一言一語，不可忘了。遇師受教，逢友參學。即或大道不明，亦不嗟跎歲月，終得成個好人，免造罪孽。

若果專心致志，能受大苦，立大功，神明默佑，真師鑒賞，大道可冀

否則，不重性命，志氣不振，空過年華。妄想仙道，難矣！

勸真心學道者

至聖 云 “後生(후생)이 가히 두려우나 어찌 來者(오는 사람)가 今과 같지 않음을 알겠는가? 40이나 50에 들지 못하였어도 이것은 족히 두려운 일이 아니다”고 하였고

자양진인 曰 “오호라! 사람 몸 얻기 어려운데 세월은 쉬 흘러가는구나! 수명의 길고 짧음도 헤아리지 못하니 어찌 업보를 피하랴! 서둘러 깨닫지 못하고, 오직 자기의 분수를 달갑게 여겨 죽음만 기다릴 뿐이라. 만약에 죽음의 기로에서 한 생각이 어긋나면 三途(삼도)의 惡趣(악취)에 떨어져 진겁을 발버둥 치더라도 빠져나올 기약이 없는 것이다”고 하였고

삼봉진인 云 "明師에게 절하고 方兒(방아; 수행의 비결)를 물으니 下手는 속히 하여도 오히려 늦다"고 하였다.

이것은 모두 학자는 모름지기 소년의 시절에 서둘러 부지런히 배워 허송세월을 보내면 안 된다는 것을 가르친 것이다.

日月은 쉽게 바뀌고 세월은 화살 같아 백년의 세월이란 순식간에 흐르는 것이다.

세간의 온갖 것은 다 거짓이요 오직 性命만이 참된 것이라. 성명을 귀중히 여기는 사람은 마땅히 나이가 적고 힘이 강할 때에 立定主意(입정주의)하고 용맹으로 앞을 향하고 일념이 순진하여 尋師訪友(심사방우)하여 지성으로 배워나가 求命(구명)하는 참된 방법을 찾아서 出世因緣(출세인연)을 깨달아야 할 것이다.

氣敗神散(기패신산: 기와 신이 모두 흩어짐)하고 筋骨(근골)이 쇠약해질 때를 기다리지 말 것이니 다시 元本을 회복하기가 힘든 때문이다. 대개 나이가 적어 힘이 강할 때에 동분서주하며 飢寒(기한: 춥고 배고픔)으로 곤고해도 능히 참을 수 있으며 神足氣旺(신족기왕)하여 쉽게 회복되어 앞 길이 더욱 멀어도 가히 이룰 수 있는 것이다.

절대 허송세월하여 性命을 그르치지 말 것이다. 고로 古人은 촌음을 아껴 朝乾夕惕(조건석척)하여서 한 때라도 헛되이 보내지 않았다.

세간의 호도학인은 뜻을 세워 修持(수지)하는 것을 모르고 세상일에 연연하여 名利와 衣祿(의록)에 끌리어 認假棄眞(인가기진)[63]하고 낮에는 도모하고 밤에는 계산하며 취생몽사하여 스스로 번뇌를 일으켜 괴로움을 불러들인다.

희노애락을 모두 지니고 탐진치애가 모두 온전해, 아무 이익도 없는 것에 마음을 쓰고 유익한 곳에는 오히려 뜻을 두지 않으니 이미 성현의 經書(경서)로 이치를 분별하지 않는 것이다.

또 明師나 좋은 친구의 가르침도 듣지 않고 단지 의식이 풍족한 것만 바라고 무리를 이루어 입으로 잡된 말이나 하고 마음에는 잡념만 일어나고 몸으로는 잡된 일만 행하여 스스로 세월만 보내니 다른 날에 閻王老子(염왕노자)께서 밥값을 요구할 때 무엇으로 갚겠는가?

절대로 세월이 나와 함께 하지 않는 줄을 알지 못하고 性命을 가장 귀중하게 여기지 않고 오히려 몸 밖에서 몸과 생명을 해치는 일에만 관여하여 세월 만 허비할 뿐이니 어찌 슬프지 않겠는가?

내가 진심으로 학도하는 사람에게 속히 虛度關口(허도관구)를 타통하여 性命을 시시각각으로 마음에 두고 일거일동과 한마디 말에도 잊지 않기를 바라는 바이다. 스승을 만나 가르침을 받고 친구를 만나 함께 참구하

63) 거짓을 옳다하고 참을 버리는 것.

여 혹 대도를 밝히지 못한다 해도 또한 세월을 헛되이 보내지 않으면 끝내는 좋은 사람이 되어 죄 짓는 것은 면할 수 있다.

만약 專心致至(전심치지)[64]하여 능히 大苦(대고)를 견뎌내며 大功을 세우면 神明이 黙佑(묵우)하고 眞師가 살펴주므로 대도를 기대할 수 있는 것이다.

그렇지 않고 性命을 귀중히 여기지 않고 志氣(지기)가 不振하고 세월을 헛되이 보내니 망상으로 도를 이루기는 어려운 것이다.

---

64) 오로지 온 마음을 기우려 힘쓰는 것을 말함.

41. 퇴지관(退志關)

修真大道

일찍이 갈선옹은 60세에 도를 들어 경지가 凌霄卿相(능소경상)에 이르렀고, 여조는 50에 도를 듣고 수련하여 大羅金仙(대라금선)을 이루었고, 자청은 64에 문도하여 부서지지 않는 眞身(진리의 몸)을 이루었고, 三丰은 70에 도를 듣고 太極大羅眞人(태극대라진인)을 이루었다.

讀通關文

「易」曰：「碩果不食，　君子得輿，　小人剝廬。」

古仙云：「七十八十，一息若存，尚能還丹。」

三丰真人曰：「梅寄椰，桑接梨，傳與修真作樣兒。自古神仙栽接法，人老原來有藥醫。」

此皆言年老者，不可灰心退志，半途而廢，必須　耄而好學，愈老愈勤，至死方休也。

夫金丹之道，歸根複命，返老還童，重複接命之道也。

返老還童非是易形變像，容顏如童之說，乃是歸根複命，返還於神全氣足，無虧無欠，娘生本來面目也。

本來面目不難返還，特患人無志氣恒心耳。雖年老力衰，而先天靈根未曾全泯，但不過為後天客氣消磨虧傷矣。

若遇明師，誠求栽接之法，用功修持，增其陽氣，損其陰氣，增之又增，損之又損，增損到無可增損處，虧者而仍圓，無者而複有，依然當年囫囫圇圇、完完成成一個原來，此便是歸根複命，此便是還老返童，此便是接命之法。接得命住，我命由我不由天，

再做向上事業，直達聖域，老何病乎？

昔葛仙翁六十聞道，位證淩霄卿相；呂祖五十四歲聞道，修成大羅天仙；紫清六十四歲聞道，修成不壞真身；三豐七十余歲聞道，修成十極大羅真人。

以上祖師，皆是年老成道，修道何拘老少乎？然則有志者雖年老亦成道，無志者雖年少不成道，志之為功大矣哉？

世間糊塗學人，當年少之時，既不下決心，虛度歲月，及其年老，心灰意冷，即思退步，別務事業。或有早遇明師，得聞香風，自己吃不了的苦，若存若亡，遲延至老，

自委無力可辦，即便歇足不前。凡此皆是始勤終怠，自誤前程，將誰咎乎？

殊不知先盡人事，後待天命。走過一步少一步，作的一事了一事，立定至死方休的念頭。縱然今生不能直登千峰頂頭，能上半山，較之山下之人，不啻雲泥之異。

若因年老退志，四大平放，不肯向前，自盡其限，所謂「閻王不叫，自送其死」也

吾勸真心學道者，速將退志關口打通，須要年老志強，誠心辦事。

間或大事不成，宿根已栽，後世來生，一出頭來，便異於人，決能成道。如有大德大力，不懼生死，現世即能了事。

否則，委於年老，不肯努力，自退志念，到的回頭一著，手忙腳亂，無處歸宿。難矣！

勸真心學道者

易 曰 "큰 과일을 먹어서는 안 되니 군자는 수레를 얻고 소인은 집마저 빼앗길 것이다"고 하였고

古仙 云 "70이나 80에도 한 숨이 남아 있다면 오히려 還丹(환단)[65]이 가능하다"고 하였고

65) 오진편에 "아직 환단을 단련하지 않았으면 산으로 들어가지 말라."고 하였

삼봉진인 云 "매화나무는 榔(랑: 참 느릅나무)에 붙이고 桑(상: 도토리 나무)을 배나무에 접붙이는 것이니 자고로 신선의 栽接法(재접법)66)에는 사람이 늙으면 원래 藥醫(약의)가 있다" 고 하였는데

이것은 모두 나이들은 사람에게 풀이 죽어 뜻이 물러서 중간에 그만두며 안 되며 반드시 늙어서도 배우기를 좋아하고 늙으면 늙을수록 더욱 부지런하고 죽을 때까지 노력해야 하는 것을 말한 것이다.

무릇 금단의 도는 歸根復命(귀근복명)67)하고 返老還童(반노환동)68)하며 거듭 接命(접명: 몸에 다시 생명의 기운을 접붙여 보충하는 것)의 도를 회복해야 한다.

반로환동이란 형상을 변하거나 모습이 동자같이 바뀌어야 한다는 것을 말하는 것이 아니고 이것은 바로 귀근복명하여 神全氣足(신전기족)하여 이지러지거나 흠이 없고 娘生(어머니에 태어날 때의 상태)한 본래면목으로 되돌아가는 것을 말한다.

본래면목으로 返還(반환)하는 것은 어려운 것이 아니나 특히 사람이 志氣(지기)가 항상 하지 않는 것이 걱정 될 뿐이다. 비록 나이가 들어 힘이 쇠약해도 선천의

다.

66) 쌍수법에서 주로 활용하는 법이다.

67) 노자 도덕경에 말로 뿌리로 돌아가 다시 목숨을 회복한다는 뜻이다.

68) 늙음을 돌이켜 젊어진다는 뜻으로, 유명한 신선인 허정양의 말씀에 "內交眞氣存呼吸 自然造化返童顔(안으로 진기가 사귀면 호흡이 있으니, 자연한 조화로 동안으로 돌아간다):고 하였는데 공부하여 깊은 경지에 들어가게 되면 이러한 것을 느끼게 된다. "금강경 진해"에서 "범소유상 개시허망 약견제상비상 즉견여래."라는 주석을 보면 도움이 될 것으로 본다.

靈根(영근: 선천의 신기)은 아직 전부 없어진 것이 아니다. 단 후천의 客氣(객기)에 소모를 당하여 虧傷(휴상: 이지러져 상함)되었을 뿐이다.

만약 明師를 만나 정성껏 栽接(재접)의 방법을 구하고 수지하여 用功하여서 그 陽氣(양기)를 보태고 그 陰氣(음기)를 덜어서 보탤 것은 보태고 덜 것은 덜어서 보태고 덜 것이 보태거나 덜 것이 없을 때에 이르면 일그러진 것은 오히려 원만해지고 없어진 것은 다시 있게 되어 의연히 당년에 완전한 것처럼 완성하여 다시 원래처럼 되면 이것이 바로 귀근복명이며 이것이 곧 반로환동이며 接命(접명)의 법으로 접하여 命이 머물면 我命(나의 목숨)이 나로 말미암고 天으로 말미암는 것이 아니다.

다시 向上(향상) 사업에 힘써 곧 바로 성인의 경지에 이른다면 늙었다고 어찌 병이 생기겠는가?

일찍이 갈선옹은 60에 도를 듣고 지위가 凌霄卿相(능소경상)을 증명하였고, 여조는 50에 도를 듣고 수련하여 大羅金仙(대라금선)을 이루었고, 자청은 64에 도를 듣고 부서지지 않는 眞身(진리의 몸)을 이루었고, 三丰은 70에 도를 듣고 太極大羅眞人(태극대라진인)을 이루었다.

이상의 조사들은 모두 나이가 들었는데도 도를 이루었으니 수도에 어찌 老少(노소)의 구애가 있겠는가? 그러나 뜻이 있는 사람은 비록 나이가 들어도 또한 도를 이루고 뜻이 없는 사람은 비록 나이가 어려도 도를 이룰 수가 없는 것이니 뜻이야 말로 공부의 관건인 것이다.

세간의 호도학인이 나이가 어릴 때에는 이미 下肯心(하긍심: 자신을 낮추는 마음)이 없어 허송세월만 하고 나이가 들면 마음이 식고 뜻이 식은즉 물러날 생각만 하여 달리 사업에 힘쓰거나 혹 일찍 明師를 만나 香風(향풍: 진리의 소식)을 얻어 들었으나 자기 스스로 功苦(공고: 힘써 공을 닦음)하지 않고 若存若亡(약존약망)하여 늦추다가 늙게 되면 스스로 위축되어 분별할 힘도 없어 앞으로 나아갈 마음이 없으니 무릇 이것은 다 처음에는 부지런하나 나중에는 게을러서 자기의 앞길을 그르치는 것이니 장차 누구를 원망하겠는가?

먼저 人事(인사)를 다하고 뒤에 天命(천명)을 기다려야 하는 것을 모르고 한 걸음씩 걸어가고 한 가지 일을 하면 한 가지 일을 마쳐서 죽음에 이르러야 쉰다는 생각을 한다면, 설령 금생에 곧바로 千峰(천봉: 천개의 봉우리)의 정상에 오르지 못해도 능히 산 중간은 오를 수 있는 것이니 산 아래에 있는 사람과 비교한다면 雲泥(운니: 구름과 진흙)가 다른 것과 같을 것이다.

만약 나이가 들어 退志(퇴지: 뜻이 버림)하여 四大(사대; 육체)를 다 놔버리고 앞으로 나아가기를 좋아하지 않고 스스로 제한한다면 이른바 閻王(염왕)이 부르지 않아도 제 스스로 그 죽음을 택하는 것이다.

내가 진심으로 학도하는 사람에게 속히 退志關口(퇴지관구)를 타통하여 모름지기 年老해도 志强하고 誠心으로 辨事하기를 바라는 바이다.

설혹 大事(대사)를 이루지 못해도 숙근을 이미 심었으니 후에 다시 태어나면 다른 사람들과는 다를 것이니 결단코 道를 이룰 것이다. 예를 들면 대덕과 대력으로 생사를 두려워않고 현세에서 능히 일을 마칠 것이다.

그렇지 않고 나이가 들었다하여 위축되어 노력하지 않으려 하고 스스로 물러갈 마음을 품는다면 나중에 머리를 돌아보면 손발이 어지러워 돌아갈 곳이 없게 될 것이다.

42. 과양관(誇揚關)

修真大道

스스로 자만하지 않으면 사람들이 모두 인정하고 스스로 자랑하지 않으면 사람들이 모두 찬양하게 되니, 비로소 백년 이후에 말하는 사람이 칭찬하고 듣는 사람은 앙모하여 영구히 전해지는 것이다.

讀通關文

老祖曰：「多言數窮，不如守中。」
至聖曰：「君子欲 訥於言，而敏於行。」
「玉樞經」曰：「以誠而入。」
「古仙」曰：「知者不言，言者不知。」
此皆教人誠實用功，而不可虛張聲勢也。

修真之道，至精至細，最詳最深，必須審問慎思，極深研幾。功力日久，而後見真。必須志念堅固，腳踏實地，愈久愈勤，而後得真。非可以似是而非，隔靴搔癢，草草了事，。非可以輕薄自滿，空搭虛橋而已.

若明道稍有些兒恍惚，行道稍有些兒玄虛，不但不能行，而且不能知。故學道者，期必至於真知確見，真履實踐為貴歟。

世間糊塗學人，學下幾個工夫，自負有道，數黃道白，人前混說亂講。做過幾日搬弄，見的有些效驗，自謂得道，裝模作樣，目中無人

凡此皆是賣弄精神，以不知為知，以不是為是。自誇其能，虛沽其名，殊不知性命之學，原是為己，非是為人。

原是顧內，非是顧外。當未聞道之時，急欲求其知，須要細心辯別以窮理，及其聞道之後，急欲求其行。

須當潛修密煉以用功，始終一味，誠心辦事，別無二念。所謂用志不分，乃凝於神。

更何有閒暇工夫，在人前誇能喧揚，　沽名釣譽哉？

吾勸真心學道者，速將誇揚關口打通，如愚如訥，謹言慎行。莫恃己長，莫圖虛名，以性命為重，真心實意前行。

未聞道者，低頭學道；已聞道者，低頭修道。夫若到功果完滿之時，至誠前知，神通廣大。

自不誇而人俱誇，自不揚而人皆揚，方且百世而後，說者稱獎，聞者仰慕，永傳不朽，何須自誇自揚，以圖虛名

哉？

否則，無而為有，虛而為盈，自是自足，欺己欺人。妄想成道，難矣！

勸真心學道者

老祖 曰 "많은 말은 궁색하기만 하니, 中을 지키는 것만 못하다"고 하였고,

至聖 曰 "군자는 말은 듣고자 하고 행동은 민첩하다"고 하였고

옥추경 曰 "誠으로 들어간다"고 하였고

古仙 曰 "아는 사람은 말하지 않고 말하는 사람은 알지 못한다."고 하였는데

이것은 모두 사람에게 성실하게 用功하고 허장성세하면 안 됨을 가르친 것이다.

修眞의 도는 至精至細(지극히 정채하고 세밀함)하여 가장 상세하고 깊으니 반드시 살펴 묻고 신중히 생각해야 하며 極深研幾(극심연기: 아주 깊게 연구함)하여 공력을 베풀어 날이 오래되면 뒤에 眞(참)을 보게 된다. 반드시 志念(지념)이 견고해야 하고 각답실지하여 더욱 오래 부지런히 하면 뒤에 眞을 얻게 된다. 옳은 것 같으나 아닌 것으로는 隔靴搔癢(격화소양)[69]하니

대강 대강하여 일을 마칠 수 있는 것이 아니다.

만약 도를 밝혀 조금 이러한 황홀이 있다거나 道를 행하여 조금 이 皃(아)에 玄虛(현허)가 있는 것으로는 능히 행하지 못할 뿐 아니라 또한 알 수도 없다. 고로 학도자는 반드시 眞知를 확견하여 진실로 실천하는 것으로 귀함을 삼아야 하지 않겠는가?

세상에 호도학인은 몇 개의 공부를 배운 것으로 도가 있다고 자부하여 사람 앞에서 어지럽게 말하고 혼란스럽게 강의한다. 며칠을 수행하여 효험을 본 것을 가지고 스스로 得道(득도)했다고 위세를 부리면서 안중에 사람이 없듯이 행세한다.

무릇 이것은 모두 뽐내는 마음으로 알지 못하면서 아는 척하고 옳지 않으면서도 옳은 척 할 뿐이다. 스스로 할 수 있다고 자랑하며 헛된 명예를 구하나 性命의 공부는 알지도 못하니 이것은 원래 자기를 위하려는 것이지 다른 사람을 위하는 것이 아니다.

원래 안을 돌아보아야지 밖을 돌아보면 안 된다. 아직 도를 듣지 못하였을 때는 급히 알려고 구해야 하며 반드시 세심하게 분별하여 궁리해야 하며 이미 도를 들은 후에는 급히 수행을 하려고 해야 한다.

모름지기 潛修密煉(잠수밀련: 음밀하게 숨어서 비밀로 수련함)하여 用功하면서 시종 한 마음으로 성심껏 變事(변사)하고 다른 생각은 없어야 한다. 이른바 用志

69) 신발 위로 가려운 곳을 긁다.

不分(용지불분)하여 神을 凝(응: 엉김)한다는 것이다.

다시 어찌 한가하게 공부하면서 사람 앞에서 사람 앞에서 자랑하며 선양하면서 명예를 낚으려고 하는 것인가?

내가 진심으로 학도하는 사람에게 속히 誇揚闊口(과양관구)를 타통하여 마치 어리석고 어눌한 것처럼 하여 언행을 삼가고 자신의 장점을 자랑하지 말고 헛된 이름을 도모하지 않아야 하며 性命을 귀중히 여기고 진심과 實意(진실된 뜻)로 앞으로 나아가야 한다.

아직 聞道(문도: 도를 듣지 않음)하지 않은 사람은 자세를 낮추고 도를 배우고 이미 聞道한 사람은 겸허한 마음으로 수도해야 한다. 만약 공부가 완전히 가득한 때에 이르게 된다면 지성으로 앞일을 알게 되고 神通이 광대하게 된다.

스스로 자만하지 않으면 사람들이 모두 인정하고 스스로 자랑하지 않으면 사람들이 모두 찬양하니 비로소 백년 이후에 말하는 사람이 칭찬하고 듣는 사람은 앙모하여 영구히 전해지는 것이니 스스로 자랑하거나 찬양하지 않는데 어찌 헛된 명예를 도모하겠는가?

그렇지 않고 없으면서 있다고 하고 비었으면서 찼다고 하고 자신이 옳다고 하고 자신을 만족하며 스스로 속이고 남도 속이니 망상으로 도를 이루려고 하는 것은 어려운 것이다.

43. 환경관(幻景關)

修真大道

正道는 幻景(환경: 환상)이 없고 幻境은 正道가 아니니 幻景을 인정하지 않는 것이 妙가 된다.

讀通關文

「悟真」曰：「不移一步到西天，端坐諸方在眼前。項後有光猶是幻，雲生足下未為仙。」

又曰：「女子著青衣，郎君披素練。見之不可用，用之不可見。」

三豐曰：「空即色，色即空，識破真空在色中。了了真空無色相，法相長存不落空。」

此皆言大道無形無象，不著於幻景也。

夫性命之道，真常之道也。真常之道，不怪誕，不奇異，無形色，無做作，無勉強。自自然然，平平常常，

故老君謂之「自然」，孔聖謂之「中庸」，釋迦謂之「無住」，特人在道中而不知道耳。

只因有生以後，氣質性發落於後天造化，順其陰陽陶冶，內而妄念紛紛，外而六門勾引，內外交攻，本來自然者變為不自然，中庸者變為不中庸，無住者變為有所住，真者潛而假者發，失其本來面目矣。

是以祖師設以術延命之法，從有為而入無為，由漸修而至頓悟，仍返還於自然、中庸、無住，真常永久不壞耳.

未嘗於自然、中庸、無住、真常之外，別有增減也。

雖云奪造化、轉生殺、逆陰陽、扭氣機、結金丹、凝聖胎、身外有身等事，只是完的一個真常物事，豈有借取一切有形有質非類雜物乎？

既云真常，何有景象？若有景象，則非真常，而不自然、不中庸、不無住矣！

世間糊塗學人，聞金丹之說，疑其必有丹之景象；聞蟾光之說，疑其必有光之景象；聞偃月之說，疑其必有月之景象；聞霞光之說，疑其必有霞之景象；聞紅光之說，疑其必有紅之景象；聞結胎之說，疑其必有胎之景象；聞元關一竅之說，疑其必有關之景象；聞元牝之門之說，疑其必有門之景象。更有旁門外道之徒，行內觀之功而見五臟，自謂見了景象；或坐定心之功，耳聞仙樂，目見光華，自謂坐出景象；或行住想之功，神遊仙境洞天，見有

龍鳳樓臺，自謂有真景象；或眼視一處，久而眼光外散，忽明忽暗，自謂有了景象；或默朝上帝，久而神不守室，雲來霧去，覺在空中，自謂道成景象；或運氣逆升，覺的上下輪轉，骨節沖透，自謂開關景象；或服氣飡霞，覺的腹中響動，丹田有物，自謂結丹景象。如此等類，

皆是認其幻景，以假為真。輕則受其病患，重則傷其性命。

殊不知真常之道，非色非空，無形無象，豈有奇奇怪怪之幻景乎！

至於大道完成，身外有身，形神俱妙，與道合真。無形生出真形，無象生出實象。聚則成形，散則化氣。有仍是無，無而實有。有無不立，與虛空同體，有何景象？

不特旁門外道，幻景不是道。即修持正道，功深日久，識神作殃，亦現出奇怪幻景，來敗吾道。或報吉凶，或化鬼怪，或化美女仙童，或化虎豹狼蛇，等等異形。若稍著意，鉛飛汞走，大事壞矣！

大抵正道沒幻景，幻景非正道。總而言之，不認幻景為妙。

吾勸真心學道者，速將幻景關口打通，把一切執相空寂等事掃去，從自然真常處留心窮究，自有個無象之象，空而不空之實理。可以了性，可以了命。

否則，以幻景為真，不但旁門固壞事，即正道亦大壞事。而欲成道，難矣！

勸真心學道者

오진 曰 "한 걸음도 옮기지 않고 서천에 이르며 단좌하니 諸方이 눈앞에 있네. 정수리위에 빛이 있어도 오히려 거짓이요 구름이 발밑에 생겨도 신선이 아니네."라고 하였고

또 曰 "여자는 푸른 옷을 입고 낭군은 흰옷을 입었네. 보이는 것은 쓸 수가 없고 쓰는 것은 보이지 않네."라고 하였고

삼봉 云 "空 즉 色이요. 色즉 空이라. 眞空이 色中에 있음을 간파한다면 眞空이 無色相임을 깨달을 것이니 法相은 장존하여 空에 떨어지지 않으리라"고 하였는데

이것은 모두 대도는 無形無象(무형무상)하니 幻景(환경: 환상)에 집착하지 않아야 한다는 것이다.

무릇 性命의 도는 眞常(진상)의 도요, 진상의 도는 괴이하거나 기이한 것이 아니고, 形色이 없으며 힘써 하는 것도 없고 부지런히 하는 것도 없는 것으로 자연스럽고 평상한 것이다.

고로 노군은 이르기를 자연이라 하였고 孔聖은 중용이라 하였고 석가는 無住(무주)라 하였는데 특히 사람은 도 가운데 있으면서 도를 알지 못한다.70)

70) 능엄경 송시에 "대도의 신령스런 빛이 삼천대천세계를 비추는데 삼천대천세계가 모두 알지 못하네."라고 하였다.

다만 태어난 이후에 기질의 성품이 일어나 후천 조화에 떨어져 그 음양의 陶冶(도야)[71]에 따르고 內로는 망념이 어지럽고 外로는 六門(六根)을 勾引(구인; 끌려 감)하여 內外로 함께 공격하니 본래 자연한 것이 자연스럽지 않게 되었다. 중용은 변하여 中庸이 안 되었고, 無住는 변하여 住한 것이 되었고 참은 잠기고 거짓은 일어나 그 본래면목을 잊어버리게 되었다.

조사께서는 術(술)로 목숨을 잇는 법을 만드셨는데 유위로 쫓아 무위로 들어가고 점수로 돈오에 이르러 다시 자연스런 중용의 無住(무주)로 반환하면 眞常(진상)은 영구히 부서지지 않는 것이다.

일찍이 자연한 중용의 無住인 眞常 이외에 따로 增減(증감: 늘고 줄어듦)이 있는 것이 아니다.

비록 조화를 빼앗고 生殺을 바꾸고 음양을 뒤집고 氣機(기기)를 이끌어 金丹을 맺고 聖胎(성태)를 응결하고 身外有身(몸 밖의 몸)등의 일을 말하나 이것은 단지 하나의 眞常物事(진상물사)를 완성하는 것으로 어찌 일체의 형체나 질이 있는 非類(비류: 같은 종류가 아님)인 雜物(잡된 물질)을 취해서 되겠는가?

이미 眞常이라고 말했는데 어떠한 景象(경상)이 있는가? 만약 경상이 있다면 즉 非眞常(지진상) 不中庸(부중용) 不無住(불무주)인 것이다.

세간의 호도학인은 금단이란 말을 들으면 그것은 반

---

71) 질그릇을 굽거나 쇠붙이를 불리는 것.

드시 丹의 경상이 있어야 한다고 의심하며, 蟾光(섬광)[72]이라는 말을 들으면 반드시 霞(하: 노을)의 경상이 있다고 의심하고, 紅光(홍광)이란 말을 들으면 반드시 紅의 경상이 있다고 의심하고, 結胎(결태)라는 말을 들으면 반드시 胎의 경상이 있다고 의심하고, 元關(원관)의 말을 들으면 반드시 關의 경상이 있다고 의심하며, 元牝(원빈)이란 말을 들으면 반드시 門의 景象이 있다고 의심하며, 다시 방문인 외도의 무리들은 內觀(내관)의 공을 행하여 五臟(오장)을 보고 스스로 경상을 보았다고 말하며, 혹 定心의 功으로 앉아 귀로 仙樂(신선의 음악)을 듣거나 스스로 光華(광화)를 보면 앉아서 경상이 나갔다고 말하고 혹 눈을 한 곳에 주시하여 오래되면 眼光이 밖으로 흩어져 홀연히 밝아지고 홀연히 어두워지면 스스로 경상을 깨달았다고 말하며 혹 상제를 黙照(묵조)하여 오래되면 神이 집을 지키지 않고, 雲來霧去(운래무거)가 空中에 있음을 깨달으면 스스로 도가 景象을 이루었다고 말하고, 혹 運氣(운기)하여 逆升(거꾸로 올라감)하면 上下로 輪轉(윤전)하여 골절을 꿰뚫는 것을 깨달으면 스스로 開關(개관)의 경상이라고 말하고 혹은 服氣餐霞(복기찬하)하여 배 속에 響動(향동)하고 단전에 物이 있으면 스스로 結丹(결단)의 경상이라 말한다.

이러한 것들은 모두 幻景을 인정하여 거짓을 참이라

---

72) 진양의 빛으로 道家에서는 金蟾의 竅로 진양을 採하면 즉 蟾光을 본다.

하는 것으로, 가벼우면 病患(병환)이 되고 심하면 그 性命이 상하는 것이다.

眞常의 도는 非色非空(비색비공)이며 無形無象(무형무상)임을 알지 못하니, 어찌 기괴한 환경이 있을 수 있겠는가?

대도를 완성하는데 이르러 身外有身(신외유신)[73]하고 與道合眞(여도합진)하여 無形에서 眞形을 生出(생출)하고 無象에서 實象을 生出하여 모이면 형체를 이루고 흩어지면 氣로 변화하고 有는 오히려 無고 無는 實有인 것이니 有無가 不立이면 虛空과 동체가 되는 것이니 어찌 경상이 있겠는가?

특히 방문의 외도뿐 아니라 환경은 도가 아니나 正道를 수지하여 공이 깊고 날이 오래면 識神(식신)이 재앙을 지어 또한 기괴한 幻景이 나타나 나의 도를 깨려고 오거나 혹은 길흉을 고하거나 혹 鬼怪(귀괴)로 변하거나 혹은 미녀나 仙童(선동)으로 변하거나 혹 虎豹(호표)나 뱀등 가지가지의 다른 모습으로 변하는데 만약 조금이라도 뜻을 두면 鉛飛汞走(연비홍주)하여 大事를 부수는 것이다.

대저 正道는 환경(幻景)이 없고 幻景은 정도가 아니다. 종합해서 말한다면 환경을 인정하지 않는 것이 妙가 된다.

---

73) 중궁에 10달을 도태를 길러 다 자라면 몸 밖으로 나가는 법신이 있게 된다.

내가 진심으로 학도자에게 속히 幻景關口(환경관구)를 타통하여 일체의 執象(집상: 모양에 집착함)이나 空寂(공적)등의 일을 소제하여 버리고 자연한 진상처를 따라 마음을 두어 궁구하기를 바란다. 스스로 無象의 象과 空하면서 不空한 實理로 가히 了性하고 了命하여야 한다.

그렇지 않고 幻景으로 참을 삼는다면 단지 방문으로 일을 부술 뿐만 아니라 정도라도 또한 크게 일을 부수는 것이니 도를 이루고자 해도 어려운 것이다.

44. 치욕관(恥辱關)

修真大道

도를 밝히지 못하고 도를 이루지 못한 것에 대한 수치와 치욕을 발판삼아 志念(지념)을 굳게하고 노력하여 앞으로 나아가면 자연히 무한한 좋은 일이 있게 될 것이다.

讀通關文

「道德經」曰：「江海能為百谷王者，以其善下之。」

「金剛經」曰：「忍辱波羅密。」

傅大士曰：「頻經五百劫，前的後極時長。承仙忍辱力，今乃證真常。」

此皆言修道者，貴乎能受恥辱也。

夫載道之人，其心如山，其量似海。山之為物，雲來霧去也隨他，林遮雪蓋隨他，風吹火熱隨他，而山之本體，不動不搖，萬古如此。

學道者，志念堅固，遇貧窮而不知，逢災患而不曉，其心亦是如此。海之為物，混濁甜苦之水來也容的，九江八河之水入也容的，黿鼉蛟蜃潛藏也容的，而海之本量，不增不減，永久如此。

學道者，能忍辱受垢，遇逆事而不爭，處卑下而不恥，其量亦是如此

特以為性命者，能受人之所不能受，方能載人之所不能載。

故仲夫子衣敝緼袍，與衣狐貉者 立而不恥；

顏子一簞食，一瓢飲，在陋巷，人不堪其憂，顏子不改其樂；

曾子緼袍無表，顏色腫膾，三日不舉火，十年不制衣，正冠而纓絕，捉衿而見肘，納屨而踵決，曳蹝而歌商頌，聲出金石；

長真受惡人拳打，順受而不爭，

紫清被橫逆喝罵，喜納而不校。

以上聖賢，皆是中之所謀者大，而身外一切不順之境，非禮之加，俱所不計也。

世間糊塗學人，縱性而行，由心而作。身處貧寒，見富貴者而羞愧，自不多事，

遇橫逆者即動火，磕著撞著，便起無明，言語稍犯，即

要爭辨。

更有一等愚人，妄想學道，而又不尊重道。或挾貴而問，或挾賢而問，或挾長而問，或挾有勳勞而問，或挾故而問，不肯虛心誠求；或在眾人觸目之地，拿起身分，大模大樣，不能低頭，怕人笑話

殊不知自大者終不大，自尊者終不尊。如此舉止，縱有祖師對面，神仙同室，何益於事？

吾勸真心學道者，速將恥辱關口打通，把一切世事上假恥辱，置之度外，

另取出個不能明道、不能成道之真恥真辱。立定志念，努力前行，自有無限好事來臨。

否則，以不恥為恥，以不辱為辱，好強自勝，只欲人服我，我不去服人，只知高於人，不知下於人。妄想聞道，難矣！

勸真心學道者

도덕경 曰 "강과 바다가 모든 골짜기의 왕이 되는 것은 잘 낮추기 때문이다"고 하였고

금강경 曰 "忍辱波羅密(인욕바라밀)"이라고 하였고

부대사 曰 "빈번히 5백겁을 지났는데 전후가 지극히 길었다. 仙의 인욕력을 받들어 지금에 眞常(진상)을 증

명하였다"고 하였는데

이것은 모두 수도자에게는 능히 치욕을 견뎌내는 것이 중요함을 말한 것이다.

무릇 도를 실은 사람은 그 마음이 산 같고 그 국량이 바다 같아야 한다. 산은 구름이 오고 안개가 지나가도 거기에 맡기고 숲이 막고 눈이 덮여도 거기에 맡기고 바람이 불고 불이 붙어도 거기에 맡기는 것이니 산의 본체는 동요가 없는 것이니 만고가 이와 같은 것이다.

학도자는 志念이 견고하여 빈궁을 만나도 알지 못하고 災患(재환: 재난과 환난)을 만나도 깨닫지 못하니 그 마음이 이와 같아야 한다. 바다라는 것은 혼탁한 물이 오면 받아들이고 九江(구강)과 八河(팔하)의 물이 들어와도 받아들인다. 자라나 물고기 등이 잠겨 숨어도 받아들인다. 바다의 본래 량은 증감이 없이 영구히 이와 같다.

학도자가 능히 인욕으로 더러움을 받아들이고 거스르는 일을 만나도 다투지 않으며 낮은 곳에 처해도 부끄럽게 여기지 않으니 그 그릇이 이와 같아야 한다.

특히 性命을 위하는 사람은 사람이 받아들이기 힘든 것을 받아들이고 사람이 능히 싣지 못하는 것을 실어야 한다.

고로 仲夫子(중부자)는 옷이 헤져도 수치스럽게 여기지 않았고 안자는 한 벌의 옷과 한 번의 음식으로 남루하게 있으면서 근심하지 않았고 안자는 그 즐거움을 바꾸지 않았다.

長眞은 악인이 주먹으로 치는 것을 받아들여 다투지 않았다.

자청은 좌우로 욕먹고 맞아도 즐겁게 받아들이고 갚지 않았다.

이상의 모든 현인은 모두 그 가운데 도모하는 것이 크므로 몸 밖의 일체 순조롭지 않은 경계에 예를 더하지 않았고 다 계산하지도 않았다.

세간의 호도학인이 性을 따라 행하고 마음으로 짓고 몸이 가난에 처하여 부귀한 사람을 보아도 부끄러이 여기지 않으니 자연히 일이 적은 것이다.

橫逆(횡역: 어지러운 경계)을 만나면 곧 火가 움직여 어찌할 줄 몰라 곧 無明이 일어나고 언어가 좀 어긋나면 즉 서로 옳다고 변론하는 것이다.

다시 한 종류 어리석은 사람이 있어 망상으로 학도하면서 또 도덕을 존중하지 않거나 혹 귀인을 끼고 묻거나 혹 현인을 끼고 묻거나 혹 옛 정으로 묻거나 혹 勳勞(훈로: 공로 공적)를 끼고 묻거나 혹 옛 정을 끼고 묻지만 빈 마음으로 정성들여 구하려고 않거나 혹 뭇 사람이 보는 곳에서 자기의 신분을 드러내 머리를 숙이려고 않고 사람들이 웃는 말을 두려워한다.

스스로 크다고 하나 끝내 크지 않음을 모른다. 스스

로 존귀하다고 하는 사람은 끝내 존귀하지 않은 것이니 이와 같은 행동거지면 설령 祖師(조사)와 마주 보고 신선과 한 집에 있어도 어찌 일에 유익함이 있겠는가?

내가 진심으로 학도자에 속히 恥辱關口(치욕관구)를 타통하여 일체의 세상사가 거짓 수치심과 거짓 욕됨임을 알아 도외시하기를 바란다.

도를 밝히지 못하고 도를 이루지 못한 것에 대한 수치와 치욕을 발판삼아 志念(지념)을 굳게 하고 노력하여 앞으로 나아가면 자연히 무한한 좋은 일이 있게 될 것이다.

그렇지 않고 不恥(불치)를 恥로 삼고 不辱(불욕)을 辱으로 알아 好强自勝(호강자승: 강한 것을 좋아하고 이기려고 함)하여 단지 사람이 나에게 와서 복종하기를 바라고 내가 가서 사람에게 복종하지 않고 단지 사람들보다 높은 것만 알고 사람보다 낮은 것은 알지 못하니 망상으로 도를 듣기는 어려운 것이다.

45. 인과관(因果關)

修真大道

모든 일에 시작을 삼가게 되면 자연히 끝까지 온전해지는 것이다. 무릇 천지간 일체의 크고 작은 사물에는 모두 因果과 있어 善에는 선의 인과가 있고 惡에는 악의 인과가 있다.

讀通關文

「易」曰：「積善之家，必有餘慶。積不善之家，必有餘殃。」

「書」曰：「作善，降之百祥。作不善，降之百殃。」

又曰：「天作孽，猶可違。自作孽，不可活。」

「參同契」曰：「初正則終修，幹立末可持。」

正陽翁曰：「種麻即得麻，種 黍即得黍。」

此皆言有因必有果，

凡事謹之於始，自能全之於終也。蓋天地間一切大小事務，皆有因果。善有善之因果，惡有惡之因果。

為善者，必有善報；為惡者，必有惡報。為善者，善之因也；善報者，善之果也；為惡者，惡之因也；惡報者，惡之果也。善惡之報，如影隨形，毫髮不爽。

故君子戒慎乎其所不睹，恐懼乎其所不聞，念念歸善，不使有一些惡念生於方寸之中。非禮不履，非義不行，行行皆善，不使有一件惡行見於日用之間。念念善，行行善，因善，而果未有不善者也。

試觀世間殺人者償人命，救人者人報恩，感以善，應以善；感以惡，應以惡。此感彼應，有因有果，自然而然。

所謂一念之善，便是天堂；一念之惡，便是地獄。天堂地獄，惟人自造。

孟子曰：「禍福無不自己求之者。」老子曰：「禍福無門，惟人自招。」

觀此而因果之理，豈不顯然易見哉？

世間糊塗學人，不信因果，損人利己，傷天害理，無所不為。或騙化十方，以為得計；或假裝有道，以哄愚迷；或借 黃白 假術，而破人家產；或以閨丹邪事，而引人作惡；或枉口嚼舌，而譭謗高明；或陰謀暗箭，而壞人好事。諸如此類，皆是不信因果。

殊不知作善作惡，是修結果之路。修成善路，異日造物

者送你善路上去享福；修成惡路，異日造物者送你去惡路上去受罪

諺云：「要知前世事，今生受者是。要知後世事，今生作者是。」此言真實不虛，

不信來世，試觀現世。現世少年作善者，老年享福；少年作惡者，老年受罪。此人人共知共見者也。

吾勸真心學道者，速將因果關口打通，一念一事，須要謹慎，一動一靜，不可忽略。

先學一個不作孽不造罪的好人，然後理會大事，以圖上進，庶乎有造。

若因果不論，即要學道，又要作孽，明知明昧，罪上加罪。妄想聞道，難矣！

勸真心學道者

역에 말하기를 "선을 쌓는 집은 반드시 기쁨이 남아있고 악을 쌓는 집안은 반드시 재앙이 남아있다"고 하였고

書에 말하기를 "善을 지으면 온갖 상서로움이 내려오고 不善하면 온갖 재앙이 내려온다."고 하였다.

또 말하기를 "하늘이 만든 재난은 오히려 피할 수 있지만 자기가 만든 재난은 피할 수 없다"고 하였고,

참동계에 말하기를 "처음이 바르면 끝가지 닦을 수 있지만 헛되이 세워진 것은 유지할 수가 없다"고 하였고,

정양옹께서 말하기를 "痲(마)를 심으면 마를 얻고 黍(서: 기장)를 심으면 기장을 얻는다."고 하였다.

이것은 모두 因이 있으면 果과 있음을 말한 것이다.

모든 일에 시작을 삼가게 되면 자연히 끝까지 온전해지는 것이다. 무릇 천지간 일체의 크고 작은 사물에는 모두 因果과 있어 善에는 선의 인과가 있고 惡에는 악의 인과가 있다.

선을 행하는 사람은 반드시 선의 보답이 있고 악을 행하는 사람은 반드시 악의 보답이 있다. 선을 행한다는 것은 선의 因이고 선의 보답이란 선의 果인 것이다. 악을 행하는 것은 악의 因이고 악의 보답이란 악의 果인 것이다. 선악의 갚음이란 마치 그림자가 형체를 따르는 것 같아서 털끝만치도 어긋남이 없다.

고로 군자는 남이 보이지 않는 곳에서도 삼가 경계하고 남이 듣지 못하는 곳에서 두려워한다. 생각마다 善으로 돌아가고 하나의 악한 생각도 가슴속에서 생겨나지 않는다. 예가 아니면 실천하지 않고 의가 아니면 행하지 않는다. 행하는 것마다 모두 선하고 한 건의 악행도 日用之間(일용지간)에도 보지 않는다. 생각마다 善하고 행하는 것마다 선하여, 因이 善하니 果가 선하지 않음이 없다.

시험 삼아 살펴보면 세간에서 사람을 죽이는 사람은 자기의 목숨을 보상해야 하고 사람에게 구함을 받은 사람은 사람에게 은혜로 보답한다. 善으로 感하면 善으로 應하고 악으로 感하면 악으로 응하여 此感하면 彼應하고 因이 있으면 果과 있는 것이 자연히 그렇게 되는 것이다.

이른바 한 생각 善한 것이 곧 바로 천당이요 한 생각 惡한 것이 곧 바로 지옥이니 천당과 지옥은 오직 사람 스스로 지을 뿐이다.

맹자가 말하기를 "禍福(화복)은 이것이 자기가 구하지 않음이 없다"고 하였고

노자는 말하기를 "화와 복은 문이 없고 오직 사람이 자초한다"고 하였다.

이로 볼 때 因果의 이치가 어찌 쉽게 나타난다고 볼 수 있겠는가?

세간에 모호한 학인이 인과를 믿지 않고 남에게 손해를 끼치고 자기는 이롭게 하여 天理를 傷害(상해)하여 하지 않는 짓이 없다. 혹 十方을 두루 다니며 생계를 위해 남을 속이는데, 어떤 사람은 도가 있는 것처럼 가장하여 어리석은 이들을 기만하거나, 혹 黃白(황백)[74]의 거짓된 술로 사람들의 재산을 망치거나 혹은 閨丹(규단)[75]하는 삿된 일로 사람들은 유인하여 惡을

74) 고대의 연단술을 또 항백술이라 한다. 황백은 외단의 명사로 黃은 황금이고 白은 백은으 가리킨다.

75) 여자 몸에 있는 陰丹으로 금선증론에서는 이것은 採戰(채전), 女鼎(여정)이

짓게 하거나 혹은 삿된 입과 씹는 말로 高明한 이를 비방하거나, 혹은 보이지 않는 화살처럼 음모를 하여 사람들의 좋은 일을 부수어 버린다. 이와 같은 종류는 모두 因果를 믿지 않는 것이다.

마침내 선악이 무엇인지 알지 못하고 결과만을 닦는 길일뿐이다. 善路(선로: 착한 길)를 닦아 이루면 다른 날에 造物主가 너에게 善路에서 행복을 받게 되고, 惡路를 닦아 이루면 다른 날에 조물주가 너에게 惡路에서 죄를 받게 된다.

언이 말하기를 "요컨대 전생에 일을 알고자 하면 금생에 받는 것이 이것이고, 요컨대 다음 生의 일을 알고자 한다면 금생에 짓는 것이 이것이다"고 하였는데 이것은 진실한 말로 거짓이 아니다.

내세를 믿지 않으면, 시험 삼아 살펴보라, 현세에서 少年이 선을 지으면 노년에 복을 받게 되고 소년 때에 악을 지었다면 노년에 죄를 받게 되는 것이니, 이것은 사람들마다 모두 보고 아는 것이다.

나는 진심으로 학도하는 사람에게 속히 因果關口(인과관구)를 타통하라고 권한다. 한 생각과 한 가지 일에 반드시 삼가며 신중히 하고 一動과 一靜을 소홀히 하지 말 것이다.

먼저 하나의 화근도 짓지 않고 죄를 짓지 않는 호인

라 하며 여인을 爐鼎(로정)으로 하여 수행하는데 그것을 믿는 사람은 반드시 성명을 상하며 이류로 태어나니 만겁에도 다시 돌아올 수 없다고 한다.

이 되기를 배우고 그런 다음에 大事를 알아서 더 나아지기를 도모한다면 비로소 짓는 바가 있을 것이다.

만약 因果을 말하지 않고 학도하고자 한다면 또 화근을 짓게 되고 아는 것이 昧해져서 죄에 죄를 보탤 뿐이니 망상으로 도를 듣고자 한다면 어려울 뿐이다.

46. 서마관(書魔關)

修真大道

만약 경서에 집착하여 멋대로 헤아려 자기의 편견에 의지해 스스로 도는 곧 여기에 있다고 하며 다시 도가 있는 것을 증명하지 않는다면 이는 잘못이 깊은 것이다.

讀通關文

「悟真」曰：「契論經歌講至真，不將　火候著於文。要知口訣通元處，須共神仙仔細論。」

又云：「卦中設象本儀形，得象忘言意自明。舉世迷徒惟執象，卻行　卦氣望飛升。」

上陽子曰：「大道從來是強名，陰符道德始存經。神仙次第丹經續，口訣安能紙上明。」

此皆言讀經書而不可偏執經書也。

夫經書典論，千比萬喻，所以為後世學人開明路，指大道，劈邪示正。

其中藥物真假、作用是非、工程次序、修性修命、無一不備。

但其言幽隱，其理深奥，以有形比無形，以有象喻無象，非可以粗閱而知，亦非可以私猜而曉。

況性命之學不比世間有形有象之物，能以顯言明書。至於性命之所以然、大道之所以妙，議之則非，言之則失。

丹經子書雖極力形容，有言之而言不及，書之而書不出，其能言能書，亦大略耳。

學者用心鑽研，會的大略，便能識的門戶，分的邪正。從此再求明師，方有進益

若執經書以意猜度，依己偏見，自謂道即在是，再不就證於有道，誤之甚矣！

故棄經書，全不理論，固是大錯。若執經書，再不求人，更是大錯，棄書執書皆非也。

世間糊塗學人，看過幾卷丹書，見有鉛汞砂銀之說，不入於服食，便歸於燒茅；見有男女彼我之說，不入於閨丹，便歸於採取；

見龍虎龜蛇之說，不疑為肝肺，便認為心腎；見顛倒逆運之說，不疑為後升，便認為前提；

見清淨無為之說，不疑為空寂，便猜為存想；見以術有

為之說，不疑為搬運，使誤為扭捏；

見泥丸、黃庭、元關、眾妙門、昆侖頂　等說，便疑為色身有方有所之穴竅；

見谷神、嬰兒、聖胎、金丹、法身等說，便疑為身內有氣有血之結聚。

如此之類，不一而足，各憑己見，自拈門戶，以假為真，碌碌一生，終無所成，不但無益，而且有損

原其故，皆由執書為道，不求明師，中了書魔，誤了大事。

聖人云：「博學之，審問之。」「若知博學而不審問，所謂「饒君聰慧過顏閔，不遇真師莫強猜」者是也。

吾勸真心學道者，速將書魔關口打通，不要為書所誤。先須細玩經書，辨別邪正，認定門戶，訪求明師，以證是非。萬不可自作聰明，似是而非，草草了事。

否則，執書為道，自以為得。妄想成道，難矣！

勸真心學道者

오진 曰 "契(계), 論(론), 經(경), 歌(가)의 말씀이 지극히 참되나 火候(화후)에 대해서는 글로 짓지 않았다. 요컨대 구결의 通玄處(통현처: 현묘한 것을 통한 곳)를 알고자 한다면 반드시 신선과 함께 자세히 론하라"고

하였고

또 曰 "卦(괘)중에 象을 베푼 것은 兩儀(양의)를 본뜬 것이니 象을 얻어 말을 잊으면 뜻이 저절로 밝혀짐이라. 세상의 어리석은 이들은 오직 象에 집착하여 오히려 卦氣(괘기)를 행하여 날아올라가기를 바란다."고 하였고

上陽子 曰 "대도는 종래로 억지로 붙인 이름으로 陰符(음부), 道德(도덕)으로 비로소 경이 있게 되었다. 신선은 순서대로 丹經을 지었으나 口訣을 어찌 종이 위에 밝혔겠는가?" 라고 하였는데

이것은 모두 경서를 읽어도 경서에 집착하면 옳지 않다는 것을 말한 것이다.

무릇 경서나 典論(전론)은 온갖 비유로써 후세의 학인을 위해서 길을 밝게 열어 대도를 가리키고 邪를 물리치고 正을 보인 것이다.

그 중에 藥物의 眞假(진가)와 作用의 是非와 공정의 순서로 修性과 修命에 대해 갖추지 않은 것이 없다.

단 그 말이 幽隱(유은)[76]하고 그 이치가 심오하여 有形으로 無形을 비유하고 有象으로 無象을 비유하여 가히 선불리 읽어서 알 수가 있는 것이 아니고 개인적인 생각으로 깨달을 수 있는 것이 아니다.

하물며 性命의 학은 세간의 有形, 有象한 物로 비교하여 책에다 밝게 나타낼 수 있는 것이 아니다. 性命의

76) 깊이 감추어져 드러나지 않은 곳.

所以然(소이연: 그렇게 된 까닭)과 大道의 所以妙(소이묘: 신묘한 까닭)에 이르러서는 생각하면 아니고, 말하게 되면 잃어버리는 것이다.

丹經子書(단경자서)에 힘을 다하여 설명하였으나 말을 해도 말이 미치지 못하고 책으로도 알 수가 없는 것인데 말이나 책이란 대략을 말한 것 뿐 이다.

학자는 마음을 써서 鑽硏(찬연: 깊이 있게 연구함)하여 대략을 이해하여 곧 능히 문호를 알고 正邪을 가르고, 다시 明師를 구하여야 비로소 진전이 있다.

만약 경서에 집착하여 멋대로 헤아려 자기의 편견에 의지해 스스로 도는 곧 여기에 있다고 하며 다시 도가 있는 것을 증명하지 않는다면 잘못이 심한 것이다.

고로 경서를 버리고 이치를 논하지 않는 것도 크게 잘못이다. 만약 경서에 빠져 다시 사람을 구하지 않으면 곧 이것은 크게 잘못인 것이다. 책을 버리거나 책에 집착하는 것은 모두 잘못인 것이다.

세간의 호도학인이 몇 권의 단서를 보고 鉛汞砂銀(연홍사은)의 설이 있는 것을 보고 服食(복식)으로 들어가지 않으면 곧 상수리나무를 태우거나, 남녀와 彼我(피아)의 설이 있는 것을 보면 閨丹(규단)에 들어가지 않으면 곧 채취를 한다거나,

龍虎龜蛇(용호구사)의 설을 보면 肝肺(간폐)라고 의심하지 않으면 곧 心腎(심신)이라고 하고 顚倒(전도)하여 逆運(역운: 거꾸로 운행함)한다는 설을 보면 後昇

(후승: 등 뒤의 독맥으로 올라감)이라고 의심하지 않으면 곧 前降(전강: 앞의 임맥으로 내려감)이라고 하거나,

혹 淸淨無爲(청정무위)의 설을 보면 空寂(공적)이라고 의심하지 않으면 곧 存想(존상)[77]이라고 헤아리고,

術로 有爲한다는 설을 보면 곧 搬運(반운)[78]이라고 의심하지 않으면 곧 尾閭(미려: 척추의 맨 아래에 있는 꼬리뼈)를 손으로 누르거나[79]

니환, 황정, 원관, 중묘문, 곤륜정 등의 설을 보면 곧 色身(색신: 육체)에 있는 방향과 장소가 있는 穴竅(혈규)라고 하거나,

谷神, 嬰兒, 聖胎, 金丹, 法身 등의 설을 보면 몸 안에 氣와 血이 맺어져 모인 것으로 보는데,

이와 같은 것들은 하나도 만족스럽지 못한 것으로 각기 자기의 견해에 의지하고 스스로 문호를 세우고 假로 眞을 삼아 일생을 헛 보내는 것이니 끝내 이룰 수 없다. 단지 무익할 뿐 아니라 또한 손해가 있다.

그러한 까닭에 책에 집착하여 도라 하고 明師를 구하지 않고 책의 魔(마장)에 빠져 대사를 그르치는 것이다.

---

77) 일정한 의념을 보존하거나 환상을 말함.

78) 고대의 법술 중에 인력을 쓰지 않고 물건을 옮기는 것.

79) 능엄경 송시에 불공화상이 운 "박복한 사람이 음욕을 끊지 못하여 미려를 손으로 누르고 상대의 陰을 채취하니, 元陽이 흔들리는 것이라. 장벽도 없거늘 진흙을 잘못 알고 金이라 부르네."라고 하였으며 그 주석에 심히 애통하고 애통하다. 음욕을 끊는 것이 최고의 대장부라고 하였다.

성인께서 말씀하시길 "박학하고 살펴서 물어야 한다"고 하셨는데, 이는 "만약 박학만 하고 살펴 묻지 않는다면 이른바 그대의 총명이 顏,閔(안민)[80]보다 나아도 眞師를 만나지 못했으면 억지로 헤아리지 말라"고 한 것이 이것이다.

내가 진심으로 학도자에게 속히 書魔關口(서마관구)를 타통하여 책으로 인해 그릇되지 말고 먼저 세밀히 경서를 음미하고 邪正을 분별하고 문호를 알면 비로소 明師를 구하여 이로써 시비를 증명하기를 바란다. 절대로 스스로의 총명으로 옳은 것 같으나 아닌 것을 믿고 了事(료사: 일을 끝마침)에 초초해서는 안 된다.

그렇지 않고 책에 도가 있어 스스로 얻을 수 있다고 하니 망상으로 도를 이루기는 어려운 것이다.

80) 공자의 제자 민자건과 안회를 말함.

47. 착공관(着空關)

修真大道

무릇 도란 至無하나 至有하고 至虛하나 至實을 머금고 空하나 不空하고 不空하나 空한 것이다.

讀通關文

佛曰：「發阿耨多羅三藐三菩提心者，於法不說斷滅相。」

智者禪師曰：「法法生妙法，空空體不空；斷滅不斷滅，智覺悟深宗。」

「心經」云：「舍利子，色不異空，空不異色。色即是空，空即是色。」

「悟真」曰：「饒君了悟真如性，未免拋身卻入身。何似更兼修大藥，頓超無漏作真人。」

緣督子曰：「今人學道者不得正傳，不悟平叔‘未煉還丹莫入山'之語，惟欲避喧求靜，遁世遠人，出妻屏子，離塵絕俗，窮谷深山，獨居孤處，以為自高。如此則棄世間法也。」

三豐子曰：「再休誇清淨無為也得還丹。」

此皆言大道真空不空，而非 頑空寂滅之學也。

夫道也者，至無而含至有，至虛而含至實，空而不空，不空而空，乃法財兩用，有無一致，無為而無不為

試觀天地無為而萬物生，日月無為而四時運，聖人無為而天下治，

是無為之中而有為，非空空無為之說。若以空空無為為道，則道為死物，非天地日月聖人之道，乃木雕泥塑無用之道，何足以為道哉？

夫所謂道者，徑路也，人通行者為徑路，無人行者非徑路。可知性命之學，必先求其知，而後力其行。知所以為行，行所為全知。

況修真者，修行也，空寂之學，何云修行？

謂之守空則可，謂之修行則不可。故頑空事務，古人有「磨磚作鏡」之譏，「積雪為糧」之諷，蓋因其虛而不實也。

世間糊塗學人，不究道之源流，不辨理之是非：或灰心止念，忘物忘形；或空穀守靜，一塵不染；或守定一竅，養氣存神；或目注頂上，一意不散；或對鏡定視，冀望出

神；或念存明堂，想像赤珠。

如此等類，皆是頑空斷滅之事，非是修道，實是昧道，如何能　複初歸根、了性了命、形神俱妙、與道合真、超出乎陰陽造化之外哉？

況人自有生以來，受後天陰陽五行之偏氣，又帶無始劫以來　輪回根塵之雜氣，若無點化群陰之大藥，扭轉造化之本領，只以空空無為畢其事，怎能返陰為陽、拔去曆劫孽苦種子乎？

吾勸真心學道者，速將著空關口打通，急訪明師，另求個起死回生實落事務，早下工夫，莫要捉風捕影，望梅止渴，耽誤路程，空過歲月。

否則，空空無為，無捉無拿，有何實濟？妄想成道，難矣！

勸真心學道者

佛 曰 “아뇩다라삼막삼보리심을 발한 사람은 法에 있어 斷滅相(단멸상)[81]을 말하지 않는다”고 하였고

智者禪師 曰 “法法하나 妙法을 생하고, 空空하나 體가 不空이라. 斷滅이나 단멸이 아니요, 智로 深宗을 覺悟라”고 하였고,

81) 일체의 모든 相을 단절하는 것.

심경 운 "사리자야 색불이공 공불이색 색즉시공 공즉시색이라"고 하였고

오진 曰 "그대가 眞如性(진여성)을 깨달았다고 하여도 몸을 버리면 다시 몸속으로 들어감을 면할 수 없으니 어찌 다시 大藥(대약)을 닦아 단박에 無漏(무루)[82]를 지어 진인이 되는 것만 같으랴!" 고 하였고

연독자 왈 "지금에 학도자가 正傳(정전: 정법의 전수)을 얻지 못했으면 평숙의 아직 還丹(환단)을 하지 못하였으면 산으로 들어가지 말하는 말을 깨닫지 못할 것이다. 오직 시끄러운 데를 피하여 고요함을 구하고 세상을 피하여 사람을 멀리하고 처와 자식을 떠나 세속을 끊고 홀로 孤處(고처: 외로운 장소)에 머물러 스스로 고상한 척 하니 이런 것은 세간법을 버리는 것이다"고 하였고

삼봉 曰 "다시 淸淨無爲(청정무위)를 쉬고 환단을 얻는 것이다"고 하였는데

이것은 모두 대도는 眞空不空(진공불공)으로 頑空(완공)인 적멸의 공부가 아닌 것을 말한다.

무릇 도란 至無하나 至有하고 至虛하나 至實을 머금고 空하나 不空하고 不空하나 空하다. 이것은 法財, 2가지를 다 이용하여 有無가 일치하며 무위하나 하지 않음이 없다.

82) 도가의 연양방법으로 남자는 精이 새지 않고 여자는 經이 새지 않는 것을 무루라 함.

시험 삼아 살펴보면 천지는 無爲하나 만물이 生하고 日月은 無爲하나 四時가 운행하며 성인은 無爲하나 천하가 다스려 지는 것이다.

이것은 無爲중에 有爲로 空空한 無爲의 말이 아닌 것이다. 만약 空空한 無爲의 말로서 도를 삼는다면 도란 죽은 물건인 것으로 천지 일월 성인의 도가 아닌 것이다.

이른바 도란 徑路(경로)로 사람이 통행하는 길이 된다. 사람이 다니지 못하는 것은 길이 아니다. 이로서 性命의 공부는 반드시 먼저 그 알아야 할 것을 구하고, 그 다음에 그 행에 힘을 다하여야 한다. 아는 까닭에 행하게 되고 행하는 까닭에 온전히 알게 되는 것이다.

하물며 수도란 수행으로 空寂(공적)한 공부를 어떻게 수행이라 하겠는가?

그것은 空만 지킬 뿐인 것으로 수행이라고 하면 안 된다. 고로 頑空(완공)의 일에 힘쓰면 古人(마조선사)의 기왓장을 갈아서 거울을 만든다는 허물과 눈을 쌓아 양식을 삼는 허물이 있는 것이다. 대개 그것은 허망한 것으로 실제적이지 않기 때문이다.

세간의 호도학인은 도의 원류를 궁구하지 않고 이치의 시비를 가리지 않고 혹 灰心(재심: 마음이 재 같음)으로 止念(지념)하여 忘物忘形(망물망형)하거나 혹 빈 골짜기에서 고요함만 지켜 한 티끌에도 물들지 않거나, 혹 하나의 구명을 고요히 지켜 養氣存神(양기존신)하거나 혹 눈을 정수리를 주시하여 한 뜻도 흩어지지 않거나 혹 거울을 마주하여 뚫어지게 주시하여 出神(출신: 머리 정수리로 陰神이 나감)을 바라고 기대하거나, 혹 念을 明堂(명당: 이마의 두 눈썹사이 바로 위)에 두고 赤珠(적주: 붉은색의 구슬)를 상상하거나,

이와 같은 종류는 다 완공인 단멸의 일로 수도가 아니고 실제로는 어리석은 도인 것이니 어떻게 능히 처음을 회복하여 뿌리로 돌아가 了性了命(요성요명)[83]하고 形神俱妙(형신구묘)[84]하며 與道合眞(여도합진)하여 음양조화의 밖으로 超出(초출)할 수가 있겠는가?

하물며 사람이 태어난 이래로 후천의 음양오행의 偏氣(편기: 치우쳐 받은 기)를 받았고 또 무시 겁 이래로 윤회의 根塵(근진)인 잡된 氣에 묶여 있는데 만약 모든 陰을 점화하는 大法(대법)으로 조화의 본령을 紐轉(뉴전: 중심을 전환하다)할 수 없다면 단지 헛된 無爲로 그 일을 끝낼 뿐이니 어찌 능히 陰을 되돌려 陽이 되게 하여 歷劫(역겁: 무한 세월)의 괴로운 종자를 뽑아낼 수 있겠는가?

내가 진심으로 학도자에게 속히 着空關(착공관)을 타통하여 급히 明師를 방문하고 따로 기사회생하는 실제의 일을 구해 서둘러 공부를 하여 바람을 잡고 그림자를 잡는 것이나 매실을 생각하여 기갈을 면하려는 생

83) 수도인이 俗情을 벗어나고 유위에서 무위에 이르러 幻身에 묶이지 않는 것.

84) 정신과 육체가 함께 초탈하여 대도와 계합하는 것.

각을 버리고 세월을 헛되이 보내지 않기를 바란다.

그렇지 않고 空空한 無爲로 잡으려 한다면 어떻게 실제로 구제가 되겠는가? 망상으로 도를 이루기는 어려운 것이다.

48. 집상관(執相關)

修真大道

형체에 집착하는 공부는 모두 육체를 위주로 하는 공부로 선천 性命의 도와는 거리가 먼 것으로 아무리 애써도 별 도움이 안 된다.

讀通關文

「金剛經」曰：「不可以三十二相見如來。」

「圓覺經」曰：「我今此身，四大假合。」

「悟真」曰：「陽裏陰精質不剛，獨修一物轉羸尫。勞形按影皆非道，服氣餐霞總是狂。」

又後序云：「今之學人，取鉛汞為二氣，指臟腑為五行，分心腎為坎離，以肝肺為龍虎，以神氣為子母，執津液為鉛汞，不識浮沈，寧分主賓，何異認他財為己物，呼別姓為親兒？」「古仙」云：「莫執此身云是道，此身之外有真身。」

此皆言不執色身以為道也。

夫修真之道，先天之道。先天之道能以無形化有形，能以無象生實象，能以奪造化，竊陰陽，逆氣機，了生死，非同一切在色身上做工夫者可比。

色身為四大假合之物，外而眼耳鼻舌口，內而心肝脾肺腎，與夫骨節穴竅，皆是假物，那有一件是真？

大限一到，一堆朽骨臭肉。若執此身而修，如何了得性命，出得生死？

故老祖云：「吾之所以有大患者，為吾有身，及吾無身，吾有何患？」可知色身為人生之大患。

因其是大患，故祖師留　金丹大道，教人修持性命，去假保真，脫此大患也。

脫去大患，自有無患者存。無患者，真身也。真身又名「法身」，又名「陽神」.

此身修成，入水不溺，入火不焚，入金石無礙，陰陽不能鑄，造化不能拘，與天地同長久，與日月同光明。修色身者，焉能到此地位？

世間糊塗學人，不辨是非真假，亂學冒做，如夜間走路、夢中做事：或搖骨而擺髓，或推前而運後，或折東而補西，或運氣撞頂門，或逼精而上腦，

或行八段錦以活骨，或運六字訣以提氣，或以兩腎中間

為玄關，或以腎前臍後為黃庭，或以口鼻為玄牝，或以丹田為命根，或以天穀為性地，或以心腎為嬰兒姹女，或以肝肺為青龍白虎，或吸氣過臍輪，至丹田為胎息，或運氣撞三關，至腦後為開關。更有拭目咽津、納清吐濁、摸臍勒便，等等擺弄作為，不可枚舉。

皆謂之執相，皆是在肉皮囊　上做事業，破插袋內弄虛頭，與先天性命之道，天地懸隔。

到的年滿月盡，一無所恃，可不傷哉？

吾勸真心學道者，速將執相關口打通，把性命二字著實下個工夫，

追究出個下落：如何是性？如何是命？性於何處存？命於何處寄？果然將性命二字辨的分明，認的真確。即知性命不在眼耳鼻舌身，不在心肝脾肺腎，不在三百六十骨節，不在四肢百脈血液，別有個無方無所無形無象的秘密物事。

不在內，不在外，正在虛無寂寥之境，從此進步，便有著落，不至認假失真，為旁門所誤

否則，不知性命是何物，在一身上下亂摸揣，有形有質處亂做作。妄想成道，難矣！

勸真心學道者

금강경 曰 "32相으로 여래를 보는 것은 옳지 않다"고 하였고

원각경 曰 "나의 지금 이 몸은 四大가 假合(가합: 거짓으로 합한 것)한 것이다"고 하였고

오진 曰 "陽속의 陰精은 재질이 강하지 않으니 오직 一物만 닦으면 오히려 파리해진다. 勞形(로형)[85]과 按引(안인: 도인법)은 다 도가 아니요. 服氣(복기)와 餐霞(찬하: 노을 기운을 마심)도 모두 미친 짓이라"고 하였고

후서(後序)에서 언급하기를 "지금의 학인은 鉛汞(연홍)을 취하여 2氣로 삼고 臟腑(오장육부)를 가리켜 五行으로 삼고, 心腎을 나누어 坎離(감리)로 삼고 肝肺(간폐)를 龍虎로 삼고, 神氣를 子母로 삼고 津液(진액)을 가지고 鉛汞으로 삼는다. 浮沈(부침)[86]을 모르면 어찌 主賓(주빈)[87]을 나누랴? 어찌 다른 사람의 재물을 자기의 재물이라고 하고, 다른 姓(성씨)을 부르면서 자기의 아들이라고 부르는 것과 어찌 다르겠는가?"라고 하였고

---

85) 형체를 위주로 하여 힘들게 단련하는 것.
86) 오행에서 금은 가라앉으니 뜨게 하고 목은 뜨니 가라앉게 하는 것을 말함.
87) 주인과 손님으로 내가 오히려 손님이 되고 손님이 오히려 주인이 된다.

古仙 云 "이 몸을 가지고 도라고 말하지 말라. 이 몸 이외에 眞身(참된 몸)이 있다"고 하였는데

이것은 모두 色身(육체)에 집착하여 도를 삼지 말라고 한 것이다.

무릇 修眞의 도는 선천의 도로 능히 무형을 유형으로 변화하게 하고 無象으로 實相(실상)을 생하고 능히 조화를 빼앗고 음양을 훔치고 氣機(기기)[88]를 逆(역: 거꾸로 함)하고 생사를 요달하는 것으로 일체 色身으로 공부하는 것과는 비교할 것이 아니다.

色身은 四大(지수화풍)가 가합한 물건으로, 밖으로는 눈 귀 코 혀 입이고 안으로는 심장 간 비장 폐 신장과 골절과 穴竅(혈규)로 모두 이것은 거짓 물질인 것으로 어찌 하나라도 참됨이 있겠는가?

죽음이 한 번 이르면 한 무더기의 썩은 骨肉(골육)이 될 뿐이다. 만약 이 몸에 집착하여 닦는다면 어떻게 성명을 얻겠으며 생사를 벗어나겠는가?

그러므로 노조께서 말하기를 "내게 大患(대환: 큰 걱정)이 있는 것은 내게 몸이 있기 때문인 것으로 내게 몸이 없다면 무슨 걱정이 있겠는가?" 라고 하셨는데, 이로써 가히 알 것은 이 육체는 바로 인생에 있어 큰

---

88) 활자시에 발동하는 생명에너지로 주로 한 달에 한 번 강하게 발동하는데 수행인이 이것을 자각해야 한다. 그래서 당면착과라는 말이 있으며 처음 이 기기가 발동할 때는 미약하나 그것을 자작하여 神으로 지키면 1-2시간 이상 계속 작용하는 것을 느끼게 된다. 오진편에는 三旬(한달)에 한 번 만나는 天機(천기)라고 하였다.

우환덩어리가 된다.

이러한 大患때문에 조사께서 金丹大道(금단대도)89)를 남기시어 사람에게 性命을 수지하도록 가르쳐 거짓을 버리고 眞을 보존하여 이 大患을 벗어나게 한 것이다.

대환을 모두 벗어버리면 無患(우환이 없음)한 것이 남게 되는데 無患한 것이 眞身(진신)이다. 진신은 또 이름을 法身(법신)이라 하며 또 陽神(양신)이라고도 한다.

이 몸을 닦아 이루면 물에 들어가도 젖지 않으며 불에 들어가도 타지 않으며 金石(금석)에 들어가도 장애가 되지 않고 음양으로도 능히 鑄造(주조)하지 못하며 조화에 구애받지 않으며 천지와 더불어 장구하고 日月과 더불어 빛나는 것이다. 色身을 닦는 사람이 어찌 이러한 경지에 이를 수 있겠는가?

세간의 호도학인이 是非(시비)와 眞假(진가)를 분별하지 않고 혼란스럽게 배우고 무모하게 힘쓰는데 마치 야간에 길을 달리는 것과 같고 꿈속에서 일 벌리는 것 같거나, 혹 骨髓(골수)를 흔들거나 혹 앞으로 밀면서 뒤를 움직이거나 혹 동쪽으로 굽혀서 서쪽을 보충하거나 혹 運氣(운기)하여 頂門(정수리)을 치거나 혹 精(정)을 핍박하여 뇌로 올리거나

혹 八段錦(팔단금)90)을 행하여 뼈를 활성화 시키거나

---

89) 바로 금단의 도로 본래 外丹의 술인데, 당송 이후에 내단술에서 차용하여 내단의 수련방법이 되었다. 오진편에 "신선을 배우려면 천선을 공부해야 하니 오직 금단법만이 가장 확실하다."고 하였다.

혹 六字訣(육자결)[91]을 운행하여 氣를 끌거나 혹 양쪽 신장의 중간을 元關(원관: 현관일규)으로 삼거나 혹 腎前(신장의 앞쪽)과 臍後(배꼽의 뒤)를 黃庭(황정)으로 삼거나 혹 口鼻(구비: 입과 코)로 元牝(원빈)을 삼거나 혹 丹田을 命根으로 삼거나 혹 天谷(천곡: 머리 꼭대기)을 性地(성지: 본래면목인 성이 있는 곳)로 삼거나 혹 心腎(심신: 심장과 신장)으로 嬰兒(영아)와 姹女(차녀)로 삼거나 혹 肝肺(간폐: 간과 폐)로 青龍(청룡)과 白虎(백호)로 삼거나 혹 吸氣(흡기: 들이쉬는 기운)를 臍輪(제륜: 배꼽)를 지나 丹田에 이르는 것으로 胎息(태식)[92]을 삼거나 혹 運氣(운기)하여 三關(삼관)[93]을 쳐서 뇌의 뒤쪽에 이르는 것으로 開關(개관: 막힌 관문을 염)을 삼거나 다시 눈을 닦고 嚥津(연진: 침을 만들어 삼킴)을 하거나 納淸吐濁(납청토납)[94]등등으로 공부하는 것을 일일이 다 열거할 수가 없다.

형체에 집착하는 공부는 모두 육체를 위주로 하는 공부이며 포대자루 안의 헛된 것에 깨고 찌르는데 불과한 것으 로 선천 性命의 도와는 거리가 먼 것이다.

아무리 애써도 하나도 믿을 것이 없으니 어찌 다치지 않겠는가?

---

90) 8가지 운동법으로 중국에서 유행하는 도인법의 일종.
91) 동작과 입에서 6가지 발성을 내면서 도인을 행하는 것.
92) 母胎에 있을 때 배꼽을 통해 숨을 쉬던 곳이 다시 작용하는 것을 말함.
93) 독맥에 있는 미려 협척 옥침을 말한다.
94) 맑은 공기를 마시고 몸안의 탁한 공기를 내보내는 것.

내가 진심으로 학도자에게 속히 執相關口(집상관구)를 타통하여 性命이란 두 글자를 붙잡아 착실하게 공부하기를 바라는 바이다.

이것을 추구하여 어떤 것이 性이며 어떤 것이 命이며 性은 어디에 머물며 命은 어느 곳에 머무는가에 대하여 과연 性命이란 두 글자에 대한 분별이 분명하고 확실히 알면 성명은 眼耳鼻舌身(안이비설신)에 있지 않고 心腎脾肺腎(심신비폐신)에 있지 않고 360골절에 있지 않고 四肢百脈(사지백맥)과 혈액에 있지 않고 따로 方所(장소)가 없고 無形無象(무형무상)한 비밀스런 物事(물사)임을 알아야 한다.

안에 있지 않고 밖에도 있지 않고 바로 虛無寂寥(허무적요)의 경계에 있는 것임을 알아야 한다. 이로부터 진보하면 곧 着落(착락: 의지할 곳)이 있어 거짓을 인정하여 眞을 잃거나 旁門(방문; 정문이 아닌 옆 길)에 잘못되지 않을 것이다.

그렇지 않고 性命이 무슨 물건인지 알지 못하고 한 몸만을 어지럽게 모색하여 形質(형질) 있는 곳을 혼란스럽게 힘쓰니 망상으로 도를 이루기는 어려운 것이다.

49. 규단관(閨丹關)

修真大道

이른바 順(순)하면 범인이요 逆(역)하면 신선이 되는데, 단지 중간에 顚倒顚(전도전)[95]하는데 있을 뿐이다.

讀通關文

老祖曰：「萬惡淫為首。」

「悟真」云：「房中空閉尾　　　閭穴，誤殺閻浮多少人！」

「古經」云：「若說 三峰採戰 ， 直教九祖沈淪。」

此皆言御女閨丹，不但無益於性命，而且大損於陰德

95) 거꾸로 뒤집는다는 뜻으로 장삼봉진인이 화룡진인을 만나 이 말을 듣고 깨달았다고 한다.

也。

夫所謂金丹者，原本也。此丹此本，人人具足，個個圓成，處聖不增，處凡不減

本來性命一家，陰陽混合，五行同氣，亦無可修，亦無可證。

只因先天陽極，後天陰生，性命兩處，陰陽相隔，五行錯亂，足者有虧，圓者有缺。日復一日，年復一年，虧者愈虧，缺者愈缺，

而固有原本全失，埋沒不彰。故祖師設金丹返還之道，使人重複修持，返之還之，仍歸於具足圓成，無虧無缺原本而後已。

返還之道，即返還於性命一家，陰陽混合，五行同氣耳。返還之法，仍是在陰陽五行中修持。故有男女彼我、嬰兒姹女、金公木母、女子郎君、黃婆媒娉等等法象。

千萬比喻，萬樣形容。總以明和合陰陽、攢簇五行耳。故呂祖云：「效男女之生，必發天機，而作泄天之機。」

蓋道法與世間男女生人之道無異。其所異者，借凡父凡母而生色身，借靈父聖母而生法身。聖凡之間，一逆一順，天地懸隔。

三丰所謂「順為凡，逆為仙，只在中間顛倒顛」者是也。然其事雖與世間男女生人之道同，並不著於世間男女幻相。

丹書所謂「陰陽」者，即靈父聖母也，即吾身中之真陰真陽也。真陰真陽，亦非身中後天有形有質之陰陽，乃無

形無質之陰陽。

一身後天之陰陽且用不得，而況身外男女陰陽乎？

世間糊塗學人，不思性命乃無形無象無方無所之物事，誤聽盲師邪說淫辭，於世間男女肉皮囊上作事務：或弄三峰採戰，或行九淺一深，或度九女為九鼎九轉，或采首經按前後三，或摘首經梅子為服人參果，或取經後鮮血為吞真紅鉛，或神交而體不交，或隔廉而口吸氣，或男下女上為顛倒陰陽，或男抽女氣為依坤種乾，或服婦乳為接補，或御少女為煉斂。如此等類，不可勝數，出醜百端，穢汙不堪，寡廉鮮恥，行同禽獸。道至如此，尚忍言哉！

更有一等愚而又愚、罪上加罪之造孽頭，借祖師之名，作淫邪偽書，傳流後世，引人為惡；或以閨丹注解古經，紊亂聖道，如彭好古、知幾子，自欺欺人。學者誤入籠中，終身難出，豈不可懼可怕！

噫！性命之道，乃至清至潔，至尊至貴。真陰真陽，二氣交感，在虛無中凝結成象，名曰：「聖胎」，又謂「男兒有孕」。雖曰胎孕，非血氣有形之物，乃精粹清陽之氣凝聚而成。若取少女之濁血濁氣而凝結成胎，不但不是上天堂之聖胎，適以成入地獄之鬼胎，求其為人而不可得，何敢望仙乎？

吾勸真心學道者，速將閨丹關口打通，將淫欲等等門路，掃個乾淨，另尋出個真陰真陽，打成一片，自然有一點靈苗於中生出，可以作仙，可以作佛，與天地同長久。

否則，淫欲作惡，損人傷德，天良已壞。妄想成道，難矣!

勸真心學道者

老祖 曰 "萬惡(모든 악)은 淫(음: 음욕)이[96] 첫째가 된다."고 하였고

오진 云 "房中(방중)[97]에서 공연히 尾閭(미려: 등 뒤의 꽁무니뼈)를 닫으니, 염부의 많은 사람을 그르쳐 죽게 한다."고 하였고

古經 운 "만약 三峰(삼봉)[98]의 採戰(채전)을 말했다면 곧바로 九祖(구조: 9대의 조상)가 침륜하리라"고 하였는데

이것은 모두 御女閨丹(어녀규단)[99]을 말한 것으로 다만 性命에 무익할 뿐 아니라 또한 음덕을 크게 손상할 것이다.

무릇 이른바 金丹이란 原本(원본)이다. 이 丹이나 이

96) 수행의 핵심경인 능엄경의 발단은 아난존자가 사창가를 운용하는 마등가의 주술에 걸려 위험에 빠졌을 때 부처님께서 그대로 옮겨서 능엄경을 연출하셨다고 한다. 육조단경에는 淫性이 곧 淨性身이라고 하였다.

97) 일반적으로 방중술을 말함. 그러나 방중이 원리로 선천기를 채취한다. 사주오진편을 참고.

98) 무당파의 장삼봉이 아닌 다른 사람으로 채전파이다.

99) 御女란 방술이 명사이며 방중술을 말한다. 내단 유파중에서 남녀쌍수파에 속한다.

本은 사람마다 구족한 것이며 개개가 圓成(원성)한 것으로 聖人이라고 더한 것도 아니고 범인이라고 모자란 것이 아니다.

본래 性命은 하나로 음양이 혼합하고 오행이 同氣(동기)한 것으로 또한 닦을 수 없는 것이며 또한 증명할 수가 없는 것이다.

다만 선천의 陽이 극에 이르면 후천의 陰이 생하므로 性命이 두 곳에 있게 되고 음양이 相隔(서로 떨어짐)하여 오행이 錯亂(착란)하니 족한 사람은 이지러지고 가득찬 사람은 이지러져 하루하루 1년 1년을 지나면 일그러진 사람은 더욱 일그러지고 모자란 사람은 더욱 모자라게 된다.

그러므로 고유한 原本(원본)을 전부 잃어버리게 되고 매몰되어 나타나지 않는 것이다. 그러므로 조사께서는 金丹을 返還(반환)하는 도를 만들어 사람들로 다시 수지하여 返하고 還하여 오히려 具足圓成(구족원성)하여 이지러지지 않고 모자람이 없는 原本으로 돌아가게 하는 것이다.

返還의 도는 즉 性命을 반환하여 한 집이 되게 하고 음양을 혼합하고 오행이 同氣가 되게 한다. 반환의 法이란 오히려 음양오행 중에서 수지하는 것이다. 고로 남여 피아 영아 차녀 금공 목모 여자 낭군 황파 매빙 등등의 법상이 있는 것이다.

천만의 비유와 만 가지의 형용이 모두 음양을 和合

하는 것과 攢簇五行(찬족오행)100)일 뿐인 것이다. 고로 여조 云 남녀의 태어남은 반드시 天機(천기)가 발하는 것을 본받는데 천기를 누설하여 된다. 고 하였다.

대개 道法과 세간 남녀의 사람을 낳는 도와 다름이 없는 것이다. 다른 것은 凡夫와 凡母를 빌려서 色身이 태어나고 靈父와 聖母를 빌려 法身을 태어나게 하는 것으로 聖凡의 사이는 一逆과 一順에 있으나 하늘과 땅처럼 사이가 벌어진 것이다.

三丰의 이른바 順하면 凡이요 逆하면 仙이 되는데 단지 중간에 거꾸로 뒤집는데 있을 뿐이다. 고 한 것이다. 그러나 그 일이 비록 세간 남녀의 법과 같아도 세간 남녀의 幻相(거짓된 모습)을 나타내지 않는 것이다.

단서의 이른바 음양이란 즉 靈父와 聖母로 즉 나의 몸의 眞陰과 眞陽인 것이다. 진음과 진양은 또한 몸 안의 후천인 形質(형질)이 있는 음양이 아니고 이는 형질이 없는 음양인 것이다.

한 몸의 후천음양을 써도 얻을 수 없는데 하물며 몸 밖의 남녀인 음양으로 되겠는가?

세간의 호도학인은 性命은 無形(무형) 無象(무상) 無方(무방) 無所(무소)의 物事인 것을 생각하지 않고 눈먼 선생의의 삿된 말과 淫辭(음사: 음란한 말)를 잘못 들어 세간 남녀의 육체로 공부를 삼거나 혹 三峰採戰(삼봉채전)을 행하거나 혹 九淺一深(구천일심)101)을 행

100) 오행을 다시 선천과 같이 하나로 모으는 것이다.

하거나 혹 9女를 이끌어서 九鼎九轉(구정구전)하거나 혹 首經(수경: 여자의 월경)을 채취하려고 前後(월경하는 날짜의 전후)의 3일을 살피거나, 혹 首經梅子(수경매자)를 따서 인삼과를 복용하거나 혹 經後(월경 뒤)의 신선한 피를 채취하여 참된 紅鉛(연홍)을 삼키거나 혹 神交(신교; 정신감음)하고 몸은 교합하지 않거나 혹 떨어져 입으로 氣를 흡입하거나 혹 男下女上(남하여상)[102]으로 음양을 전도하거나 혹 남자가 여자의 氣를 뽑아 坤에 의지해 乾에 심거나 혹 婦乳(부인의 젖)를 먹어 보충하거나 혹 小女를 이용하여 煉劍(연검)[103]하는 이러한 종류 등을 다 열거하기는 어려우나 온갖 추함을 들어내고 더러움으로 물들고 행동이 짐승 같은 것으로, 도가 여기에 이르러서는 참기가 어려운 것이다.

다시 한 종류의 어리석은 이가 있는데 조사의 이름을 빌려 陰邪(음사)한 僞書(위서)[104]를 지어 후세에 전하여 사람들을 惡에 빠지게 하거나 혹 閨丹(규잔)으로 옛 경을 주해하여 聖道(성도)를 문란케 하니 예를 들면 彭好古(팽호고)[105] 知機子(지기자)[106]로 스스로 속고

---

101) 방중술의 책인 소녀경에서 나온 말로 9번 짧게 1번을 길게 하는 것.
102) 남자가 아래에 여자가 위로 올라가 교합하는 것.
103) 쌍수파에서 이 법을 행함. 자세한 煉劍 방법은 "오진편구의"에 자세히 나와있음.
104) 원본과 비슷하게 만든 거짓으로 꾸민 책.
105) 明代 도사로 쌍수파에 속함. 저서에 도덕경평점등이 있음.

106) 도교의 인물로 쌍수파이며, 오진편 집주, 참동계집주 등이 있음.

다른 사람도 속이니 학자가 잘못 새장가운데로 빠지는 것 같아 끝내 탈출하기 힘든 것이니 어찌 두렵지 않겠는가?

생각해보면 性命의 도는 바로 지극히 깨끗하고 지극히 존귀한 것으로 眞陰과 眞陽인 2氣가 교감하는 것인데 허무한 중에 응결하여 象을 이룬 것으로 일러 聖胎(성태)라 하고 또 남자가 애를 밴다. 고 한다. 비록 애를 밴다고 하나 血氣(혈기)인 유형의 물질이 아니고 이것은 순수한 淸陽(청양)의 氣가 凝聚(응취)하여 이루어진 것이다. 만약 소녀의 탁한 피와 탁한 기를 취해 응결하여 胎를 이룬 것이라면 단지 이것은 천당으로 오르는 聖胎(성태)가 아니고 지옥으로 들어가는 鬼胎(귀태: 귀신의 태)를 이룬 것으로, 그것으로는 사람도 만들 수 없는 것인데 어떻게 신선을 바라볼 수 가 있겠는가?

내가 진심으로 학도하는 사람에게 속히 閨丹關口(규단관구)를 타통하여 淫慾(음욕) 등등의 문로를 없애어 맑게 하고 따로 眞陰과 眞陽이 나오는 것을 찾아 打成一片(타성일편)하면 자연히 한 점의 靈苗(영묘: 신령한 싹)가 그 가운데서 생하여 나오게 되면 仙이 되고 佛이 되어 천지와 더불어 장구해지는 것이다.

그렇지 않고 음욕으로 악을 지어 損人損德(손인손덕: 사람과 덕을 잃음)하면 天良(천량: 양심)이 이미 부서지게 되니 망상으로 도를 이루기는 어려운 것이다.

50. 로화관(爐火關)

修真大道

還丹(환단)은 본래 형질이 없는 것을 잘못 金石(금석)을 먹으니 어찌 크게 어리석지 않은가?

讀通關文

徐真人曰：「雜性不同類，安肯合體居。」

淳于真人曰：「同類易施工兮，非種難為巧。」

紫陽真人曰：「休煉三黃及四神，若尋衆草更非真。陰陽得類歸交感，二八相當自合親。潭底日紅陰怪滅，山頭月白藥苗新。時人要識真鉛汞，不是凡砂及水銀。」

又云：「休泥丹灶費工夫，煉藥須尋偃月爐。自有天然真火候，不須柴炭及吹噓。」

三豐真人曰：「五金八石皆是假，萬草千方總是差。金蝦蟆，玉老鴉，認得真的是作家。」

此皆言金丹大道，非爐火燒煉之術也。

夫所謂「金丹」者，金取其堅剛不壞之義，丹取其圓成無虧之義，堅剛圓成，故名「金丹」。

即本來先天真一之靈寶，一名「先天真一之氣」，一名「生物之祖氣」，一名「先天靈根」，一名「元始寶珠」，總而言之，曰「真靈至精之氣」。此氣在儒則曰「太極」，在釋則曰「圓覺」，在道則曰「金丹」

無形無象，非色非空。然雖無形而能生有形，無象而能生實象，非色而能生妙色，非空而卻是真空。

本於先天，藏於後天，為性命之根，仙佛之種，聖賢之基。知而修之，可以脫生死，出造化，超凡入聖，不生不滅。

但人認不得這個根本種子，所以當面錯過。若欲認的，非可妄猜私議，必求明師，口傳心授，方能見真

又要明師細指藥物真假，火候是非，工程次序，作用法則，方可進步。

古來仙經，演說細微，形容奧妙，其理其法，無一不備。其如千變萬化、方便立名、隨物取象、雜物撰德、以有象比無象、以有形喻無形、分散辯論、各指一理一法而論，其意幽隱，內藏天機，難以顯言。

教學人得象忘言、得意忘象、自窮自究、自會自悟耳。

窮之不得，究之不明，就證有道，由博而約，自疑而

悟，非是即書即道也。

其實祖師一言一語，皆是性命切近妙用，身心分內實學，並非捨近求遠，借用世間滓質之物也。

世間糊塗學人，道在近而求諸遠，事在易而求諸難，不究求意，但認其象，不窮其理，僅記其言，

猜枚打謎，各出己見。見有大小金丹之說，而即疑為有形有質之物；見金鼎玉爐之說，而即疑為泥灶銅鐵之具；見鉛汞藥物之說，而即疑為水銀黑錫之凡物；見黃芽白雪之說，而即疑為燒煉升打之靈霜；見文烹武煉之說，而即疑為柴炭吹噓之凡火

以金石草木之濁物，煆煉服食，妄想接無形之性命。殊不知竹破須將竹補宜，抱雞當用卵為之。

世間凡物與我性命非類，安能接得性命？

又有一等癡迷漢，借祖師「金丹入口，點化凡軀」之說，或借「信道金丹一粒，蛇吞立變成龍，雞飡亦乃化鸞鵬」之句，而遂烹煉金石砂汞、三黃四神之藥，妄想吞服飛升，變形易像，絕不思濁肉濁骨，金石之藥怎能點化變形飛升？愚之甚矣！

況金石之藥，本來有毒，加之火煆，藥毒火毒結於一處，其毒愈大，服之而爛腸壞膚，未有不喪其命者。

昔九江張尚書信服食，呂祖點化不悟，題詩於門曰：「可惜九江張尚書，服藥失明神氣枯。不知還丹本無質，謬餌金石何太愚！」後果失明。可知金石之藥，不能濟事，反而壞事。古今受此症者，不可勝數！

更有一等貪財作孽之輩，借祖師「欲求天上寶，須要世間財」之語，以為買鼎辦藥，非財不成，而遂東覓外獲，西尋巨富，哄騙愚人，肥肉美酒，混吃混喝，或用增銀之法，或去紅銅之血，或燒鉛點汞，或燒茅煉銅。凡此等類，皆是假物，怎能成真！

甚至盜去真物，換出假物，拐人資財，敗人家產，忍心狠心，如同賊寇，其惡其毒，尚可言哉？

昔正陽祖師傳與呂祖黃白之術，利人濟物。呂祖因三千年以後還元，恐害後人，不願為之，其居心為何如？

爐火迷徒，不知積德而反傷德。服祖師之服，背祖師之行，大喪天良，縱然人容，天豈能容哉？

吾勸真心學道者，速將爐火關口打通，把一切燒煉丹藥、烹煎茅法，等等不善事務掃去，在身心性命上細心鑽研，尋出個乾坤爐鼎，找出個 烏兎 藥物，運三昧真火，煅煉成寶，方有實濟。

否則，以金石為點心，以毒藥為命寶，無益有損。妄想成道，難矣！

勸真心學道者

서진인 曰 "雜性(잡성)은 동류가 아닌데 어찌 合體(합체)하여 머무는 것을 좋아하겠는가?"라고 하였고

순우진인 曰 "同類(동류)[107]라야 시공이 쉬우니 種(종)이 아니면 교묘함이 되기 어렵다"고 하였고

자양진인 曰 "三黃(삼황)[108] 및 四神을 단련하는 것을 그만두라. 만약 뭇 약초에서 찾는다면 다시 참된 것이 아니다. 음양은 得類(동류를 얻음)라야 돌아가 사귀는 것으로 2, 8이 서로 알맞아야 자연히 합하여 친함이라. 바다 밑의 日紅은 陰怪(음괴)를 소멸하고 산 위의 月白은 藥苗(약묘)가 새로움이라. 時人이 요컨대 眞鉛汞을 알고자 하면 이것은 凡砂 및 水銀이 아니라"고 하였고

또 云 "丹竈(단조)[109]로 소모하는 공부를 그만두라. 煉藥(연약: 약을 단련하는 것)은 모름지기 偃月爐(언월로)로 찾을 것이니 자연한 천연한 眞火候가 있으니 땔나무 및 吹噓(취허: 불고 내쉼)가 필요하지 않다"고 하였고

삼봉진인 曰 "5金과 8石은 다 이것이 거짓이요. 모든 약초와 천 가지 방법은 모두 어긋나는 것이라. 金蝦蟆(금하마)와 玉老鴉(옥노아)를 아는 것이 진실로 作家이다"라고 하였는데

이것은 모두 금단대도는 爐火(로화)나 燒煉(소련)의 술이 아니라는 것을 말한 것이다.

---

107) 참동게와 오진편은 인원단법으로 동류를 중요시함. 해와 달, 물과 불, 남자와 여자 등이 동류이다.

108) 유황 자항 웅황이다.

109) 외단을 만들기 위한 시설물.

이른바 금단에서 금은 그것이 堅剛(견강)하여 부서지지 않는다는 뜻을 취한 것이고, 丹은 圓成하여 일그러짐이 없다는 뜻을 취한 것이다. 견강하고 원성한 까닭에 금단이라 불렀다.

즉 본래의 先天眞一의 靈으로 일명 先天眞一之氣(선천진일지기)라고 하고 일명 生物의 祖氣(조기)라 하고 일명 先天靈根(선천영근)이라 하고 일명 元始寶珠(원시보주)라고 하는데 총괄적으로 말하면 眞靈至精(진령지정)의 氣라고 한다. 이 氣를 유교에서는 太極(태극)이라 하고 불교에서는 圓覺(원각)이라 하고 도교에서는 金丹(금단)이라 한다.

形象이 없으며 色空이 아니며 비록 無形이나 능히 有形을 生하고 無象이나 능히 實象을 生하고 非色이나 능히 妙色을 생하고 非空이나 도리어 眞空인 것이다.

先天에 근본하나 後天에 감추어져 성명의 뿌리요, 仙佛의 種(종)이요 聖賢의 基(기반)인데 알고 닦으면 가히 생사를 벗어나고 조화를 벗어나고 초범입성하며 불생불멸할 수 있는 것이다.

단 사람이 이러한 근본종자를 알지 못해 當面錯過(당면착과)110)하는 것이다. 만약 그것을 알고자 하면 멋대로 헤아리지 말고 반드시 明師를 구하여 口傳心受(구전심수)하여야 비로소 참된 진리를 볼 것이다.

---

110) 눈앞에 보고도 알아채지 못하는 것으로 실제로 누구나 이 소식이 오는데 사람이 스스로 모를 뿐이다.

또 明師에게 세밀히 藥物(약물)의 眞假(참과 거짓)를 밝히고 火候(화후)의 시비를 가리고 工程의 순서와 작용법칙을 밝혀야 비로소 진보가 있는 것이다.

고래의 仙經은 세미하게 설명하였는데 형용이 오묘하며 그 理와 法이 하나도 갖추지 않은 게 없다. 그것은 천변만화하나 방편으로 이름을 세웠는데 物에 따라 象을 취하고 雜物撰德(잡물찬덕)하여 有象으로 無象을 비유하고 有形으로 無形을 비유하고 分散辯論(분산변론)하고 각기 一理와 一法으로 말하여 그 뜻은 幽隱(유은)하나 內로 천기를 감추어 드러내 말하기가 어려운 것이다.

학인에게 得象忘言(득상망언)[111]하고 得意忘象(득의망상)[112]하여 스스로 궁구하고 스스로 깨닫게 가르칠 뿐이다.

窮究하여도 얻거나 밝히지 못하면서 곧 도가 있다고 증거하고 博(박: 넓음)으로 인하여 約(약: 줄어듬)하나 스스로 의심하면서 깨달았다고 하나 책은 곧 도가 아닌 것이다.

그것은 실제로 조사의 一言 一語로 모두 性命에 대한 묘용이며 身心을 가르는 內의 實學이고 아울러 가까운 것을 버리고 먼 것을 구하는 것이 아니며 다만 세간에 있는 滓質(재질: 찌꺼기 질)의 物을 빌려 말한

111) 주역에서 나오는 말로 象을 얻으면 말을 잊는 다는 뜻이다.
112) 뜻을 얻으면 象을 잊는다는 뜻이다.

것이다.

세간의 호도학인은 도는 가까이 있는데 먼데서 구하며 일은 쉬운데 있는데 어려운데서 구하며 그 뜻을 궁구하지 않고 단지 그 象을 알며 그 理를 궁구하지 않고 다만 그 말을 기억할 뿐이다.

제 멋대로 생각하여 제각기 견해가 있는데 大小의 金丹의 설을 보고 즉 有形과 有質의 物이라고 의심하고 金鼎(금정)과 玉爐(옥로)의 설을 보고 즉 泥竈銅鐵(니조동철)의 도구라고 의심하고 鉛汞藥物(연홍약물)의 설을 보고 즉 水銀과 黑錫의 凡物이라 의심하고 黃芽(황아)와 白雪(백설)의 설을 보고 즉 燒煉昇打(소련승타)의 靈霜(영상)이라 의심하고 文武(문무)와 武煉(무련)의 설을 보고 柴炭吹噓(시탄취허)의 凡火라 의심한다.

금석 초목의 탁한 물질을 단련하여 服食(복식)하여 망상으로 無形의 性命을 접하려고 한다. 대나무로 만든 바구니가 깨지면 모름지기 대나무로 수리해야 마땅하고 닭이 품으려면 마땅히 알을 이용해야 하는 것을 알지 못하는 것이다.

세간의 보통 물건은 나의 性命과 非類(같은 종류가 아님)인데 어찌 性命과 접할 수 있겠는가?

또 한 종류의 어리석은 사내가 있는데 조사의 金丹을 입으로 넣어 몸에 점화한다는 설을 빌리거나 혹 金丹 한 낱알을 뱀이 삼키면 곧 바로 용으로 변하고 닭이 먹으면 또한 봉황으로 변한다는 설을 빌려서 마침내 금석과 砂汞(사홍) 및 三黃 四神의 약을 烹煉(팽련: 삶고 단련함)하여 삼켜 먹어서 날아오르고 형상을 변하고 바꾸기를 망상하는데 절대로 탁한 살이나 뼈를 생각하지 않고 금석의 약으로 어찌 능히 점化하여 형체를 변하고 날아올라 갈 수 있겠는가? 진실로 어리석음이 심한 것이다.

하물며 금석의 약은 본래 독이 있는데 불로 단련하면 藥毒(약독)과 火毒(화독)이 한 곳에 맺어져 그 독이 더욱 커져서 그것을 먹으면 오장육부가 문드러지고 피부가 부서져 그 생명을 잃지 않은 사람이 없다.

일찍이 九江(구강)에 張尙書(장상서)가 믿고 복식하려고 하자 呂祖께서 점화하였는데 깨닫지 못하니 문에 시를 지었는데 曰 "애석하다. 구강의 장상서가 藥을 먹으면 실명하고 神氣가 마르게 된다. 還丹은 본래 형질이 없는 것을 잘못 金石을 먹으니 어찌 크게 어리석지 않은가?"라고 하였다. 후에 과연 실명하였다. 가히 금석의 약이란 일을 구제할 수가 없고 도리어 일을 부술 뿐인 것이다. 고금에 이러한 병증을 얻은 사람이 부지기수 인 것이다.

다시 한 종류의 재물을 탐내는 어리석은 무리가 있는데 조사의 천상의 보물을 얻고자 하면 모름지기 세상의 재물이 필요하다는 설을 빌려 이로써 買鼎(매정)하여 辨藥(변약)하여 財가 아니면 이루지 못한다고 하며 마침내 동쪽으로 外護(외호)를 찾고 서쪽으로 巨富(거부)를 찾아 어리석은 사람을 속여 기름진 고기와 맛있는 술을 먹고 마시거나 혹 銀을 보태는 법을 쓰거나 혹 紅銅(홍동)의 血을 버리거나 혹 燒鉛(소연)하여 點汞(점홍)하거나 혹 燒茅煉銅(소모련동)하는데 무릇 이 같은 종류는 모두 거짓물건인데 어떻게 능히 眞을 이루겠는가?

심지어 眞物(진물: 참된 물건)을 훔쳐 다시 假物(가물: 거짓 물건)로 바꾸고 사람의 資財(자재)를 빼앗아 사람과 가산을 탕진하게 하고 나중에는 賊寇(적구: 도적이나 원수)가 되니 그 惡과 毒을 어찌 다 말할 수 있겠는가?

일찍이 정양조사께서 여조에게 黃白(황백: 외금단)의 술을 전하여 利人濟物(이인제물: 사람을 이롭게 하고 만물을 구제함)하라고 하였는데 여조께서 30년 후에 다시 돌이 되면 후인이 해를 당한 것을 걱정하여 그 법을 원하지 않으셨다.

爐火(로화)하는 어리석은 무리들이 積德(적덕)해야 하는 것을 모르고 오리려 傷德(상덕)하고 조사의 服을 服하나 조사의 행은 등져 크게 天良(천량)을 잃으니 설령 사람은 받아주나 하늘이 어찌 용납 하겠는가?

내가 진심으로 학도자에게 속히 爐火關口(노화관구)를 타통하여 일체의 燒煉丹藥(소련단약)하고 烹煎茅法(팽전모법)하는 등등의 좋지 않은 일을 버리고 身心性

命에서 세심히 찬연하여 乾坤의 爐鼎(로정)을 찾고 烏兎藥物(오토약물)을 빼내어 三昧眞火(삼매진화)를 운행하고 단련하여 보배를 이루면 바야흐로 實濟(실제)함이 있는 것이다.

그렇지 않고 금석으로 點心하고 독약으로 命寶(명보)를 삼는다면 무익하고 손해만 있을 뿐이니 망상으로 도를 이루려는 것은 어려운 일이다.

◆ 절언가(絶言歌)

옛적의 落魄(낙백)[113]의 때를 기억해보니
일념정성으로 眞師(진사)를 방문하였다.
연경하남을 跋涉(발섭)[114]하며
山右의 관중을 공연히 바쁘게 다녔다.
눈으로는 많은 괴이한 것을 보고
귀로는 여우의 소리를 들었다.
曾憶昔年落魄時,
一念精誠訪真師。
燕京河南枉跋涉,
山右關中空奔馳。
眼裏多見獅駝怪,
耳邊只聞狐狸辭。

다 말하기를 신선은 만나기가 아주 쉽다고 하지만
누가 正道(정도)를 깨닫기가 가장 어려운 것을 알랴?
盡說神仙容易遇,
誰曉正道最難知

113) 실의에 빠짐.
114) 산을 건너며 물을 건넘.

否(부괘)가 極(극)하면 泰(태)가 와 神明이 고하기를,
나에게 金城(금성)에 가서 대도를 구하라고 하였다.
否極泰來神明告,
指我金城求大道。

龕谷老人[115]은 예사롭지 않아
말씀하는 것이 모두 심오하다.
귀에 대고 元牝門(원빈문)[116]을 설파해주시니,
당시에 음양을 능히 顚倒(전도: 뒤집음)하였다.
大機大用(대기대용)이 본래 자연하니
방문의 강제로 조작하는 것과 다르네.
龕谷老人非等閒,
出言吐語俱深奥.
附耳說破元牝門,
當時陰陽能顚倒。
大機大作本自然,
不似旁門强作造

떠날 때에 삼가 收藏(수장)[117]할 것을 분부하시며
먼저 人事(인사)[118]를 다하고 다시 헤아리라고 하셨

115) 감곡노인: 청대의 도인 유일명이 스승.
116) 현관일규.
117) 비밀을 잘 간수하여 지킴.
118) 사람의 도리를 말함.

다.

스승을 일찍 떠난 까닭에
뒷일이 애매하여 마음속이 황량하였다.
臨別吩咐謹收藏,
先盡人事再商量。
止因離的座下早,
後事不明暗心慌.

13년간 의심덩어리를 품었는데
漢上(한상)에서 다행히 仙留(선유)[119]의 후광에 힘입네.
天根(천근)과 地髓(지수)를 끄집어내 주시고,
烏肝(오간)과 兎腸(토장)을 지시해 주셨다.
火候(화후)의 急緩(급온)[120]을 자세히 말씀해주시니,
工程(공정)에 전후에 관한 분명한 비결이었다.
修性과 修命에는 勉安(면안: 애쓰고 편안함)이 있고
觀竅(관규)와 觀妙(관묘)에는 시절을 살핀다.
四象과 合丹하니 비로소 돌아오고
五行이 하나로 섞이니 胎가 맺어진다.
陰盡陽純(양진음순)하니 비로소 원만해지고,
虛空打破(허공타파)[121]하니 생멸이 없네.

---

119) 유일명의 스승.

120) 급하고 느긋한 것.

121) 혜명경의 허공분쇄도로 허공마저도 깨야 한다. 왜냐하면 아뢰야식이 고요하면 허공이 된다고 능엄경에 말하였고 보현보살도 서원에 허공이 다하

一十三年疑團抱,
漢上幸沾仙留光。
挖出天根並地髓,
指示烏肝與兎腸.
火候急緩仔細說,
工程前後分明訣。
修性修命有勉安,
觀竅 觀妙按時節.
四象和合丹始還,
五行混一胎即結。
陰盡陽純方圓成,
打破虛空無生滅.

귀로 이러한 眞詮(진전)을 들으니,
활연히 관통하여 현묘한 경지로 들어가네.
시종의 조리를 다 깨달으니,
이로부터 하늘 밖의 하늘을 알게 됐네.
耳中聽得這真詮,
豁然貫通入妙玄。
始終條理皆了悟,
從此才識天外天.

기화요초가 눈앞에 있고,

도록 나의 수행이 끝남이 없다고 하였다.

白雪과 黃芽가 內에 온전하네.
左나 右가 다 보배로운 구슬이고
앞이나 뒤에도 모두 金蓮(금련)[122]이라.
이러한 천기를 어찌 검토해서 찾으랴?
반드시 뜻을 일찍 세우는 것이 필요하다.
琪花瑤草面前有,
白雪黃芽身內全。
左之右之皆珠寶,
前也後也俱金蓮.
這個天機怎尋討,
要尋必須立志早。

먼저 세상일을 간파하여 다 버리고
다음은 情緣(정연)[123]을 다 버리라.
빈 마음으로 고명한 분을 방문하고,
極深硏幾(극심연기)[124]하여 오묘한 이치를 찾으라.
先把世事盡丟開,
次將情緣一概掃.
虛心自下訪高明,
極深硏幾探理奧。

쓴 맛이 다하면 자연히 단 맛이 나오듯이,

---

122) 진귀한 물건이다.
123) 세상 사람들과 얽힌 정.
124) 아주 깊이있게 연구함.

뜻이 굳어 오래 되면 참된 보배를 얻으리라.
오원[125]은 평소의 발원이 깊어
大公하여 私心 없는 마음을 품었다.
오직 사람들이 聖域(성역)[126]에 오르기를 바라며
항상 각자 法音(법음)을 듣기를 기뻐한다.
苦盡自然生出甜,
志堅終久得真寶.
悟元平素發願深,
大公為懷無私心。
惟望人人登聖域,
常喜個個聞法音.

구부러진 길과 外道는 正道를 어지럽히고
銅點汞金(동점홍금)하여 眞金을 가득히 한다.
曲徑外道亂正道,
銅點汞金充真金。

학자가 대부분 속아 天網(천망)[127]에 들어가고
뜻있는 사람은 늘 黑松林[128]으로 나아간다.
學者多入縵天網,
志士每進黑松林

125) 통관문을 지은 유일명이 호임.
126) 성인의 경지.
127) 하늘의 그물.
128) 목표나 두서가 없어 모호하고 분명하지 않은 것을 비유함.`

이러한 억울함을 어느 곳에 알리랴?
죽을 때 후회한 들 늦으니 헛되이 눈물만 흘리네.
理路(이로: 이치의 길)를 세밀히 궁구하지 않으니,
懸虛(현허)하여 안정됨이 없기 때문이다.
這些冤屈何處告,
臨時悔遲枉泣號。
大抵理路不細窮,
蓋因懸虛無定操.

어찌 聖道(성도: 성인의 도)에 眞傳(진전)이 있음을 알며,
어떻게 조화를 깨달으며 어떻게 쉽게 훔칠 수 있겠는가?
만약 大行과 大功이 아니라면 봉래[129]가 지척이나
공연히 마음만 조급할 뿐이라.
那知聖道有真傳,
怎曉造化豈易盜?
若非大行與大功,
蓬萊咫尺空心操.

우습구나!
세간의 호도학인이 망상으로 하늘을 오르고자 하나

129) 신선이 산다는 仙山이다.

오히려 티끌세상에 떨어질 뿐이다.
맹인이 맹인을 인도하여 음덕을 상하니,
즉 訛傳(와전)으로 사람을 잘못된 길에 빠지게 한다.
可笑世間糊塗人,
妄想天衢反落塵。
以盲引盲傷陰德,
即訛傳訛入迷津.

내가 지금에 대도가 타락하는 것을 참지 못해
세밀히 祖脈(조맥)을 파악하여 나열한다.
이것은 이름이나 명예를 위한 것이 아니니
어찌 입에 침이 마르도록 애쓰는 것이 아니리오!
吾今不忍大道墜,
因此細把祖脈陳。
非是沽名與釣譽,
豈圖饒舌亂鼓唇?

參悟直指(참오직지)[130]로 비유의 말을 파헤치고,
周易闡眞(주역천진)[131]으로 火候(화후)의 순서를 밝혔다.
前後辯難(전후변란)[132]으로 시비를 가리고
道德會義(도덕회의)로 規矩(규거)[133]를 정하였다.

---

130) 참동계직지, 오진편직지를 말한다.
131) 유일명의 저서.
132) 수진변란참증이 전편과 후편의 책.

原旨(원지: 서유원지)에는 작용을 다 밝히고,

會心(회심집)에는 藥物에 대해 세밀하게 서술하였다.

指南[지남침]과 悟道[오도록]에서는 정미하게 설명하였고

破疑[상언파의]와 通關[통관문]으로 도반을 맺게 하였다.

參悟直指破譬語,

周易闡真火候序。

前後辯難別是非,

道德會義定規矩.

原旨作用俱明言,

會心藥物皆細敘。

指南悟道演精微,

破疑通關結道侶.

말은 천박하나 이치는 더욱 밝아지고,

節目(절목)은 이 극히 적으나

功은 아주 정미하다.

謹細(근세)하여 낮은 곳에서 높은 곳으로 올라가며

愼微(신미)하여 빈곳으로부터 능히 가득 차는 것이다.

辭句愈淺理愈明,

節目極小功極精。

133) 사물의 준칙.

謹細自卑能高上,
愼微由虛而能盈.

만약 가까운 것을 버리고 먼 일을 구하면
끝내 도모는 크나 앞길을 크게 그르치게 될 것이다.
먼저 몸의 병을 고치는 것만 못하니,
요컨대 앞질러 장생하려는 등의 생각은 버려야 한다.
若還捨近求遠事,
終必圖大誤前程。
不如先治切身病,
莫要躐等想長生.

여기에서 말한 것에 더 다른 뜻이 없으니
수행의 법칙은 이 이상은 없는 것이다.
천언만어가 다 眞을 설명한 것이고
一條 一句에는 깊은 뜻이 있다.
包皮外象(포피외상)인 말에 比할 것이 아니니,
다 이것은 成仙과 了道하는 비결이다.
千言萬語皆演真,
一條一句有深意.
不比包皮外象譚,
儘是成仙了道秘。

비록 그렇다 하나 現世에는 아는 이가 적으니

남기어 후현이 세밀하게 논의하게 하겠다.
말이 여기에 이르니 남은 뜻이 없으며,
수행법도 남은 것이 없도다.
雖然現世少知音,
留與後賢細酌議.
說到這裏無剩義,
修行法則沒餘地.

내가 지금에 늙었으나 耐煩(내번)[134]하지 않으나,
마음에 더 이상 말하고 싶지 않을 뿐이다.
塞兌閉門(색태폐문)[135]하여 智慮(지려)를 부수고
斂華(검화)[136]하여 實(실)로 나아가 本原을 돌아본다.
눈으로 티끌 같은 세상일을 보지 않고
마음속에 길게 混元幡(혼원번)[137]을 매달아
어리석거나 어눌한 것같이 하여 아는 것이 없게 하고
음양의 조화를 한 손에 번쩍 들었으면 하는 바이다.
吾今老矣不耐煩,
願心已了欲絕言。
塞兌閉戶毀智慮,
斂華就實顧本願.

134) 귀찮은 것을 참음.
135) 입과 6문의 감각기관을 닫음.
136) 세상의 화려함을 거둠.
137) 도교의 제초중에 사용하는 法物.

眼內不觀塵世事,
心中長掛混元幡。
如愚如訥無知識,
陰陽造化一手掀。

저자 후기

以上五十條，皆學人要命關口，陰路大魔，須要關關打通，方好進步。

若有一關不通，即被此一關擋住，任爾蓋世英雄，扳山烈漢，寸步難行。

學者須要認得真，信得過。

雖不能遂然皆通，漸次著力，終有打通之日。

倘認不真，信不過，終在關內而不能出於關外。

欲上大路，除是插翅而飛，騰雲而過，豈不誤了前程？

一切學人，將這些關口略不經意，看為小可，捨近求遠，捨易求難，自己病根不去，妄想他人家業，自己人事不盡，妄想他人天寶。誰肯將家業交與病漢？誰肯將天寶付與匪人？

夫性命之道，天下第一件大事，天下第一件難事，非大力量、大功德、大丈夫，載不起，作不成。果能打通諸般關口，便是大力量、大功德、大丈夫

若遇明師一點，大道在望，直登彼岸，

縱橫逆順沒遮攔, 步步見功, 何愁道之難成乎?

이상의 50조는 모두 학인의 要命關口(요명관구)이며 길을 막는 큰 마귀이니 반드시 관문마다 타통하여야 비로소 좋은 진보가 있을 것이다.

만약 하나의 관문이라도 통하지 못하고 즉 이 한 관문에 머물고 있다면 네가 개세영웅이가나 발산하는 영웅이라도 촌보도 옮기기가 어려울 것이다.

학자는 반드시 眞을 알고 믿음으로 통과하는 것이 필요하다.

비록 거연이 다 통하지 못해도 점차로 힘을 얻어 가노라면 마침내 타통하는 날이 있을 것이다.

만약 아는 것이 참되지 않고 믿음으로 통과하지 않는다면 마침내 관문 안에만 있을 뿐 관문 밖으로 벗어나지 못하게 된다.

큰 길로 나아가 날개를 펴서 날아올라 구름을 타고 가고자 하지만 어찌 전정을 그르치지 않겠는가?

일체의 학인은 장차 이러한 관구를 대략 하여 뜻을 두지 않고 살피는 것이 적어 가까운 곳을 버리고 먼 곳에서 구하며 쉬운 것을 버리고 어려운 것을 구하며 자기의 病根(병근: 병통의 뿌리)을 제거하지 않고 타인의 가업을 망상하고 자기의 인사를 다하지 않으면서 타인의 天寶(천보)를 망상한다면 누가 가업을 병든 사람에게 주겠으며 누가 天寶(천보)를 잘못된 사람에게 주겠는가?

무릇 性命의 도는 천하에서 가장 큰 일이며 천하에서 가장 어려운 일이다. 큰 역량과 큰 공덕을 지닌 대장부가 아니라면 이룰 수 가 없는 것이다. 과연 능히 모든 關口를 타통한다면 곧 이것이 큰 역량과 큰 공덕을 지닌 대장부 인 것이다.

만약 明師의 지점해 주심을 만나면 대도를 이루어 곧 바로 피안에 오를 수 있는 희망이 있는 것이다.

종횡과 순역으로 관문을 통과하면 걸음마다 공을 보게 디니 어찌 도가 이루기 어렵다고 근심하겠는가?

법공 유정식
젊어서부터 유불선 삼교를 융합하는 일에
관심이 많으며 강의와 번역을 주로 함.
번역서로는 <금선증론> <선불가진수어록 : 내공입문, 상언파의 포함>
<주역참동계진의, 종려전도집, 영보필법, 입약경, 황정요도, 현기구결 등>
<성명쌍수로 풀이하는 금강경진해> <성명쌍수로 밝히는 반야심경진해>
<금단묘결> <열진어록> <정보보휴비전> 등 선도경전 수십 종.

연락처 : 010-5800-8283
　　　　02-741-8986

儒佛仙 大道의 첫관문
마음수행

2009년 11월 20일 초판 1쇄 인쇄
2009년 11월 25일 초판 1쇄 발행

지은이 : 유일명
번역자 : 유정식
발행자 : 최병문

발행처 : 명지사
Tel 02-2271-3117
Fax 02-2264-9029
이메일 myzisa@ymail.com
주소 100-855 서울 중구 장충동2가 190-5
신고 번호 303-2004-00013

ⓒ 유정식, 2009

Printed in Seoul Korea.
ISBN 978-89-7125-183-6 03240

가격 : 20,000원

* 본 책의 저작권은 역자에게 있으며 복제 등
여하한 형태의 이용은 엄금합니다.